METODOLOGIAS DE PESQUISAS CIENTÍFICAS NO CIBERESPAÇO/CIBERCULTURA

#NETNOGRAFIA #ETNOGRAFIADIGITAL #PESQUISAEMTELA #ENTREVISTAONLINE #ANÁLISECULTURAL #ANÁLISEDODISCURSO_INSPIRADAEMFOUCAULT

CB015041

Editora Appris Ltda.
1.ª Edição - Copyright© 2024 dos autores
Direitos de Edição Reservados à Editora Appris Ltda.

Nenhuma parte desta obra poderá ser utilizada indevidamente, sem estar de acordo com a Lei nº 9.610/98. Se incorreções forem encontradas, serão de exclusiva responsabilidade de seus organizadores. Foi realizado o Depósito Legal na Fundação Biblioteca Nacional, de acordo com as Leis nºs 10.994, de 14/12/2004, e 12.192, de 14/01/2010.

Catalogação na Fonte
Elaborado por: Dayanne Leal Souza
Bibliotecária CRB 9/2162

M593m   Metodologias de pesquisas científicas no ciberespaço/cibercultura: #netnografia
2024   #etnografiadigital #pesquisaemtela #entrevistaonline #análisecultural #análise
              dodiscurso_inspiradaemfoucault / Danilo Araujo de Oliveira, Luiza Cristina
              Silva-Silva e Shirlei Sales (orgs.). – 1. ed. – Curitiba: Appris, 2024.
                 274 p. : il. color. ; 23 cm. (Coleção Educação, Tecnologias e Transdisciplinaridades).

                 Vários autores.
                 Inclui referências.
                 ISBN 978-65-250-6309-6

                 1. Metodologia de pesquisa. 2. Ciberespaço. 3. Cibercultura. I. Oliveira, Danilo
              Araujo de. II. Silva-Silva, Luiza Cristina. III. Sales, Shirlei. IV. Título. V. Série.

                                                                              CDD – 001.42

Livro de acordo com a normalização técnica da ABNT

Editora e Livraria Appris Ltda.
Av. Manoel Ribas, 2265 – Mercês
Curitiba/PR – CEP: 80810-002
Tel. (41) 3156 - 4731
www.editoraappris.com.br

Printed in Brazil
Impresso no Brasil

Danilo Araujo de Oliveira
Luiza Cristina Silva-Silva
Shirlei Sales
(orgs.)

METODOLOGIAS DE PESQUISAS CIENTÍFICAS NO CIBERESPAÇO/CIBERCULTURA

#NETNOGRAFIA #ETNOGRAFIADIGITAL #PESQUISAEMTELA
#ENTREVISTAONLINE #ANÁLISECULTURAL
#ANÁLISEDODISCURSO_INSPIRADAEMFOUCAULT

Appris editora

Curitiba, PR
2024

FICHA TÉCNICA

EDITORIAL	Augusto Coelho
	Sara C. de Andrade Coelho
COMITÊ EDITORIAL	Ana El Achkar (UNIVERSO/RJ)
	Andréa Barbosa Gouveia (UFPR)
	Conrado Moreira Mendes (PUC-MG)
	Eliete Correia dos Santos (UEPB)
	Fabiano Santos (UERJ/IESP)
	Francinete Fernandes de Sousa (UEPB)
	Francisco Carlos Duarte (PUCPR)
	Francisco de Assis (Fiam-Faam, SP, Brasil)
	Jacques de Lima Ferreira (UP)
	Juliana Reichert Assunção Tonelli (UEL)
	Maria Aparecida Barbosa (USP)
	Maria Helena Zamora (PUC-Rio)
	Maria Margarida de Andrade (Umack)
	Marilda Aparecida Behrens (PUCPR)
	Marli Caetano
	Roque Ismael da Costa Güllich (UFFS)
	Toni Reis (UFPR)
	Valdomiro de Oliveira (UFPR)
	Valério Brusamolin (IFPR)
SUPERVISOR DA PRODUÇÃO	Renata Cristina Lopes Miccelli
PRODUÇÃO EDITORIAL	Sabrina Costa
REVISÃO	Monalisa Morais Gobetti
DIAGRAMAÇÃO	Andrezza Libel
CAPA	Lívia Weyl
REVISÃO DE PROVA	Sabrina Costa

COMITÊ CIENTÍFICO DA COLEÇÃO EDUCAÇÃO, TECNOLOGIAS E TRANSDISCIPLINARIDADE

DIREÇÃO CIENTÍFICA: Dr.ª Marilda A. Behrens (PUCPR) — Dr.ª Patrícia L. Torres (PUCPR)

CONSULTORES:

- Dr.ª Ademilde Silveira Sartori (Udesc)
- Dr. Ángel H. Facundo (Univ. Externado de Colômbia)
- Dr.ª Ariana Maria de Almeida Matos Cosme (Universidade do Porto/Portugal)
- Dr. Artieres Estevão Romeiro (Universidade Técnica Particular de Loja-Equador)
- Dr. Bento Duarte da Silva (Universidade do Minho/Portugal)
- Dr. Claudio Rama (Univ. de la Empresa-Uruguai)
- Dr.ª Cristiane de Oliveira Busato Smith (Arizona State University /EUA)
- Dr.ª Dulce Márcia Cruz (Ufsc)
- Dr.ª Edméa Santos (Uerj)
- Dr.ª Eliane Schlemmer (Unisinos)
- Dr.ª Ercilia Maria Angeli Teixeira de Paula (UEM)
- Dr.ª Evelise Maria Labatut Portilho (PUCPR)
- Dr.ª Evelyn de Almeida Orlando (PUCPR)
- Dr. Francisco Antonio Pereira Fialho (Ufsc)
- Dr.ª Fabiane Oliveira (PUCPR)
- Dr.ª Iara Cordeiro de Melo Franco (PUC Minas)
- Dr. João Augusto Mattar Neto (PUC-SP)
- Dr. José Manuel Moran Costas (Universidade Anhembi Morumbi)
- Dr.ª Lúcia Amante (Univ. Aberta-Portugal)
- Dr.ª Lucia Maria Martins Giraffa (PUCRS)
- Dr. Marco Antonio da Silva (Uerj)
- Dr.ª Maria Altina da Silva Ramos (Universidade do Minho-Portugal)
- Dr.ª Maria Joana Mader Joaquim (HC-UFPR)
- Dr. Reginaldo Rodrigues da Costa (PUCPR)
- Dr. Ricardo Antunes de Sá (UFPR)
- Dr.ª Romilda Teodora Ens (PUCPR)
- Dr. Rui Trindade (Univ. do Porto-Portugal)
- Dr.ª Sonia Ana Charchut Leszczynski (UTFPR)
- Dr.ª Vani Moreira Kenski (USP)

PREFÁCIO

Em 1981, Michel Foucault concedeu uma entrevista a Ducio Trombadori, em Milão, por ocasião do *Colloqui con Foucault*. Intitulada "Cómo nace un 'libro-experiencia'", Foucault (2012) nos convida a refletir sobre a potencialidade dessa categoria de análise — experiência — ao associá-la ou misturá-la ao objeto livro, criando a ideia de livro-experiência. Algo novo que nos provoca o pensamento. Inquieta o leitor e a leitora. Desperta a curiosidade. Convida a entrar no texto buscando respostas a duas perguntas que se instauram pelo título: o que seria, afinal, um livro-experiência? Como nasce um livro-experiência? Duas questões que são absolutamente pertinentes para dizer da importância e da necessidade desse novo livro de Danilo Oliveira, Shirlei Sales e Luíza Silva. As respostas de Foucault a essas duas perguntas, também cabem para entender o nascimento de "Metodologias de pesquisas científicas no ciberespaço/cibercultura".

Foucault (2012) então inicia com uma afirmação enigmática. "Muchos aspectos han sido superados". Essa constatação se refere à superação do seu trabalho inicial. O ano de 1981 poderia ser um ano comemorativo para o autor francês. Havia, naquela ocasião, uma distância de 20 anos da defesa da sua tese e da publicação do seu primeiro livro *A História da Loucura*. Portanto, era um momento de refletir sobre o que tinha feito nessas duas décadas de pesquisa, numa oportunidade de revisitar e ressignificar as suas motivações de escrita e de pesquisa. É nessa atmosfera que ele continua respondendo e, no desenrolar da sua defesa em favor de uma certa superação do que já havia pesquisado e escrito, enfim, presenteia-nos com a definição do que seria um livro-experiência. "Soy perfectamente consciente de que he producido variaciones continuamente, tanto en los objetos de mi interés, como en los conceptos a que había llegado anteriormente" (Foucault, 2012, p. 9).

Um livro-experiência teria sua origem na nossa capacidade de nos modificarmos, numa aposta no sujeito e na sua inquietude. Nos inquietamos e desejamos inquietar os outros e as outras, nossos alunos e nossas alunas, orientandos e orientandas, leitores e leitoras. Isso nos move nas pesquisas e na sua divulgação. Mudamos de interesse, variamos as pesquisas, diversificamos os conceitos e, assim, vamos construindo algo novo, próprio e autoral. Esses aspectos do nascimento de um livro-experiência estão presentes nos autores e autoras que compõem este livro organizado por

Danilo Oliveira, Shirlei Sales e Luíza Silva e que são movidos e movidas pelos riscos, pelos desafios e pelos desejos. Nos encontramos, então, com grupo de pesquisadores e pesquisadoras que assumem o imprevisível das indagações e das pesquisas. Lançam-se nessa aventura de pesquisar neste espaço plural e movediço que é o ciberespaço. A inquietação é assumida pelos organizadores logo na primeira frase da apresentação do livro. "Esse livro nasce, primeiramente, de uma inquietação nossa em discutir como têm sido desenvolvidas metodologias de pesquisas científicas no ciberespaço, com a cibercultura".

Dizer do nascimento de um livro é uma maneira de informar sobre as motivações de uma ideia nova. Há o anúncio de uma novidade que se estende aos convites e às participações de outros autores e autoras que estão no mesmo movimento de se perguntarem e experimentarem sobre novas formas de investigar, de acionar e de operar com os conceitos para construir caminhos investigativos que nos instigam o pensamento sobre metodologias de pesquisa em espaços que têm demandado novas e constantes interrogações. Ao se encontrarem, esse grupo se fortalece. Não que eles e elas comunguem das mesmas certezas, muito pelo contrário, é possível e mesmo desejável que compartilhem incômodos, apoquentações e incertezas. Mas se fortalecem quando são provocados e provocadas pelo convite dos organizadores da obra e se colocam em movimento aceitando a provocação e se apresentando na disposição de pensar as metodologias de pesquisa em meio às incertezas, às ambivalências e aos prazeres que são próprios da contemporaneidade. Um livro-experiência aposta no desejo e na produção de uma mudança.

> *Por lo tanto, los libros que escribo representan para mi una experiência que deseo que sea lo más rica posible. Al atravesar una experiencia, se produce un cambio. Si tuviera que escribir un libro para comunicar lo que ya sé, nunca tendría el valor de comenzarlo. Escribo precisamente porque no sé todavía qué pensar sobre un tema que atrae mi atención* (Foucault, 2012, p. 9).

Tomando como inspiração essa citação de Foucault, estou sugerindo que o livro *Metodologias de pesquisas científicas no ciberespaço/cibercultura* também é uma aposta na mudança. É o desejo que está no centro da escrita e da divulgação.

Na escrita, é o desejo de ser uma experiência rica para quem pesquisa e para quem escreve. A mudança, assim, também ocorre naquele e naquela que pesquisa. Um livro-experiência é diferente de um livro-verdade. Isso porque um livro-verdade é aquele que o pesquisador e a pesquisadora escrevem para confirmar algo que já se sabe de antemão. Não é isso que Foucault faz e, tampouco, o que os autores e autoras deste livro realizam. *"Si tuviera que escribir un libro para comunicar lo que ya sé, nunca tendría el valor de comenzarlo"* (Foucault, 2012, p. 9). Temos apostado, e aí, coloco-me como participante desse grupo constituído no livro, num jeito de fazer pesquisa que investe num processo de deseducar o olhar e de aguçar os sentidos para poder ver e sentir algo novo, o que comumente não nos chama atenção e não se constitui como problema de investigação.

É nesse desejo e nessa necessidade de calibrar os sentidos que o ciberespaço e a cibercultura se constituem como campo de investigação. O surgimento dessa novidade exige novas formas de fazer pesquisa. Não podemos esquecer que o ciberespaço e a cibercultura estão atravessados por relações de poder, ao mesmo tempo que não podemos nos distanciar do entendimento que é na cultura que eles ganham materialidade e sentido, o que significa dizer que estão marcados pela linguagem, pelos códigos, pelos sentidos, pelas representações que temos dos sujeitos, dos gêneros e das sexualidades. O ciberespaço e a cibercultura brincam com a temporalidade e com o espaço, organizando-se como novos empreendimentos imprevisíveis, infindáveis, mas também sob o risco de se lançarem em novas composições normativas. São essas novidades, com seus perigos e atrações que as metodologias de pesquisa pretendem dar conta. E no desejo de compartilhar esses caminhos que os autores e autoras nos brindam com suas pesquisas e suas decisões de caminhos investigativos.

Quando o livro nasce e se materializa na divulgação, o desejo renova-se. Há uma vontade de transformar o outro e a outra. Não se trata apenas de compartilhar as pesquisas, suas metodologias, suas escolhas, seus caminhos e seus achados. O livro é um esforço de transformação de quem lê. Uma transformação que se instaura no incômodo de fazer pensar diferente, de levar quem lê a se colocar sob suspeita. Em se tratando de um livro de metodologia, ele convoca-nos a pensar que as formas de fazer pesquisa não se conformam sempre aos contornos clássicos ou já aceitos. Assim, o desejo não é que o livro seja uma experiência, a mais rica possível, somente para quem escreve, mas, principalmente, para quem lê.

> *Al plantearlo así, el libro me transforma, cambia mis puntos de vista. Como consecuencia, cada nuevo libro altera profundamente los términos de los conceptos alcanzados en los trabajos*

anteriores. [...] Cuando escribo, lo hago, por sobre todas las cosas, para cambiarme a mí mismo y no pensar lo mismo que antes (Foucault, 2012, p. 9).

Se antes me concentrei nos desejos do livro, a partir dessa citação, quero me dedicar mais às consequências dele. Foucault aponta três consequências. Uma primeira é a capacidade do livro de alterar, profundamente, os termos dos conceitos de trabalhos anteriores. A segunda, sua potência em modificar quem escreve e quem lê e, por último, seu poder de nos tirar do lugar, fazer-nos pensar diferente do que pensamos anteriormente. Essas também são consequências do livro que está em mãos. São autores e autoras que não iniciaram suas pesquisas no campo do ciberespaço e da cibercultura, mas ao se interessarem e tomarem esse desafio como possibilidade, foram renovando seus arcabouços teóricos e suas ferramentas conceituais, ampliando conceitos trabalhados anteriormente. Nesse caminho investigativo, foram se modificando, colocando-se sob suspeita, questionando suas formas de pensar e transformando a si mesmos e a si mesmas. Para ter esse efeito nas pessoas que leem, há necessidade de um encantamento que não se limita na curiosidade do novo, mas na beleza da escrita.

Mas é um livro de metodologia e que, portanto, aproxima-nos à ideia de método. Ao dizer que escreve livros-experiências, Foucault (2012) reflete sobre essa ideia de método e nos diz sobre essas relações entre livro-experiência e método. "*Nunca sé, al comenzar un proyecto, cómo pensaré al concluirlo. En otras palabras, es difícil indicar claramente cuál es el método que empleo*" (Foucault, 2012, p. 10). Com essa afirmação ele nos diz de uma forma de fazer pesquisa que serve para pensar metodologias no sentido que este livro defende, ou seja, para os organizadores e as organizadoras desta obra, assim como para os autores e as autoras dos capítulos, cada pesquisa representa uma maneira de desenhar um caminho investigativo e de construir uma metodologia de problematização. E com esses capítulos de metodologia que eles e elas nos brindam quando escrevem sobre suas pesquisas no ciberespaço e na cibercultura, sem a intenção de prescrever metodologias gerais. "*Así, nunca construyo un método general de valor definitivo para mí o para otros. Lo que escribo no prescribe nada, ni para mí, ni para otros. Cuando mucho, tiene carácter instrumental y visionario, o idealista*" (Foucault, 2012, p. 10). Penso que os textos deste livro seguem a mesma intenção de Foucault quando defende que seus escritos devem ter um caráter instrumental e visionário.

Para terminar, quero ainda escrever sobre a beleza dos capítulos. Há uma beleza na escrita do livro que encanta e cumpre a sua função de envolver e de nos fazer pensar nossas pesquisas e novas formas de investigar. A beleza da escrita, no que diz respeito à ideia inicial, as imagens produzidas pelos capítulos, pelo estilo e pelo texto problematizador me chamou atenção na sua forma de construção e me lembrou das palavras de Graciliano Ramos em *Linhas Tortas*, quando o autor fala do trabalho de escrever e o compara às lavadeiras de Alagoas.

> Deve-se escrever da mesma maneira com que as lavadeiras lá de Alagoas fazem em seu ofício. Elas começam com uma primeira lavada, molham a roupa suja na beira da lagoa ou do riacho, torcem o pano, molham-no novamente, voltam a torcer. Colocam o anil, ensaboam e torcem uma, duas vezes. Depois enxaguam, dão mais uma molhada, agora jogando água com a mão. Batem o pano na laje ou na pedra limpa, e dão mais uma torcida e mais outra, torcem até não pingar do pano uma só gota. Somente depois de feito tudo isso é que elas dependuram a roupa lavada na corda ou no varal, para secar. Pois quem se mete a escrever devia fazer a mesma coisa. A palavra não foi feita para enfeitar, brilhar como ouro falso; a palavra foi feita para dizer (Ramos, 2005, s/p.).

Este livro nos chega às mãos e nos encharca, os artigos sobre metodologias nos ensopam com suas possibilidades de investigação. Até colocarmos as ideias no varal para secar, vai do tempo de cada um. As proposições dos textos passaram por esse processo semelhante ao que fazem as lavadeiras de Alagoas e nos convidam a molhar mais o texto, torcer, bater na laje, molhar de novo, torcer mais uma vez e colocar para secar. Um livro-experiência.

Prof. Dr. Anderson Ferrari[1]
Juiz de Fora (MG), 24 de março de 2024.

Referências

FOUCAULT, Michel. **El yo minimalista y otras conversaciones.** Buenos Aires: La Marca Editora, 2012.

RAMOS, Graciliano. **Linhas Tortas.** Rio de Janeiro: Editora Record, 2005.

---

[1] Doutor em Educação e professor no Programa de Pós-Graduação em Educação da Universidade Federal de Juiz de Fora (UFJF). E-mail: anderson.ferrari@ufjf.br. Orcid: 0000-0002-5681-0753.

SUMÁRIO

INTRODUÇÃO 15

CAPÍTULO 1
PISTAS METODOLÓGICAS: POSSIBILIDADES INVENTIVAS PARA PESQUISAS NA INTERNET 23
Danilo Araujo de Oliveira
Luiza Cristina Silva-Silva
Shirlei Sales

CAPÍTULO 2
DEVE O PESQUISADOR BEBER CATUABA? EXPERIÊNCIAS TEÓRICO--METODOLÓGICAS NA ERA DIGITAL 41
Tiago Duque

CAPÍTULO 3
ETNOGRAFIA VIRTUAL NA REDE SOCIAL INSTAGRAM: PEDAGOGIAS DE MASCULINIDADE EM AÇÃO 61
Dilan Magnus
Carin Klein

CAPÍTULO 4
LITERATURA VIRTUAL LÉSBICA: CAMINHOS DE PESQUISA NO WATTPAD E AMAZON KINDLE 83
Ana Gabriela da Silva Vieira
Marcio Caetano

CAPÍTULO 5
YOUTUBE COMO CAMPO DE INVESTIGAÇÃO: PERCURSOS TEÓRICO-METODOLÓGICOS E APRENDIZAGENS COM UMA PESQUISA EM EDUCAÇÃO 103
Michele Priscila Gonçalves dos Santos
Roney Polato de Castro

CAPÍTULO 6
FERRAMENTAS PÓS-CRÍTICAS EDUCACIONAIS E CURRICULARES PARA PESQUISAR E ANALISAR VÍDEOS.................................123
Danilo Araujo de Oliveira
Shirlei Sales

CAPÍTULO 7
A PESQUISA NETNOGRÁFICA COMO UMA ESCAVAÇÃO DE BURACOS E TÚNEIS: O ENCONTRO COM A ANÁLISE DO DISCURSO NA PERSPECTIVA FOUCAULTIANA 149
Gabriela Silveira Meireles

CAPÍTULO 8
CRIAÇÕES METODOLÓGICAS COM INVESTIGAÇÕES EM COMUNIDADES SECRETAS ON-LINE: NETNOGRAFIA E ANÁLISE DO DISCURSO 169
Luíza Cristina Silva-Silva
Shirlei Sales

CAPÍTULO 9
ENTREVISTAS SEMI-ESTRUTURADAS ON-LINE + ANÁLISE DO DISCURSO DE INSPIRAÇÃO FOUCAULTIANA: UMA BRICOLAGEM METAMORFOSEANTE EM TEMPOS DE PANDEMIA 187
Paula Myrrha Ferreira Lança

CAPÍTULO 10
OS USOS DE QUESTIONÁRIO E ENTREVISTAS ON-LINE: REFLEXÕES DE UMA PESQUISA EM EDUCAÇÃO COM GÊNERO E SEXUALIDADE 205
Adjefferson Silva
Jeane Felix

CAPÍTULO 11
ANÁLISE CULTURAL NO INSTAGRAM: UMA ESTRATÉGIA METODOLÓGICA POTENTE PARA PESQUISAS NO CIBERESPAÇO ...227
Joanalira Corpes Magalhães
Juliana Ribeiro de Vargas
Paula Regina Costa Ribeiro

CAPÍTULO 12
POR ENTRE REDES: POLÍTICAS CURRICULARES, VIRTUALIDADES E RASTROS DE PESQUISAS..245
Ana Paula Pereira Marques de Carvalho
Lhays Marinho Ferreira
Rita de Cássia Prazeres Frangella

SOBRE OS AUTORES 267

INTRODUÇÃO

Este livro nasce, primeiramente, de uma inquietação nossa em discutir como têm sido desenvolvidas metodologias de pesquisas científicas no ciberespaço, com a cibercultura. Em nosso grupo de pesquisa, diversas incursões metodológicas foram realizadas no ciberespaço. Nossas investigações já têm sido divulgadas de forma plural e dispersa. Mas pensamos que isso não é suficiente. Gostaríamos de reuni-las, em um volume único em que organizamos tais produções. Isso porque uma sistematização, agrupamento e compartilhamento com outros grupos de pesquisa e com o próprio público permitem uma problematização sobre os processos, os desafios e as soluções que temos criado. Assim, ampliamos o chamado para integrar este livro a outros grupos de pesquisa e pesquisadores/as. Enviamos um convite para que componham conosco essa rede de afeto, conhecimento, dúvidas e prazeres. Inspiradas/os pelos modos de funcionamento das redes sociais, perguntamos: o que vocês têm pensado sobre como podemos realizar pesquisas pelo emaranhado das redes? Supondo que estamos em uma grande rede social, podemos dizer que eles/as nos adicionaram e agora nessa grande linha do tempo, em formato de capítulos, compartilhamos com o público essa troca.

Veremos aqui que existem aproximações e distanciamentos nos modos de realizar pesquisas no ciberespaço. Partimos de um pressuposto comum de que os modos de fazer pesquisa e produzir informações não estão dados de uma vez por todas, nem podem ser deduzidos a priori. É no próprio percurso, a partir de nosso objeto e da questão de pesquisa, que vamos construindo caminhos, encontrando alternativas e fabricando nossas metodologias. Outro pressuposto que nos conecta de modo mais aproximado é o entendimento da internet como uma rede produtiva de poder-saber, assim, aquilo que é nela dito tem efeitos específicos em diversas culturas, sendo um espaço de funcionamento discursivo. Já os distanciamentos referem-se aos modos próprios e distintos como cada pesquisa vai sendo empreendida. Isso porque as especificidades das redes e dos objetos de pesquisa demandam do/a pesquisador/a modos que não podem ser os mesmos de outras pesquisas já realizadas. Mas então, podem nos perguntar, por que agrupar um conjunto de pesquisas realizadas no ciberespaço, se os modos de pesquisa serão sempre distintos?

Entendemos que apesar dessa compreensão, há alguns dilemas que podem se repetir quando se toma objetos que são investigados no ciberespaço. Há desafios já, de certa forma, equacionados, nos quais não precisamos mais investir tanto esforço se outras pessoas já conseguiram debater e pensá-los.

Podemos nos inspirar em alguns caminhos já traçados para pensar nossas metodologias. Além disso, é próprio da pesquisa científica reunir pesquisadores/as sobre temas comuns a fim elaborar problematizações acerca dos seus objetos de pesquisa e como eles/as têm realizado seus trabalhos.

Veremos, por exemplo, que mesmo sendo pesquisas realizadas no ciberespaço, nem sempre os/as pesquisadores/as tomam apenas a netnografia ou etnografia em tela como metodologia. Há combinações de elementos da netnografia com análise do discurso de inspiração foucaultiana como faz Gabriela Silveira Meireles. Há aqueles/as que abrem mão da netnografia e metodologicamente operam apenas com análise do discurso de inspiração foucaultiana, como fizeram a autora Michele Priscila Gonçalves dos Santos e o autor Roney Polato de Castro e, assim, aproximam-se mais da autora Ana Gabriela da Silva Vieira e do autor Márcio Caetano. Ana Gabriela e Márcio Caetano vão se aproximar também da autora Paula Myrrha Ferreira Lança, que combina Entrevistas Semi-Estruturadas Online + Análise do Discurso de Inspiração Foucaultiana para fazer uma bricolagem metamorfoseante em tempos de pandemia. Já Tiago Duque encontra sua própria maneira de fazer uma etnografia digital, perguntando se é possível beber catuaba por esse caminho. Joanalira Corpes Magalhães, Juliana Ribeiro de Vargas e Paula Regina Costa Ribeiro, por sua vez, optaram por mobilizar ferramentas da Análise Cultural, assim como foi feito por Adjefferson Silva e a autora Jeane Felix. Portanto, são muitas maneiras de se fazer pesquisa no ciberespaço e aqui podemos fazer conexões variadas entre elas.

Assim, no primeiro capítulo deste livro, "Pistas metodológicas como referência para investigações científicas na internet", nós, que organizamos este livro e escrevemos esta apresentação, buscamos sistematizar um conjunto de pistas que comumente consideramos nas pesquisas realizadas em nosso grupo. Essas pistas foram elaboradas, portanto, a partir de problemáticas, dilemas e desafios que fomos vivendo ao longo dos últimos anos em nosso grupo. Elas sintetizam a forma como fomos enfrentando-os. Construindo nosso entendimento sobre eles e constituindo compreensões que hoje nos são úteis.

No capítulo "Deve o pesquisador beber catuaba? Experiências teórico-metodológicas na era digital", o autor Tiago Duque busca problematizar experiências teórico-metodológicas com artefatos midiáticos envolvendo currículo e pedagogia cultural na era digital. São mobilizadas percepções que problematizam fronteiras de parte das experiências e dos entendimentos sobre a etnografia na era digital. É abordado o artefato tecnológico-midiático enquanto recorte, discutidos os aspectos éticos com artefatos tecnológicos digitais, problematizada a interação NO/DO/COM o artefato tecnológico--midiático, e discute-se, ainda, sobre o corpo de quem faz a pesquisa NA, DA e COM etnografia digital.

No capítulo "Etnografia Virtual na Rede Social Instagram: pedagogias de masculinidade em ação", autoria de Dilan Magnus e Carin Klein, discutem-se as possibilidades e os usos de ferramentas analíticas que podem ser acionadas e bricoladas às pesquisas que articulam os campos de estudos de gênero, sexualidade e a investigação no Instagram. Evidenciam-se as ferramentas teórico-metodológicas utilizadas para realização das análises de masculinidades, apresentando alguns movimentos necessários ao acionar ferramentas para analisar produções pedagógicas realizadas por dois influenciadores digitais, a partir de conteúdos relacionados à prevenção das infecções sexualmente transmissíveis (ISTs).

No capítulo "Literatura virtual lésbica: caminhos de pesquisa no Wattpad e Amazon Kindle", a autora Ana Gabriela da Silva Vieira e o autor Márcio Caetano propõem um olhar para a literatura virtual lésbica, observando obras literárias publicadas em duas plataformas digitais de leitura: o site e/ou aplicativo Wattpad (gratuito) e o aplicativo Amazon Kindle (pago). Ambas as plataformas foram estudadas e, nelas, foram selecionados livros de literatura lésbica, nos quais o amor lésbico tinha relevância central no enredo. O objetivo da investigação foi problematizar os discursos da literatura virtual e refletir acerca das pedagogias da literatura virtual a partir de textos literários lésbicos dessas plataformas. Além de apresentar referenciais teóricos necessários para a investigação, no texto abordam-se os procedimentos metodológicos de seleção, leitura e análise dos materiais com inspiração na análise de discurso em Foucault.

No capítulo "YouTube como campo de investigação: percursos teórico-metodológicos e aprendizagens com uma pesquisa em educação", a autora Michele Priscila Gonçalves dos Santos e o autor Roney Polato de Castro apresentam elementos centrais do percurso teórico-metodológico e das aprendizagens construídas com uma pesquisa de mestrado em educação que teve como foco discursos de gênero e sexualidade disseminados em vídeos que compõem o canal do youtuber Felipe Neto. Os vídeos foram entendidos como artefatos cujas pedagogias culturais podem ensinar modos de ser e estar no mundo. Discute-se a imersão no YouTube como campo de pesquisa e como foi sendo construído um corpo-pesquisador para familiarizar-se com a plataforma, produzindo as delimitações necessárias ao processo de investigação, considerando as perspectivas dos Estudos Culturais, dos Estudos de gênero, sob viés pós-estruturalista e foucaultiano.

No capítulo "Ferramentas pós-críticas educacionais e curriculares para pesquisar e analisar vídeos", o autor Danilo Araujo de Oliveira e a autora Shirlei Sales partem dos percursos de uma tese de doutorado que explorou o funcionamento de um currículo no ciberespaço mobilizando ferramentas metodológicas com elementos da netnografia e análise do discurso de inspiração foucaultiana, desde uma perspectiva pós-crítica. O foco foi descrever como, ao mobilizar essas ferramentas, analisa-se um conjunto de vídeos divulgados no currículo investigado. Essa ação compõe o esforço metodológico para consolidação de um campo epistemológico de como operar ao analisar o funcionamento de um currículo cultural não escolar. O que sistematizam aqui não se constitui prescrição para repetição de uma fórmula, mas busca funcionar como inspiração e contribuição para a construção de metodologias de experimentação e invenção curriculares.

No capítulo "A pesquisa netnográfica como uma escavação de buracos e túneis: o encontro com a análise do discurso na perspectiva foucaultiana", a autora Gabriela Silveira Meireles apresenta os aspectos metodológicos de uma pesquisa que teve como objetivo mapear e analisar os saberes produzidos e divulgados, as posições de sujeito demandadas nos blogs sobre alfabetização criados por professoras-alfabetizadoras bem como as relações de poder envolvidas nesse processo. Na investigação descrita, foram cavados dois buracos — o da netnografia e o da análise do discurso de inspiração foucaultiana. São detalhados minuciosamente, neste texto, os procedimentos metodológicos mobilizados na investigação, com os percalços, limites e possibilidades de uma pesquisa em tela.

No capítulo "Criações Metodológicas com Investigações em Comunidades Secretas On-line: netnografia e análise do discurso", a autora Luíza Silva-Silva e a autora Shirlei Sales apresentam criações metodológicas que insurgiram de uma investigação em comunidades secretas on-line na rede social Facebook. As autoras constituíram caminhos metodológicos próprios da fusão dos modos de fazer pesquisa com as tecnologias digitais. Desse modo, para investigar o que as autoras nomearam de currículo da nudez, foi necessário mobilizar ferramentas metodológicas de produção de dados de pesquisa como a netnografia, observação participante e entrevista e

METODOLOGIAS DE PESQUISAS CIENTÍFICAS NO CIBERESPAÇO/CIBERCULTURA:
#NETNOGRAFIA #ETNOGRAFIADIGITAL #PESQUISAEMTELA #ENTREVISTAONLINE #ANÁLISECULTURAL
#ANÁLISEDODISCURSO_INSPIRADAEMFOUCAULT

ferramentas das análises dos dados a partir da análise do discurso de inspiração foucaultiana. As singularidades dos modos de fazer pesquisa em comunidades secretas on-line são especificadas a partir de possibilidades metodológicas investigativas.

No capítulo "Entrevistas Semi-Estruturadas On-line + Análise do Discurso de Inspiração Foucaultiana: uma bricolagem metamorfoseante em tempos de pandemia", a autora Paula Myrrha Ferreira Lança relata os caminhos metodológicos trilhados na pesquisa que investigou os efeitos de verdade da ofensiva antigênero na produção de subjetividades docentes de uma Escola Municipal de Educação Infantil (Emei). A autora desenvolve minuciosamente os modos de operacionalização de cada ferramenta a partir de procedimentos metodológicos desenvolvidos de forma on-line em contexto de pandemia da Covid-19.

No capítulo *Os Usos de Questionário e Entrevistas On-line: reflexões de uma pesquisa em educação com gênero e sexualidade,* o autor Adjefferson Silva e a autora Jeane Felix sistematizam e refletem sobre os percursos metodológicos construídos em contexto de pandemia da Covid-19 em uma pesquisa com as temáticas de gênero e sexualidade na educação. O capítulo é desenvolvido tendo como fio condutor o processo de construção do material empírico como questionários e entrevistas, realizados on-line, em que destacam algumas potencialidades e desafios.

No capítulo "Análise Cultural no Instagram: uma estratégia metodológica potente para pesquisas no ciberespaço", as autoras Joanalira Corpes Magalhães, Juliana Ribeiro de Vargas e Paula Regina Costa Ribeiro discutem a potencialidade da Análise Cultural (AC) como estratégia metodológica para problematização de um perfil na rede social de compartilhamento de fotos e vídeos on-line Instagram. O perfil "Minha Criança Trans" foi escolhido como centralidade das argumentações sobre a Análise Cultural (AC) como ferramenta para compreender as relações de comunicação e cultura na rede social.

No capítulo "Por entre redes: políticas curriculares, virtualidades e rastros de pesquisas", as autoras Ana Paula Pereira Marque de Carvalho, Lhays Marinho Ferreira, Rita de Cássia Prazeres Frangella escrevem como três professoras-pesquisadoras-curriculistas, diante dos desafios postos pelo ciberespaço, conectam-se para compartilhar compreensões e encontrar modos próprios de fazer pesquisa. Elas tecem em suas redes de afetos reflexões importantes sobre métodos variados de pesquisas para pensar currículos em conexões com a cibercultura.

Com esse robusto conjunto de produções aqui reunidas, esperamos provocar proveitosas análises e profundas reflexões. Desejamos que os conhecimentos que compõem essa coleção inspirem muitas pesquisas e gerem debates sobre os modos como podem ser realizadas investigações científicas no ciberespaço. Sendo um território em constante modificação, há inúmeros desafios ao trabalho investigativo, os quais demandam que nossas metodologias também não sejam as mesmas. Multipliquemos, portanto, nossas interrogações acerca do tempo presente, bem como nossas invenções dos modos de respondê-las. Nosso convite é que façamos tudo isso de modo colaborativo, coletivizado, ético, rigoroso, respeitoso, afetivo e amplamente compartilhado.

O organizador e as organizadoras

CAPÍTULO 1

PISTAS METODOLÓGICAS: POSSIBILIDADES INVENTIVAS PARA PESQUISAS NA INTERNET

Danilo Araujo de Oliveira
Luiza Cristina Silva-Silva
Shirlei Sales

Pensar em metodologias de pesquisa é sempre desafiador. Toda vez que nos propomos a desenvolver uma investigação científica, somos confrontadas/os com inúmeras questões. A elaboração do projeto é o primeiro passo. Embora seja um planejamento prévio, suscetível de alterações ao longo do percurso, o desenho do projeto de pesquisa é uma etapa importante para organizar os trabalhos a serem desenvolvidos. Nele delineamos, em linhas gerais, o problema da pesquisa, seus objetivos, as justificativas que sustentam a sua realização, o referencial teórico que fundamenta a proposição, os comprometimentos éticos e a metodologia a ser utilizada. Nesse ponto específico, já temos algumas práticas metodológicas bastante consolidadas no campo educacional. Seja pela assertividade de seus usos, seja por sua adequação aos problemas que o campo apresenta.

O dinamismo da vida, com o surgimento de novas questões, no entanto, demanda repensar as metodologias canônicas. Nesse contexto, o advento da expansão da cibercultura e sua hibridização com as práticas off-line, convocam a educação a pesquisar o ciberespaço. Segundo Lévy (1999, p.17), o ciberespaço é o "novo meio de comunicação que surge da interconexão mundial de computadores". Afinal, não podemos mais desconsiderar os efeitos que a ciborguização dos processos mais cotidianos produz em nossa existência (Sales, 2014). Isso tudo exige que a pesquisa científica crie alternativas metodológicas mais apropriadas a esse conjunto de novas práticas. Esse trabalho de construção metodológica requer rigor científico, inventividade na criação de inusitadas soluções aos desafios contemporâneos e, acima de tudo, reflexão acerca de todo processo vivenciado na pesquisa. É esse trabalho analítico que sistematizamos no presente capítulo.

Agrupamos aqui um conjunto de pistas elaboradas a partir de nossa reflexão sobre as pesquisas que desenvolvemos e orientamos. Esperamos que elas possam inspirar caminhos metodológicos como referência para investigações científicas na internet.

Ao longo dos últimos 20 anos, tivemos em nosso grupo de pesquisa, o **GECC** (Grupo de Estudos e Pesquisas em Currículos e Culturas), variadas pesquisas desenvolvidas a partir/com produções de informações oriundas no ciberespaço. Isso constitui a nossa experiência com metodologias sobre como fazer pesquisas científicas na internet, cada vez mais recorrente no campo educacional e curricular. Isso porque o uso da internet se expande exponencialmente para os mais variados fins, e é quase inescapável a possibilidade de pensar um modo de vida desvinculado, de alguma maneira, da rede mundial interconectada de computadores, smartphones, tablets etc. Os currículos e as várias formas de educação estão atuantes nessa interconexão, assim como estão sendo constituídos por essa rede. Então, identificamos uma relação de hibridismo nos modos de fazer pesquisa educacional na internet.

Isso posto, ao longo desses anos, fomos colecionando desafios sobre como pesquisar cientificamente no ciberespaço, aprendendo com eles, buscando alternativas variadas para seus distintos modos de se apresentarem. Alguns outros foram contornados, outros aparecem de forma mais recorrente, então já aprendemos como enfrentá-los, outros se construirão como novidades, afinal, a internet renova-se diariamente em formatos, funções, objetivos e finalidades. Tudo isso exige de nós cada vez mais investimento em elaborar meios, formas e metodologias de pesquisar seus modos de funcionamento.

Acreditamos, porém, que compartilhar (essa função tão requerida e presente no ciberespaço), seja uma maneira de ajudar pesquisadoras e pesquisadores a encontrarem alternativas, inspirações e, talvez, fundamentações para seus próprios percursos metodológicos pelo ciberespaço. Por isso, sistematizamos a seguir um conjunto de pistas, caminhos possíveis que possam inspirar e/ou se constituir como referenciais para investigações científicas na internet. Esse trabalho está baseado nas pesquisas desenvolvidas em nosso grupo ao longo dos últimos anos. Obviamente, enquanto pistas, elas podem ser descartáveis em muitos contextos, porque os objetos e sites de investigação são variados, como podemos ver com as distintas pesquisas que compõem este livro. No entanto, muitas questões e dilemas as aproximam e podem agrupar as pesquisas que já desenvolvemos, dadas suas recorrências e reaparições. Então, foi a partir disso que pudemos estabelecer critérios para trazer aqui essas instruções, orientações e/ou referenciais.

Vasculhar ("fuçar") incansavelmente as especificidades das ferramentas, funcionalidades e formas de operacionalizar o site/aplicativo de pesquisa

São variados os sites da internet, as redes sociais e os aplicativos. Cada um tem um layout específico, um modo de funcionamento muito próprio, com combinações múltiplas de imagens, vídeos, textos e funções sortidas que incidem em distinções, qualidades e características relacionadas não somente a suas operacionalizações, mas dizem também dos efeitos produtivos que tanto nos interessam em nossas pesquisas. Por isso, um movimento, uma ação importante, pra nós, é conhecer, mapear e descrever minuciosamente o site, rede social e/ou aplicativo que iremos pesquisar destacando as peculiaridades de sua operacionalização. Ao fazer isso, partimos do pressuposto que os aspectos técnicos, operacionais visíveis em *funções* como "publicar", "compartilhar", "curtir", "comentar", "repostar", "inscrever-se", "hashtag"; ou mesmo em *formatos* como "vídeos", "lives", "reels", "shorts", fazem parte de uma ampla e embaralhada rede que constitui o ciberespaço e proporciona inúmeras conexões.

No entanto, mais do que isso, ao funcionar de modos específicos, distintos, mesmo que por vezes parecidos, essas funções e formatos dizem das relações de poder que têm efeitos específicos na produção de saberes, conhecimentos e subjetividades. É preciso investir na análise daquilo que essas funções e formatos incitam, produzem, põem em funcionamento ao operar. Não ignoramos esses aspectos em nossas pesquisas ao fazer nossas imersões investigativas. Esse conhecimento pauta inclusive o direcionamento de nossos olhares para a produção de informações. Qual articulação faremos? Como iremos capturar as informações? O que está sendo considerado relevante naquele site? Quais são as lógicas de funcionamento? Quais os recursos disponíveis? Como eles são acionados? Como se articulam? Como todas as ferramentas são utilizadas? São questões que mobilizamos a partir das funções e formatos dos próprios sites/aplicativos.

Por exemplo, a *função* "curtir", diz de uma relação afetiva das pessoas com o conteúdo postado, de maneira, que ao fazer isso, elas estão atribuindo um valor para aquilo que foi dito. Quando temos muitas curtidas em alguma postagem, isso significa que há um processo de valoração sendo ali constituído. Esse recurso garante visibilidade do conteúdo. Atesta sua aceitação junto ao público, sua "popularidade". Nos modos de operação próprios das redes sociais, isso faz com que essa postagem tenha mais circulação e alcance mais pessoas, ampliando, assim, os efeitos produtivos de poder que constituem aquela postagem. Pois, assim, ela irá disputar sentidos e significados de modo mais abrangente com que é dito em outros espaços, e/ou, talvez, reiterá-los.

Outro exemplo que podemos citar são os usos das hashtags. Uma determinada palavra ou expressão antecedida do sinal do jogo da velha (#), que permite um agrupamento de mensagens, constituindo-a como relevante, colocando-a em destaque. O que acontece muitas vezes a nível mundial, quando vemos os anúncios dos *Trendings topics* (tendência em português). Se é nosso objetivo pesquisar determinado assunto, a pesquisa por *hashtag* irá nos fornecer um agrupamento de mensagens variadas que se aderem em torno de determinada palavra e/ou expressão. Agrupa-se, assim, um conjunto de postagens que podem ser mais facilmente acessadas na rede pelo/a usuário/a.

Já utilizamos em nossas pesquisas essa função para produzir informações sobre nossos objetos. As mensagens visibilizadas em pesquisas específicas em nosso grupo, a partir da perspectiva teórica adotada (recorrentemente, pós-crítica), constituíam-se em fragmentos discursivos que chegaram a nos ajudar a demonstrar como havia ali uma maneira específica de constituir uma subjetividade. A partir da disposição dos ditos em forma de *hashtag*, é possível localizar um conjunto de conhecimentos que podem adquirir caráter de verdade no site/aplicativo pesquisado. Compreendemos que é dada uma existência (isto é, constitui-se aquilo que chamamos de realidade), através de uma declaração, que ganha proeminência e relevo com a função *hashtag*. Essa declaração pode se constituir como prescrição, como divulgação de um conhecimento como verdade, representada pelo uso reiterado dessas *hashtags*. Desse modo, elas não são estáticas nem dizem de maneira neutra sobre as experiências e percepções dos/as usuários/as. Elas podem ajudar a prescrever formas de condução da conduta, ensinar modos válidos e valorizados de se constituir. Em outras palavras, as disputas por verdades em torno daquilo que é dito, podem se traduzir com a compreensão do funcionamento do site/aplicativo pesquisado, demonstrados através dos recursos de linguagem de suas funções.

Por um lado, devemos partir do pressuposto que cada um desses formatos e funções não são neutros. Por outro lado, também não investimos na busca por informações ocultas, mensagens escondidas e/ou subliminares. Buscamos, assim, investir em problematizações acerca do próprio funcionamento e operacionalização, naquilo que é ali visível, dito, mas que precisa ser nomeado, para que possamos dizer dos seus sentidos e significados. Isso amplia, aprofunda e complexifica os aspectos analíticos textuais de nossas pesquisas.

Essa pista, então, sugere que aprofundemos no entendimento minucioso do funcionamento de todos os recursos técnicos e operacionais disponíveis no site/aplicativo investigado. É preciso "fuçar" incansavelmente toda a economia dos cliques diponibilizada. Simular situações. Testar funcionalidades. Clicar até a exaustão, observando atentamente e registrando os efeitos de cada movimento e suas respectivas consequências na tela.

Desenvolver o letramento para a leitura da multilinguagem

Se o letramento faz referência aos usos e práticas sociais da linguagem em uma determinada cultura, sendo que a leitura e a escrita no contexto da internet demandam habilidades específicas, associadas aos usos críticos, entendemos que é necessário, para as pesquisas que desenvolvemos, um letramento para a leitura da multilinguagem, própria do ciberespaço. É importante acionar saberes linguísticos e valores culturais para leitura dos tipos e gêneros textuais que se apresentam na internet. Tendo, pois, toda linguagem o seu caráter parcial, provisório e contingente, podendo adquirir sentidos múltiplos e por vezes contraditórios, parece-nos que se exige do/a pesquisador/a ainda mais atenção.

Inúmeros são os elementos que compõem e constituem a multilinguagem internetês. Umas das características principais do ciberespaço é a capacidade de articular palavra escrita, imagem, vídeo, áudio e outros formatos textuais linguísticos como *gifs*, *emojis*, *memes*. Então é possível localizar aqui linguagem verbal, escrita, visual, audiovisual, musical etc., o que chamamos aqui de multilinguagem. Atentar-se para ela, muitas vezes amalgamada, articulada, imbricada entre si e emaranhada nas redes, é um investimento necessário do/a pesquisador/pesquisadora do ciberespaço. Trata-se de um conhecimento linguístico e de mundo prévios requeridos para adentrar-se pelos percursos investigativos na internet.

Conhecimento linguístico é essa habilidade de ler e compreender cada signo da linguagem que produz significados específicos em um contexto. O desconhecimento de um significado de um signo pode implicar em uma lacuna no processamento da leitura de um texto. O conhecimento de mundo refere-se a saber a função linguística, por exemplo, que um *emoji* ou um *gif* tem em um contexto de comunicação. Aqui vemos como a língua no cibersespaço recorre a funcionalidades específicas a fim de dar significado às coisas. Vemos, por assim dizer, a performatividade da linguagem (Butler, 2018), como ela, de modo específico, interpela, orienta, produz os objetos de que fala, produzindo significados.

Além disso, os significados, assim como os vídeos e imagens não estão isolados, mas articulados com toda uma rede multilinguística. Dependemos dessa leitura para desenvolver nossas capacidades de compreensão e análise. Essa leitura é imprescindível para localizar e produzir as informações que buscamos em nossas pesquisas, sendo necessário para encontrar aquilo que pode nos possibilitar dar continuidade à investigação.

Quando uma imagem, um vídeo, um *gif*, um *emoji* aparece constituindo nosso corpus analítico, eles não são ignorados, porque eles compõem e dizem de um modo muito específico do funcionamento do discurso que estamos investigando, daquela cultura que estamos investindo nossas análises. Eles não podem ser deixados de lado, como também talvez seja difícil olhá-los isolados ou desarticulados de toda uma rede que os compõe.

Por exemplo, um vídeo quando postado em uma rede social, vem acompanhado do endereço do site em que ele está alocado originalmente. Então devemos estar atentos/as aos modos de divulgação desse vídeo, ao site em que ele aparece, a sua composição imagética com títulos, subtítulos, textos escritos, com outros vídeos, com abertura para comentários, compartilhamentos, curtidas e/ou outros tipos de reação. Além disso, observaremos também seus formatos, extensões, podemos compará-lo com materiais similares e/ou distintos que nos ajudem a fazer agrupamentos por temas, conceitos ou outro critério científico. Nesse sentido, a multilinguagem pode ser um complicador quando não conseguimos lê-la, compreendê-la, decifrá-la. Mas também um potencializador para ampliar nossas análises acerca do que está sendo ali dito e tornado visível de um modo distinto.

Essas considerações exigem de nós um demorar nas observações para entender as linguagens, compreender suas funções e mapear seus possíveis efeitos relacionados àquilo que pesquisamos. Uma rápida observação, com rasas considerações não dão conta da complexidade que a multilinguagem fornece aos nossos objetos de pesquisa. A superficialidade pode incorrer no risco de negligenciar aspectos importantes que compõem os ditos ali presentes e/ou mesmo redundar em análises não pertinentes. O letramento para a multilinguagem da internet é necessário para que possamos perscrutar essas linguagens, pensar formas de lê-las, vê-las, compreendê-las e analisá-las.

Além disso, se já é acordado nas metodologias pós-críticas que o processo investigativo não acontece de forma linear, homogênea, com resultados previstos e caminhos bem definidos, a multilinguagem do ciberespaço complexifica o processo investigativo fazendo emergir um traçado de rota rabiscado, redesenhadado e redirecionado o tempo inteiro. Portanto, incerto, impreciso e com caminhos sinuosos.

Em síntese, essa pista nos indica a extrema relevância de observarmos atentamente as especificidades das linguagens e sua composição múltipla no ciberespaço, para ampliarmos e aprofundarmos a leitura das informações produzidas na pesquisa.

METODOLOGIAS DE PESQUISAS CIENTÍFICAS NO CIBERESPAÇO/CIBERCULTURA:
#NETNOGRAFIA #ETNOGRAFIADIGITAL #PESQUISAEMTELA #ENTREVISTAONLINE #ANÁLISECULTURAL
#ANÁLISEDODISCURSO_INSPIRADAEMFOUCAULT

Considerar o hibridismo /amálgama que a internet produz

Compreendemos que as investigações científicas na internet estão diante de muitas complexidades no que constitui a relação híbrida entre a experiência social, política e cultural com redes sociais, aplicativos. Consideramos no desenvolvimento metodológico dos nossos trabalhos a compreensão de que as relações sociais contemporâneas estão intimamente ligadas às tecnologias digitais, tão fortemente relacionadas ao ponto de ser um desafio compreender uma sem a outra. Os trabalhos investigados no e com o on-line apresentam potencialidade de compreender diferentes vivências sociais e conexões múltiplas. Assim, as tecnologias digitais também produzem modos de viver e compreender o mundo e as relações. Sales (2010, p. 17) explica que a tecnologia digital é um "acontecimento que invadiu o nosso cotidiano e mudou o nosso modo de pensar o mundo e de nos relacionarmos com ele".

A relação de amálgama social central neste campo de investigação é compreendida na relação das condições históricas e sociais de emergência que possibilitam que tecnologias digitais surjam e façam parte intrínseca da vida dos indivíduos. Para elucidar o fenômeno das tecnologias na sociedade, Zago (2015, p. 151) afirma: "para cada período histórico existem tecnologias – máquinas, aparatos técnicos – que são produto de uma organização histórica, política e cultural e das relações de poder que aí se exercem". Dessa forma, "as tecnologias são inventadas para desempenhar funções que a sociedade de algum modo solicita e para as quais carece das ferramentas adequadas" (Sibilia, 2016, p. 25), assim, as tecnologias são o resultado de processos históricos de suas amálgamas sociais com os sujeitos. Lévy (1999) compreende as tecnologias como constitutivas das relações sociais e propõe que, "em vez de enfatizar o impacto das tecnologias, poderíamos igualmente pensar que as tecnologias são produtos de uma sociedade e de uma cultura" (Lévy, 1999, p. 22).

A sociedade contemporânea é transformada pelas tecnologias digitais e pela relação dos sujeitos com essas tecnologias. Essa relação provoca mudanças nas formas de se relacionar consigo e com o mundo. No entanto, essa simbiose entre as tecnologias digitais e os sujeitos não está concluída, pelo contrário, é processual e está em intensa modificação, por isso os desafios das operacionalizações das metodologias de pesquisa on-line. Assim, para cada período histórico, existem tecnologias que são produtoras e produto de relações sociais e de poder próprias daquele tempo e espaço e nesse ponto reside a potencialidade das investigações metodológicas imbricadas pelas relações com a internet, no on-line, nos sites e aplicativos digitais.

As proposições metodológicas com as redes sociais podem ser guiadas pelo hibridismo ciborgue. A transformação dos modos de existência com as tecnologias digitais produz ciborgues, que são "híbridos tecnoculturais, que operam o próprio pensamento e conduzem suas ações numa constituição simbiótica com as tecnologias" (Sales, 2010, p. 243). Donna Haraway, em seu texto *Manifesto ciborgue: ciência, tecnologia e feminismo-socialista no final do século XX*, explica esse conceito. Segundo ela, "ciborgue é um organismo cibernético, um híbrido de máquina e organismo, uma criatura de realidade social e também criatura de ficção" (2016, p. 36). Ciborgue é a constituição das subjetividades contemporâneas e tem como estratégia a transgressão de fronteiras, múltiplas fusões e possibilidades.

O conceito de ciborgue pode nos ajudar a escapar de algumas "ciladas teóricas" (Sales, 2018) nas pesquisas no ciberespaço. Ao compreender a composição híbrida do on e off-line das dimensões da vida contemporânea, entendemos que as vivências no ciberespaço, por vezes nomeadas como "virtuais", são tão reais quanto as vividas fora dele. Com esse entendimento, valorizamos todas as práticas, sem hierarquizá-las em um esquema classificatório. O conhecimento da complexidade das experiências amalgamadas não reduz "o que acontece no ciberespaço [a] apenas uma versão digital do que acontece fora dele" (Sales, 2018, p. 239). Tal percepção supera o entendimento de que "o uso das tecnologias apenas influencia a vida" (Sales, 2018, p. 240).

Essa pista nos alerta para a composição amalgamada entre a vida off-line e on-line. Isso exige de nossas pesquisas um tratamento metodológico e analítico rigoroso, sem desqualificar qualquer um desses modos, observando atentamente seus efeitos híbridos.

Observar as especificidades do Ciberespaço e da Cibercultura

Na sociedade contemporânea, as tecnologias digitais são artefatos culturais de intensa fusão com a produção dos modos de vida. Para Sales (2012, p. 111), "o tempo presente é composto por elementos diversos, advindos de diferentes matrizes, em que a cibercultura produzida no ciberespaço exerce papel importante na constituição de modos de existência".

METODOLOGIAS DE PESQUISAS CIENTÍFICAS NO CIBERESPAÇO/CIBERCULTURA:
#NETNOGRAFIA #ETNOGRAFIADIGITAL #PESQUISAEMTELA #ENTREVISTAONLINE #ANÁLISECULTURAL
#ANÁLISEDODISCURSO_INSPIRADAEMFOUCAULT

Nas pesquisas científicas na internet, o espaço investigado em questão é o ciberespaço. Esse espaço "especifica não apenas a infra-estrutura [sic] material da comunicação digital, mas também o universo oceânico de informações que ela abriga" (Lévy, 1999, p. 17). O ciberespaço consiste, pois, no espaço de fluxo das informações (Lemos, 2001) que surge da interconexão da rede de computadores, que na atualidade inclui outras tecnologias digitais além do computador, como tablets, iPads, smartwatches, smartphones etc., todos interconectados pela Web. Martino (2014, p. 29), inspirado em Lévy, diz que as características do ciberespaço são a "arquitetura aberta" e a "capacidade de crescer indefinidamente"; troca e fluxo de informações e conexões que são criadas e desfeitas em intensidade constante — e toda a fluidez do ciberespaço desenvolve-se junto com a cibercultura.

Cibercultura, de acordo com Lévy (1999, p. 17), é "o conjunto de técnicas (materiais e intelectuais), de práticas, de atitudes, de modos de pensamento e de valores que se desenvolvem juntamente com o crescimento do ciberespaço". Segundo Sales (2010, p. 34), "a cibercultura, vivida e produzida no ciberespaço, inventa novas formas de existência a partir das múltiplas conexões com as tecnologias digitais". Para Lemos (2010), a cibercultura é a junção da vida social, dispositivos eletrônicos e redes telemáticas. Para Lévy (1999), ela não possui centro ou linha diretriz, ou seja, não pode ser controlada por um único emissor. "Trata-se de um fluxo de ideias, práticas, representações, texto e ações que ocorrem entre pessoas conectadas por um computador – ou dispositivo semelhante" (Martino, 2014, p. 27). A cibercultura e o ciberespaço atuam de forma "onipresente" (Lemos, 2005) na sociabilidade contemporânea. O fato de a cibercultura não poder ser controlada por um único polo emissor ficou enfático a partir da "Web 2.0"[2].

A "Web 2.0" é a possibilidade de o/a usuário/a alterar o conteúdo disponível na rede mundial de computadores. Assim, o/a usuário/a pode ser o polo emissor de informações disponíveis no ciberespaço. Com a "Web 2.0", surgem os blogs, redes sociais e sites de informação colaborativa. Sibilia (2016) afirma que a mudança no polo emissor de informação tem por objetivo potencializar a produção de informação pelas próprias pessoas. Assim, os sujeitos convertem-se na "personalidade do momento", trazendo a vida "privada" para a cena pública no ciberespaço (Sibilia, 2016). Esse ponto é um

---

[2] Apesar de continuarmos falando em Web 2.0, está em desenvolvimento a Web 3.0. As marcas dessa mais recente são mais foco na descentralização, abertura e maior atuação do usuário.

campo ativo de produtividades culturais e educacionais nas redes sociais, a emissão de informações pelas próprias pessoas é central nas investigações no ciberespaço e na cibercultura.

Em suma, essa pista nos convoca a mergulhar imersivamente nas características do ciberespaço, buscando compreender a cibercultura ali produzida, vivenciada, compartilhada. Isso exige de nós um posicionamento aberto e atento para nos lançar na compreensão do que ali é criado, recriado, composto, hibridizado.

Singularizar os modos de investigar comunidades on-line

Comunidade on-line pode ser considerada um "texto cultural produzido pelas postagens que se desenham na linha do tempo" (Evangelista, 2016, p. 29). As redes sociais e seus/suas usuários(as) produzem narrativas, estabelecem relações, vinculam enunciações e, assim, constituem-se "como o próprio discurso" (Evangelista, 2016, p. 29). No Instagram, por exemplo, as informações adquirem um caráter fluido, tudo está em processo e em transformação. Assim, nas pesquisas com comunidades on-line, analisa-se "o que é efetivamente dito na internet" (Sales, 2012, p. 120). De acordo com Leal (2017, p. 39), a netnografia "refere-se à produção de informações que prima pelos discursos e pelas práticas linguísticas" que emergiram especificamente no ciberespaço. Para produzir as informações sobre os ditos nos grupos do Facebook, Instagram, TikTok, pode ser necessário lançar mão também da observação participante em comunidades on-line como procedimento metodológico.

A entrevista on-line colaborativa pode também ser uma ferramenta metodológica constitutiva das investigações de comunidades desse contexto. Essa ferramenta pode ser utilizada para atender às especificidades do problema de pesquisa e não apenas para a checagem das informações dos grupos. Além disso, pode ser importante para ampliar e complementar a compreensão dos fenômenos analisados a partir das publicações nas redes sociais dos/as próprios/as participantes da pesquisa.

Nas entrevistas on-line, podemos compreender as singularidades das invenções de si e do outro, assim como aspectos que são ressignificados no percurso da pesquisa. Nesse sentido, pode ser interessante singularizar aspectos de como os/as participantes da pesquisa, elaboram os relatos sobre si mesmos/as e como atribuíam significados às relações permeadas pelas tecnologias digitais. Singularizar pode ser importante para melhor compreensão dos acontecimentos e fatos relatados, assim como os sentidos que constroem de si, do mundo, das outras pessoas e das relações sociais.

Essa pista, portanto, instiga-nos a singularizar nossas análises, buscando discutir aspectos particulares, que precisam ser considerados em sua peculiaridade. Esse trabalho, no entanto, deve levar em conta o conjunto das informações produzidas, suas articulações, regularidades, descontinuidades e eventuais rupturas de sentido na composição de uma trama analítica.

Respeitar os aspectos éticos

Compreendemos que as investigações científicas na internet estão diante de muitos desafios decorrentes das complexidades e dos dilemas éticos e estéticos que parecem emaranhar ainda mais essa mistura confusa e sem ordem própria da cibercultura. Uma sugestão é utilizar as orientações das Diretrizes Éticas da Associação de Pesquisadores da Internet (Franzke et al., 2019). Encontramos, nesse documento, respaldo para fundamentar as decisões a serem tomadas sobre as questões éticas de pesquisa. Trata-se de um documento colaborativo escrito, em âmbito internacional, por pesquisadores/as, estudantes e desenvolvedores/as técnicos/as que enfrentam questões éticas em suas pesquisas no ciberespaço. Esse documento ainda se encontra disponível somente em língua inglesa.

Um dos desafios recorrentes em nossas pesquisas é a identificação ou não dos endereços eletrônicos dos sites, blogs e perfis pesquisados. Isso demonstra que, assim como somos forçados/as, ao longo do projeto de pesquisa, a revisá-lo, "somos da mesma forma confrontados[as] com a necessidade de revisitar nossa ética inicial, suposições e designs" (Franzke et al., 2019, p. 4). Isso depende dos possíveis efeitos e riscos que nossa pesquisa pode oferecer para as pessoas e/ou comunidades pesquisadas. Outras vezes, podem traduzir um respeito ou preservação necessária do anonimato do perfil, que mesmo público, quando tomado como objeto de pesquisa, pode vir a ser conhecido e julgado de outros modos.

Mesmo considerando que as "as questões levantadas pela pesquisa na internet são problemas éticos precisamente porque evocam mais de uma resposta eticamente defensável para um dilema específico" (Franzke et al., 2019, p. 7), às vezes, optamos por dar importância a algumas reflexões que nos parecem se aplicar ao contexto da pesquisa que estamos desenvolvendo. Então é sempre uma decisão refletida pelo/a pesquisador/pesquisadora, e, por vezes, em conjunto com o grupo de pesquisa.

Por exemplo, o documento ressalta que um "cuidado especial deve ser tomado ao coletar dados da mídia social, a fim de garantir a privacidade e dignidade dos sujeitos" (Franzke *et al.*, 2019, p. 13). Considerações adicionais foram sugeridas, "incluindo atenção específica às minorias, indivíduos e/ou comunidades LGBT" (Franzke *et al.*, 2019, p. 17), de maneira que se recomenda: "quanto maior a vulnerabilidade de nossos sujeitos, maior nossa responsabilidade e obrigação de protegê-los de possíveis danos" (Franzke *et al.*, 2019, p. 18).

Junto a isso, ressaltamos que, conforme mostra o mesmo documento, pesquisadores/as do ciberespaço dependem dos termos e condições de uso das plataformas e aplicativos da internet para coletar dados e pesquisa. No Twitter (atual "X"), por exemplo, pede-se que respeitemos o controle de privacidade dos/as usuários/as. Alguns *tweets* podem ser excluídos e/ou mudados de configuração de privacidade. Por exemplo, inicialmente, o/a autor/a do post pode deixá-lo público e, em seguida, mudá-lo para privado. Assim, ao refletir sobre "diferentes medidas para mitigar o risco contra os sujeitos de pesquisa" (Franzke *et al.*, 2019, p. 11) e sobre as questões impostas pelos termos e condições de uso que incidem em nossa forma de produção de informações, a partir desse documento, é importante optar pelo anonimato das fontes de pesquisa. Metodologicamente isso implica na edição das imagens utilizadas para ocultar ícones e nomes dos perfis, dos sites, dos blogs que eventualmente possam ser mais facilmente identificáveis. Além disso, é necessário substituir os nomes dos perfis, dos sites e dos blogs.

Outras decisões e comportamentos éticos de pesquisa já utilizados em outros formatos investigativos científicos devem ser utilizados sob igual cuidado no ciberespaço em nossos procedimentos metodológicos. A internet não deve ser tomada de modo deliberativo como terra sem dono, de ninguém, sem lei. Devemos nos preocupar com os efeitos que nossas pesquisas produzem, a partir daquilo que queremos divulgar e colocar sob nossos olhares interessados de pesquisa. São decisões que são menos problemáticas de serem tomadas, quando bastante refletidas nas orientações, com o grupo de pesquisa, fundamentadas em documentos norteadores relevantes, reconhecidos e legitimados em nossos campos de pesquisa e até mesmo podem ser decisões inspiradas em pesquisas que se aproximam daquelas que desenvolvemos.

Essa pista nos impõe a extrema relevância de atentar cuidadosa e respeitosamente para a dimensão ética que envolve a produção da pesquisa no ciberespaço e sua divulgação científica. Não podemos negligenciar a ética em pesquisa. Precisamos avaliar de forma criteriosa e permanente os possíveis efeitos de nossas produções. Com isso, podemos minimizar ao máximo as chances de que nossas investigações produzam algum efeito indesejado junto às comunidades que pesquisamos.

Para além dessas pistas: por um caminhar ousado, rigoroso e colaborativo

Compartilhamos aqui um conjunto de reflexões que acumulamos ao longo das pesquisas que desenvolvemos e orientamos no ciberespaço. Acreditamos que essa sistematização é importante para nossos próprios trabalhos de pesquisa. Desejamos ainda que essas pistas possam alertar outros/as pesquisadores/as sobre diversos desafios a serem enfrentados. Mas, sobretudo, esperamos que outras elaborações sejam possíveis a partir das que apresentamos aqui. Afinal, os desafios são os mais inusitados. Frequentemente há algo que "nunca aconteceu antes" e que demanda de nós invenções, reelaborações, outros caminhos possíveis. Sempre com ousadia, coragem, responsabilidade, comprometimento ético e rigor científico.

Para concluir, gostaríamos de registrar uma última pista: investir em trabalhos colaborativos. Essa pista final não se restringe unicamente às pesquisas na internet. Mas ela se aplica a toda investigação científica. Em nosso percurso, temos observado a assertividade da parceria acadêmica. Ela tem oportunizado realizar pesquisas de modo muito mais significativo. Ao submeter nossas produções das informações, bem como os ensaios analíticos ao/à crivo/colaboração dos nossos pares, avançamos coletivamente. As redes e grupos de pesquisa têm se evidenciado como potentes propulsores da ciência. Isso aprimora o trabalho realizado, minimiza as chances de equívocos, amplia as perspectivas, deixa-nos mais confiantes dos resultados produzidos e consolida o desenvolvimento científico. Por tudo isso, sugerimos, por fim: aliem-se!

Referências

BUTLER, Judith. **Corpos em aliança e a política das ruas**: notas para uma teoria performática de assembleia. Rio de Janeiro: Civilização Brasileira, 2018.

EVANGELISTA, Gislene Rangel. **#CurrículodoFacebook**: denúncia da crise e demanda pela reforma do Ensino Médio na linha do tempo da escola. 2016. 188 f. Dissertação (Mestrado em Educação) – Pós-graduação em Educação: conhecimento e Inclusão Social, Universidade Federal de Minas Gerais, Belo Horizonte, 2016.

FRANZKE, Aline Shakti; BECHMANN, Anja; ZIMMER, Michael; ESS, Charles M. Association of Internet Researchers (2020). **Internet Research**: Ethical Guidelines 3.0. Disponível em: https://aoir.org/reports/ethics3.pdf. Acesso em: 7 out. 2021.

HARAWAY, Donna J. Manifesto ciborgue: ciência, tecnologia e feminismo-socialista no final do século XX. *In*: SILVA, Tomaz Tadeu da (org.). **Antropologia do ciborgue**: as vertigens do pós-humano. 2. ed. Belo Horizonte: Autêntica, 2016. p. 35-118.

LEAL, Rafaela. **Dispositivo de Inovação no Ensino Superior**: produção do docentisinovatus e do discipulusiacto. 2017. 171 f. Dissertação (Mestrado em Educação) – Pós-graduação em Educação: Conhecimento e Inclusão Social, Universidade Federal de Minas Gerais, Belo Horizonte, 2017.

LEMOS, André. **Cibercultura**. Tecnologia e Vida Social na Cultura Contemporânea. Porto Alegre: Editora Sulina, 2001.

LEMOS, André. Ciber-Cultura-Remix. *In*: TAVARES, Monica; VENTURELLI, Suzette (org.). **Cinético Digital**. São Paulo: Itaú Cultural, 2005. p. 71-78.

LÉVY, Pierre. **Cibercultura**. São Paulo: Ed. 34, 1999.

MARTINO, Luís Mauro Sá. **Teoria das Mídias Digitais**: linguagens, ambientes, redes. 2. ed. Petrópolis. Editora: Vozes, 2014.

SALES, Shirlei Rezende. **Orkut.com.escol@**: currículos e ciborguização juvenil. 2010. 230 f. Tese (Doutorado em Educação) – Universidade Federal de Minas Gerais, Faculdade de Educação, Belo Horizonte, 2010.

SALES, Shirlei Rezende. Etnografia+netnografia+análise do discurso: articulações metodológicas para pesquisar em educação. *In*: MEYER, Dagmar; PARAÍSO, Marlucy (org.). **Metodologia de Pesquisa pós-crítica em educação**. Belo Horizonte: Mazza Edições, 2012. p. 111-133.

SALES, Shirlei. Tecnologias digitais e juventude ciborgue: alguns desafios para o currículo do ensino médio. *In*: DAYRELL, Juarez; CARRANO, Paulo; MAIA, Carla Linhares (org). **Juventudes e Ensino Médio**: sujeitos e currículos em diálogos. Belo Horizonte: Editora UFMG, 2014. Disponível em: https://observatoriodajuventude.

ufmg.br/wp-content/uploads/2021/06/livro-completo_juventude-e-ensino-medio_2014-2.pdf. Acesso em: 14 maio 2024.

SALES, Shirlei. #PotênciaCiborgue: notas para escapar de ciladas teóricas em análises sobre currículos e tecnologias digitais. *In*: AGUIAR, Márcia A. S.; MOREIRA, Antônio F. B.; PACHECO, José. A. B. (org.). **Currículo**: entre o comum e o singular. 1. ed. Recife: Anpae, 2018. p. 236-247. Disponível em: https://hdl.handle.net/1822/54015. Acesso em: 14 maio 2024.

SIBILIA, Paula. **O show do eu**: a intimidade como espetáculo. 2. ed. Rio de Janeiro: Contraponto, 2016.

ZAGO, Felipe Luiz. Convites e tocaias – Considerações ético-metodológicas sobre pesquisas em sites de relacionamento. *In*: PELÚCIO, Larissa; PAIT, Heloísa; SABATINE, Thiago (org.). **No emaranhado da rede**: gênero, sexualidade e mídia, desafios teóricos e método. 1. ed. São Paulo: Editora Annablume, 2015. p. 149-174.

CAPÍTULO 2

DEVE O PESQUISADOR BEBER CATUABA? EXPERIÊNCIAS TEÓRICO-METODOLÓGICAS NA ERA DIGITAL[3]

Tiago Duque

"É aquele ditado, né: vamos fazer o quê?"
(Inês Brasil)

---

[3] Com apoio do Conselho Nacional de Desenvolvimento Científico e Tecnológico (CNPq).

O WhatsApp avisa-me sobre a chegada de mais uma mensagem. Ao verificar na lista de contatos a identidade de quem a enviou, sinto-me apreensivo por ser um amigo com o qual não falo há tempos. Ele acabara de mandar um meme da webcelebridade Inês Brasil com a seguinte frase digitada por ele mesmo: "Ri e me lembrei de você". Mais do que o conteúdo do meme em si, ele refere-se à lembrança dos meus interesses de pesquisa etnográfica, visto que divulguei em minhas redes sociais um dos artigos que escrevi sobre essa personagem. Abri o meme e ri com ele, mesmo já conhecendo o conteúdo do referido artefato tecnológico midiático.

Inês Brasil nasceu no Rio de Janeiro, em 25 de outubro de 1969. É mãe, cantora, compositora, dançarina e com um histórico de ter trabalhado na Europa se prostituindo. Ficou famosa em 2013, quando um dos seus vídeos viralizou. Na ocasião, ela queria compor o grupo de selecionados/as para participar do *reality show* Big Brother Brasil. Já deu inúmeras entrevistas em programas de TV e em outros veículos de comunicação. Memes de Inês Brasil chegaram até mim assim, por conhecidos, conforme relatei aqui, e também pelo trabalho dos algoritmos digitais. Essas fronteiras entre pesquisa, agenciamentos de humanos e máquinas, seja off-line e/ou on-line, é o que me interessa discutir neste capítulo. Mais precisamente, o objetivo que busco por agora é problematizar experiências teórico-metodológicas com artefatos midiáticos envolvendo currículo e pedagogia cultural na era digital.

Ao referir-me à era digital, estou reconhecendo as mudanças de socialidade em função da conexão em rede por meios comunicacionais tecnológicos, caracterizados como digitais. Eles "envolvem o suporte material de equipamentos como *notebooks*, *tablets* e *smartphones*, bem como diferentes tipos de redes de acesso, conteúdos compartilhados e, por fim, mas não por menos, plataformas de conectividade" (Miskolci, 2017, p. 23). Ainda que por conta das desigualdades econômicas e das diferenças culturais o acesso a essas tecnologias não seja universal, é importante considerá-las quando pensamos pesquisas em Educação, inclusive naqueles processos de "ensino-aprendizagens" que não são os escolares, nem propriamente off-line nem exclusivamente on-line.

Inspirado pelas discussões criativas e não prescritivas das teorias pós-críticas (Louro, 2007; Meyer; Paraíso, 2014), tenho buscado compreender o currículo e a pedagogia dos artefatos culturais, especialmente os de tipo tecnológicos-midiáticos digitais. Ao referir-me a eles, compreendo-os como produzidos em contextos socioculturais específicos e permeados por relações de poder, portanto, enquanto criação humana. Em termos teóricos, metodológicos e analíticos, não os compreendo como dados (fixos, prontos, imutáveis), mas antes como sendo necessário construí-los como "objetos" de pesquisa. Dito de outro modo, tenho percebido que quase tudo que é produzido nesses termos pode ser pensado, elaborado, tomado ou analisado como uma oportunidade incrível de pesquisa em Educação.

Isso me é possível a partir de algumas noções pós-críticas em relação à ideia de currículo e pedagogia cultural. Afinal, o curricular e o pedagógico aqui são entendidos como produtores de valores e saberes, sendo capazes de regular condutas e modos de ser, fabricando identidades e representações (Sabat, 2001). De modo diferente do currículo e da pedagogia escolar, há neles especificidades significativas em relação a recursos econômicos e tecnológicos. Além do apelo afetivo, que será mais eficaz quanto mais inconsciente for (Silva, 1999). Nesse sentido, com atenção especial ao local e ao cotidiano, sem falar que os artefatos nem sempre são elencados como "importantes e justificáveis" para pesquisas "sérias" em Educação, aquilo que se consome, de que se ri, que vai ser contemplado nos feriados ou, ainda, que não é tido como respeitável em termos de conteúdos em diferentes óticas, pode e deve ser reconhecido como "locais pedagógicos" (Steinberg, 1997).

Dito isso, não me interessa neste texto apresentar o que há de currículo-pedagógico na pessoa da Inês Brasil enquanto um artefato, afinal, busquei fazer isso em outras experiências reflexivas (Duque, 2018a, 2018b, 2019, 2021). Aqui, retomo essa personagem midiática enquanto artefato cultural a fim de refletir sobre experiências teórico-metodológicas na era digital. Entendo, contudo, que "a internet não forma um espaço autônomo, que existe em paralelo aos espaços físicos; a distinção on-line/off-line é circunstancial e precária, 'real' e 'virtual' estão constantemente articulados" (Braga, 2015, p. 228). Dito de outro modo: "A rede é parte do mundo, e não um 'mundo à parte'" (Braga, 2015, p. 228). Essa é uma das percepções que problematizam fronteiras de parte das experiências e dos entendimentos sobre a etnografia na era digital.

Ao referir-me a essas experiências, entendo-as como o lugar de formação dos sujeitos, e não o contrário. Afinal, os sujeitos não têm experiências, mas são das experiências (Scott, 1988; Brah, 2006). Isso ocorre sempre em meio a marcadores sociais das diferenças. Esses marcadores não estão facilmente distribuídos, organizados, mas precisam ser levantados como dados para as análises, especialmente quando nos referimos às experiências de agências (entendidas aqui como intersecionais), isto é, "espaços de ação calcados em marcadores sociais da diferença e que se dão em resposta aos cenários potenciais de desigualdades com as quais os sujeitos se confrontam" (Henning, 2015, p. 117). Isso serve, inclusive, para as nossas ações como pesquisadores ou não. Afinal, esses marcadores também nos produzem, antes e/ou durante a pesquisa, a depender do nosso conhecimento ou desconhecimento prévio sobre o que nos interessa estudar. Quem pesquisa faz parte desse processo.

Como na etnografia clássica, isto é, bem antes da era digital, agora também nos produzimos, não apenas profissionalmente como pesquisadores, mas como sujeitos ao entrar, estar, ficar, interagir, afetar ou perambular no campo de pesquisa etnográfico digital. Nesse processo, nosso "lugar de corpo" (Duque, 2020, 2022) não desaparece, ao contrário, conforme discutirei mais adiante, ele segue constantemente em materialização (produção). Afinal, etnograficamente, o digital envolve "um público estruturado em rede cujas interações não prescindem da copresença, ao mesmo tempo, tratamos de práticas comunicativas que cruzam corpos e tecnologias" (Padilha; Facioli, 2018, p. 306).

Considerando isso, este capítulo está dividido em diferentes seções. Nelas, a reflexão que é feita diz respeito a estudos já realizados, mas com informações reunidas aqui de forma inédita. Cada seção não deve ser vista como um roteiro teórico-metodológico, mas como possibilidades reflexivas para atingir o objetivo do capítulo já exposto anteriormente. Do começo ao fim, Inês Brasil, enquanto artefato, ajuda-me a sistematizar modos diversificados de fazer ou partir para a pesquisa em Educação na era digital. A divisão em seções pretende ser didática, e elas, evidentemente, na prática de pesquisa, não são separadas de forma rígida nem sequer, às vezes, podem ser experienciadas como práticas distintas.

O artefato tecnológico-midiático enquanto recorte

Neste texto, considera-se artefato tecnológico-midiático aquele proveniente das mídias digitais. Poderíamos até pensar nas revistas impressas, nos filmes nas salas de cinema, nos programas da TV aberta aos domingos e, até mesmo, em um outdoor colocado à margem de rodovia. Contudo foco no ambiente digital por ele ser, a meu ver, um dos mais instigantes e provocadores espaços para os estudos em Educação na atualidade. Quando me refiro a esse recorte, não o vejo como uma prática separada dos objetivos de pesquisa. Há muito o que foi e o que tem sido dito, produzido, circulado, comentado, postado e até cancelado sobre Inês Brasil. Seria impensável analisar tudo o que se possa reunir hoje sobre esse artefato, isto é, essa personagem enquanto portadora de currículo e pedagogia.

Nesse sentido, têm me ajudado a recortar o campo de possibilidades investigativas as seguintes questões: como abordar o artefato para que ele me possibilite dados qualitativos suficientes para que eu possa responder a minha pergunta de pesquisa? Os marcadores sociais das diferenças estão presentes, direta ou indiretamente, no artefato a ser recortado? Em termos éticos de pesquisa, o recorte desse artefato pode ser publicizado e colocado sob análise? O recorte que pretendo fazer do artefato é útil para uma reflexão que pense as produções das diferenças de modo a evidenciar as relações de poder? Normas e convenções sociais estão em questão quando recorto um artefato para a análise? Esse recorte do artefato diz mais das normas e das convenções do que um ou outro sujeito em si? Para todas essas perguntas, busca-se uma resposta afirmativa — um "sim".

Há ainda outras formas de pensarmos esse recorte: não separando teoria de metodologia. Por exemplo, considerando as performances, as próteses de gênero e a sua nacionalidade brasileira, muitas vezes Inês Brasil é identificada por quem não a conhece como sendo uma travesti. Diante disso, vale a pena compreendermos esse artefato para além das teorias vindas ou trazidas de outros contextos culturais. Nesse movimento, mais do que abandoná-las, vale a provocação pós-colonial em fazer com que elas cheguem mais perto de nós e do nosso contexto, sem que fiquem como se nada estivesse ocorrendo.

Pelúcio (2012) já nos provocou em relação a oferecermos ayahuasca a Preciado (2008, 2014), filósofo estrangeiro que teoriza gênero e sexualidade a partir das próteses e da era farmacopornográfica, especialmente do seu uso de testosterona e do monopólio de determinados saberes. Pereira (2012) também já nos mostrou o quanto realidades espirituais-religiosas compõem a performance feminina a partir de lugares e códigos típicos do nosso sincretismo religioso que vão além das drags conhecidas por Butler (2003) na cidade de Nova Iorque. A transfeminista Favero (2020) citou Inês Brasil, por exemplo, para nos fazer pensar sobre abordagens mais interseccionais e menos binárias em relação às categorias cisgênero e transgênero, indicando o quanto a precariedade está para além dos relatos identitários reiterados em diferentes pesquisas.

Assim, o recorte permite-nos não apenas aplicar teorias trazidas ou vindas de fora, mas utilizá-las em uma perspectiva pós-colonial, isto é, fazer emergir novas possibilidades analíticas sem desconsiderar contribuições já consolidadas na produção nacional por autores não brasileiros. É mais do que simplesmente uma escolha reducionista do campo ou do artefato em si. Na prática, os recortes em pesquisa podem favorecer o levantamento de dados sobre raça, classe, etnia, religiosidade e escolarização — como ocorre com o recorte Inês Brasil — próprios dos nossos contextos nacionais: nossos marcadores sociais da diferença não estão em interação da mesma forma que em outras realidades nacionais.

Saber olhar para isso é o início de escolhas criativas em termos de recortes e pesquisa. Sem buscar me aproximar desse olhar pós-crítico e pós-colonial e pegando Inês Brasil como exemplo, dificilmente eu chegaria a noções de currículo e pedagogia cultural sobre ela que apresentassem temas como a violência policial, o estigma da prostituição de travestis ou o fundamentalismo religioso das famílias pobres brasileiras (Duque, 2021). Isso foi possível pensando metodologicamente a partir da provocação de Andrade e Costa (2017). Segundo elas, em vez de definirmos o que são pedagogias culturais, é mais produtivo investigá-las para encontrarmos "suas condições de possibilidade e os significados denotativos que a articulação dessas condições oferece ao conceito" (2017, p. 18).

Esse momento da pesquisa tem me ensinado muito sobre a importância de conhecer o método etnográfico para a tomada de decisão em relação ao recorte. Afinal, ao praticar a seleção em termos de um certo recorte, é necessário considerar que esse método articula diferentes discursos e práticas parciais que podem ser observados, sem jamais acreditar que atingirá nenhum tipo de totalização nem síntese completa (Goldman, 2003). Isso se dá por um foco etnográfico "nem tão de perto que se confunda com a perspectiva particularista" (Magnani, 2009, p. 138) de cada interlocutor/a (aqui é possível compreender também o interlocutor em termos de artefatos) e "nem tão de longe a ponto de distinguir um recorte abrangente, mas indecifrável e desprovido de sentido" (Magnani, 2009, p. 138).

Ética em pesquisa com artefatos tecnológicos digitais

Como em outros tipos de pesquisa, etnográfica digital ou não, as questões éticas precisam ser consideradas (Nunes, 2019). Eu tenho trabalhado apenas com artefatos públicos, de acesso livre, sem que seja necessário solicitar autorização para acessá-los ou para participar do ambiente a ser etnografado. Como interações em praças públicas ou em ruas e avenidas, onde o pesquisador não precisa se anunciar como interessado em pesquisar as interações que ali se dão, nos ambientes digitais que tenho feito imersão para o levantamento de dados eu não me anuncio. Também não faço entrevistas, nem mantenho diálogos, seja em espaço privado, seja em público.

Isso não significa que outros tipos de opções não possam ou não devam ser consideradas. Aqui, apenas reforço que nos ambientes públicos de interação, inclusive nos ambientes digitais, não necessariamente precisamos nos colocar como pesquisadores para quem ali interage nem sequer nos anunciar em meio a, muitas vezes, uma multidão de usuários ou pessoas que compõem certa audiência. Não paramos os carros nem as pessoas nas ruas e avenidas nem usamos o microfone de um show para dizer que estamos ali interessados em analisar determinado tipo de comportamento, discurso ou representação.

Nesse sentido, seria contraditório exigir isso no ambiente digital. Aliás, em algum deles isso seria desproposital e ineficiente para as questões éticas. Por exemplo, anunciar-me nos comentários de um site como pesquisador; avisar no meio da discussão que eu não estou interagindo, mas que estou ali para pesquisar; ou procurar, no meio privado, algum responsável pelo conteúdo e solicitar autorização para acompanhar, ver e/ou assistir ao que todos podem fazê-lo. Tudo isso e mais não garantiria práticas tidas como éticas nas pesquisas em Educação.

Contudo tenho preservado a identidade de muitos dos canais do YouTube e de perfis públicos (abertos) no Instagram ou no Facebook estudados ou de quem posta algum tipo de comentário, seja sobre Inês Brasil ou não (Duque; Seffner, 2022). Porém, como em tantas outras pesquisas, proteger a identidade de quem está em campo contribuindo para a sua pesquisa segue como uma possibilidade ética, mesmo sendo essas pessoas, assim como suas postagens, públicas — visto que, enquanto currículo e pedagogia, o interesse não está em suas identidades em si.

Não são as pessoas que são analisadas, mas sim os artefatos que elas produzem ou estão em interação ou, ainda, como no caso do recorte Inês Brasil, os indivíduos enquanto artefato (com destaque à toda agência possível de ser considerada, a fim de não objetificar suas experiências). Dito de outro modo, como um ponto de partida ético, o interesse, no meu caso, não foi nela enquanto pessoa, mas enquanto "dispositivo pedagógico da mídia" (Fischer, 2007) — portanto, envolto em relações de poder e de produção de subjetividades. A possibilidade de ir além do ambiente digital nesse caso, com esse interesse específico, manteve-me atuando como pesquisador atento às questões éticas, inclusive em shows e outros espaços também concebidos aqui como públicos.

A interação *no* artefato tecnológico-midiático

Considerando as possibilidades de pesquisa com artefatos tecnológicos-midiáticos na era digital, tenho compreendido que uma forma de os caracterizar para a pesquisa é no sentido de sua interação. No caso do recorte Inês Brasil, não é à toa que é ela considerada "rainha da internet" por algumas pessoas que compartilham, comentam e/ou postam conteúdos sobre sua pessoa. Há vários ambientes onde fãs e críticos interagem sobre o conteúdo que está vinculado a ela. Canais do YouTube, por exemplo, podem ser definidos como artefatos em si, permitindo-nos etnografar a interação dos usuários com o conteúdo dos vídeos e entre si. Compartilhamentos e curtidas também dizem sobre o modo como usuários estão em interação com, por exemplo, o artefato "InesBrasilTV"[4].

Aqui, o canal do YouTube "InesBrasilTV" não é apenas um suporte para uma personagem, mas ele mesmo é o artefato Inês Brasil, em termos currículo-pedagógicos em um dos seus formatos ou de suas experiências possíveis. Nesse sentido, outros espaços enquanto artefato Inês Brasil podem ser reconhecidos: página no Facebook "INÊS Brasil HQ – História em Quadrinhos"[5], perfil no Instagram "@fc_inesbrasil"[6], verbete "Inês Brasil" no Wikipédia[7], entre outros. Atentar-se à interação significa também compreendê-la a partir de textos, memes, emoticons ('-', :-), :-(, ^-^) e emojis (😊, ☹, 💮, 💧, 😡)).

Ao mesmo tempo, é perceber que nesses artefatos a interação dos/com/entre usuários compõe o que há de curricular e pedagógico no artefato. Afinal, em diferentes momentos, é possível perceber que a própria Inês Brasil — ou quem administra o ambiente das interações — responde ou comenta determinadas postagens ou, ainda, produz novos *posts* de con-

---

[4] Disponível em: https://www.youtube.com/channel/UClzcS7mm2IavF59U2VPteDA. Acesso em: 4 set. 2023.
[5] Disponível em: https://www.facebook.com/inesbrasilquadrinhos. Acesso em: 4 set. 2023.
[6] Disponível em: https://www.instagram.com/fc_inesbrasil/. Acesso em: 4 set. 2023.
[7] Disponível em: https://pt.wikipedia.org/wiki/In%C3%AAs_Brasil. Acesso em: 4 set. 2023.

teúdo a partir da repercussão nesses ambientes. Isso ocorre, certamente, com outros artefatos, isto é, com outros canais que não necessariamente são de Inês Brasil ou falam sobre ela.

Ainda em termos de interação, vale a pena pensarmos em diferentes modos de etnografia nos ambientes digitais. Um deles é a perambulação, isto é, deixar-se levar na internet pelos algoritmos em relação ao seu interesse de pesquisa (Leitão; Gomes, 2018). Outro modo é a observação participante em que se é visto, ou seja, faz-se presente participando e alterando a cena interativa, mas não responde nem busca a interação com interlocutores (Souza; Duque, 2020). Seja um caso, seja outro, o destaque aqui é para o teor etnográfico do levantamento de dados e a presença da pessoa que desenvolve a pesquisa em campo, além da compreensão que podem ser desenvolvidos na mesma pesquisa, em momentos e situações diferentes.

A interação *do* artefato tecnológico-midiático

Quando a interação é um dos critérios para a análise, cada plataforma de interação merece ser considerada em suas especificidades. Afinal, são diferentes naquilo que oferecem enquanto tecnologia de sociabilidade, em termos de software ou hardware, mas especialmente pelas diferentes formas de serem habitadas (Leitão; Gomes, 2018). No Instagram, por exemplo, podemos conferir *reels* (vídeos em formato vertical) e fotos, e não apenas vídeos. A presença de quem faz a pesquisa compõe a cena nos espaços de interação, e não apenas para os algoritmos, como já discutido. Nesse caso, a visualização de um ou mais *reels* fica registrada para quem administra o perfil, e o pesquisador não passa despercebido a quem posta o conteúdo.

Assim, a interação *do* artefato tecnológico-midiático diz respeito ao que é possível ser realizado nele, aquilo que ele oferece enquanto possibilidade interativa e também de exposição de quem interage, incluindo nesse escopo, obviamente, o próprio pesquisador. Sites de notícias, por exemplo, comumente têm a interação mediada (controlada/administrada). Isso se torna um dado de campo que se está etnografando. Além disso, em muitos sites, as notícias a serem comentadas não são de autoria daquele veículo de imprensa, tendo sim muita reprodução.

Caso seja de interesse, isso facilita percorrer a notícia em diferentes jornais para etnografar as interações do mesmo conteúdo informativo em diferentes artefatos jornalísticos, permitindo análises que superam a identidade e a rede de um único veículo de comunicação digital. Um exemplo disso é olhar para jornais de cidades pequenas e interioranas que publicam a mesma notícia sobre Inês Brasil que um jornal de uma metrópole. Repercussões, títulos, subtítulos e imagens também podem caracterizar diferentes abordagens entre um veículo e outro, a fim de contribuírem para a análise.

As características dos artefatos em termos de forma e funcionamento implicam o modo como o registro de campo será feito. Ainda que eu tenha utilizado fichas etnográficas para registro de dados específicos do que é analisado, como links, descrições das imagens, transcrições de discursos, anotações sobre as interações etc., sei o quanto cada "caderno de campo" acaba tendo o perfil de determinado tipo de artefato. Tabelas em formato Excel, por exemplo, podem servir para registro de *nicks* (do inglês *nicknames*, isto é, apelidos) e nomes nos ambientes de interação ou, ainda, a plataforma Notion, para arquivar e comentar *printscreens* (capturas de tela) de diferentes imagens encontradas no trabalho de campo.

Há outro aspecto a ser considerado quando me refiro à interação *do* artefato, especificamente dos voltados à era digital: eles têm certo tipo de agenciamento por meio dos algoritmos. Isso diz muito sobre a fase em que estamos da web, ao mesmo tempo que nos coloca incondicionalmente ante a atuação das máquinas em nossas pesquisas sem que possamos evitar (Padilha; Facioli, 2018). Por isso, uma possibilidade metodológica seria atuar a partir da lógica algorítmica mesmo, e não apenas assumi-la como uma realidade.

Uma perspectiva de assim agir diz respeito a escolhas do tipo: devo criar um perfil específico para a pesquisa diferente do meu perfil pessoal, para focar apenas naquilo que me interessa do ponto de vista da temática de estudos? Ou posso utilizar as minhas redes "pessoais" para as buscas que me interessam frente ao meu problema de pesquisa? Não se trata aqui de se livrar dos agenciamentos algorítmicos, mas pensar em como fazê-los trabalhar a nosso favor, a depender das nossas escolhas temático-metodológicas.

A interação *com* o artefato tecnológico-midiático

Os artefatos tecnológicos-midiáticos circulam enquanto portadores de currículo e pedagogia cultural. Considerando que a separação entre on-line e off-line não se dá em oposição, isto é, isolamento ou desconexão, quem pesquisa interage com o artefato desse tipo mesmo quando não está em campo propriamente dito. Isso ocorreu quando recebi o meme por WhatsApp, conforme citado no início deste capítulo. Ao mesmo tempo, vivi outras experiências off-line que me proporcionaram pensar a fronteira de estar ou não em campo, mas cruzá-la, atravessando a fronteira entre campos off-line e on-line. Isso é possível considerando que a tecnologia da internet é um gênero cultural que não cria algo radicalmente novo, mas realiza desejos já presentes e que não tinham como ser realizados pois faltavam os meios. Com ela, há a possibilidade de explorar novas liberdades, "mas isso também induz ansiedades quanto ao controle sobre como essas liberdades e capacidades serão empregadas" (Miller, 2013, p. 2013).

Inês Brasil faz shows em diferentes cidades. Parte desses eventos está presente nos mais variados artefatos, assim como as reações nas redes sociais em que ela aparece também alimenta a interação dela no palco e com a plateia. Quase a totalidade dos fãs viu Inês Brasil antes do palco pelas telas. Eu mesmo pude observar isso em dois shows que ela fez em diferentes boates em Campo Grande (MS). Mais do que apontar para um outro tipo de etnografia que não a digital, essas experiências aqui neste texto têm a intenção de minimizar as fronteiras de interação com o artefato tecnológico-midiático a ser estudado, isso quando me refiro ao on-line e ao off-line. Aqui, tenho levado o metodológico das minhas pesquisas em instâncias até então não experimentadas por mim, o que é próprio da adesão às teorias pós-críticas quanto a sua inventividade metodológica.

O currículo e a pedagogia de Inês Brasil acontecem nos shows presenciais (isto é, em ambientes off-line) e nos espaços digitais (on-line) por meio dos artefatos aqui já citados. Ao escrever isso, afirmo que o conteúdo e o modo de fazê-lo circular têm características comuns em experiências on-line e off-line, nos shows e nos memes, por exemplo. O humor, o erotismo, o discurso religioso e a valorização do amor romântico são alguns aspectos disso em Inês Brasil. Metodologicamente, portanto, vale a pena considerar que "sair" das telas para "ir se encontrar com o artefato" da pesquisa vale a pena e pode render análises potentes para os estudos currículo-pedagógicos.

O risco de apontar para essa possibilidade é aquele de fazer com que se reforce o coro das pessoas mais resistentes a compreenderem que é possível fazer etnografia digital sem precisar "ir a campo de verdade". Refiro-me àquelas que comumente nos questionam com frases do tipo "mas por que também não fez entrevistas com quem encontrou na internet?", "será que, por ter estado apenas no ambiente digital, os seus dados são confiáveis?", "por que não foi confirmar suas análises com trabalho de campo fora das redes sociais?" ou, ainda, "tem certeza de que as pessoas que observou são mesmo reais?".

Saindo desse lugar desqualificador frente à etnografia digital, ter visto Inês Brasil presencialmente, no palco, possibilitou-me percepções sobre mim mesmo que já tinha vivido ao rir dos memes, inclusive com aquele recebido de um amigo que não via há tempos, conforme previamente relatado. Inegavelmente, "o reconhecimento é uma relação intersubjetiva, e para um indivíduo reconhecer o outro ele tem que recorrer a campos existentes de inteligibilidade" (Knudsen, 2010, p. 168). Por isso que é possível irmos além das fronteiras de uma concepção que não reconheceria a identificação entre o pesquisador e o que ele se depara em campo e, para além disso, a implicação da própria identidade de quem pesquisa com os dados que se levanta, inclusive, antes disso, do próprio recorte que se faz do/no campo.

Outros pesquisadores poderiam chegar a essas percepções de si junto aos seus artefatos de pesquisa sem viver as experiências off-line que vivi. Contudo, no que diz respeito a minha experiência, pude compreender que o meu próprio "lugar de corpo" me permitiu certa identificação com o que há de currículo-pedagógico na pessoa de Inês Brasil. Afinal, "conduzir e conectar corpos e vidas é efeito das artimanhas de um currículo, é efeito da pedagogia que lhe é específica, efeito de suas vontades de sujeito" (Maknamara, 2020, p. 61-62). Essa identificação começou no ambiente on-line, mas ficou a mim mais perceptível rindo e cantando com ela e toda uma multidão de fãs agitados em duas noites quentes na capital sul-mato-grossense.

O corpo de quem faz a pesquisa *na*, *da* e *com* etnografia digital

Ao perceber certa identificação com os artefatos envolvendo o conteúdo de/com/sobre Inês Brasil, o meu próprio "lugar de corpo" entrou em questão. Aqui, penso essa circunstância como uma estratégia analítica da pesquisa qualitativa e pós-crítica com mídias digitais, mas também fora do ambiente on-line. Esse lugar de materialização corporal tem relação direta com marcadores sociais da diferença muito específicos, afinal, o corpo é sujeito de dinâmicas sociais, um lócus de articulação de relações e legitimador de princípios sobre a sociedade (Monteiro, 2012). Por isso, "os corpos só surgem, só permanecem, só sobrevivem dentro das limitações produtivas de certos esquemas reguladores com alto grau de generalização" (Butler, 2008, p. 14). Esses esquemas certamente se relacionam não apenas com o currículo e com a pedagogia cultural dos artefatos que nós, pesquisadores, analisamos, mas também com os nossos próprios corpos.

Os artefatos tecnológicos midiáticos que estudamos também nos produzem enquanto sujeitos (inclusive enquanto sujeitos com determinados corpos), mesmo quando temos contato com ele "apenas" por meio das telas. Afetar-se é próprio do trabalho etnográfico, seja ele digital ou não. Mas mais do que isso, materializar-se também o é. Afinal, artefatos enquanto "elementos de redes de significação" (Ferrari; Castro, 2018) nos envolvem, nos capturam ou nos fazem sentir repulsa — pois não somos, enquanto pesquisadores, de outra ordem de formação que não a de campo desse período da era digital. Ao referir-me à materialização de um corpo físico, quero dizer quando rio, quando me deparo com uma mensagem inesperada com um meme fora do meu período de trabalho de campo, quando vou a shows em virtude da pesquisa e do que ela me mobiliza, quando me percebo e me reconheço racializado, generificado e cheio de desejos ao assistir determinado clipe de música da referida webcelebridade etc.

O reconhecimento, como sabemos, assim como o poder, circula. Inclusive a partir de nosso fazer e nossa produção científica. Rir de Inês Brasil, para mim, é um dos sinais disso, porque, quando entendemos uma piada, compreendemos o contexto em que ela se dá, portanto, naquele em que nós estamos inseridos (Possenti, 1998). O "corpo risível" de Inês Brasil me lembrava do quanto também riram de mim e, ao mesmo tempo, de como foi possível me agenciar para fora do estigma do risível, no meu caso, de homem efeminado (Duque, 2016). Antes de me encontrar com ela em seus shows (Inês no palco e eu sempre na plateia), já havia entendido que parte do que ela fazia circular como currículo também tinha me produzido enquanto um homem negro e de família cristã, pobre e com a sexualidade sob escrutínio social. Mas estar no meio da multidão me deu uma dimensão maior de quando a era digital nos produz pela/com as diferenças em forma de artefatos que nos interessam analisar.

Em um dos shows, sendo eu um dos mais velhos do ambiente e atento à interação de Inês Brasil com o público adolescente, percebi-me perguntando sobre o limite de estar pesquisador, com esse corpo físico em meio a outros bem mais jovens e mais femininos do que eu um dia já fui, nessa situação de balada, com a presença e energia de Inês Brasil. Confesso que, caso soubesse do perfil adolescente de parte do público da noite, provavelmente não teria ido. Muito menos iria sabendo o que estava planejado para a festa. A certa hora da noite, de modo inesperado para mim, foram servidas rodadas livres de catuaba a todas as pessoas presentes, e eu me vi na dúvida se deveria ou não beber com o público, isto é, com parte dos adolescentes, antes de Inês Brasil subir ao palco.

A catuaba, nesse caso, tem um apelo pós-colonial por ser uma bebida alcoólica originária do Brasil, preparada com plantas com propriedades supostamente afrodisíacas, fortemente presente nos hábitos da população em diferentes contextos urbanos e rurais país afora. Ao referir-me a pós-colonial, quero reforçar o quanto essa substância e os seus supostos efeitos na "galera" me colocaram em reflexão a partir de uma análise metodológica *a la* catuaba. Mais do que responder a essa pergunta ou narrar a minha decisão, imagino que estar em campo off-line, mas conectado com todo o contexto daquele artefato do ambiente digital, nos produz como pesquisadores, mas também como tendo certo "lugar de corpo" para além da prática da pesquisa. Beber ou não beber catuaba em campo com os outros fãs bem mais jovens não é a questão propriamente aqui, mas perguntar sobre meus próprios limites e meus desejos me parece mais interessante, seja em frente das telas, seja ali no meio da "galera". O encontro com o artefato, portanto, de modo on-line ou off-line, provoca-nos uma reflexão fronteiriça que se torna potente caso entendida em consonância com realidades de identificação que vivemos na internet e/ou fora dela.

Afinal, e o currículo e a pedagogia? — A título de conclusão

O currículo e a pedagogia cultural presente no artefato Inês Brasil envolvem valores e práticas contemporâneas como o conservadorismo, a cultura do riso, da erotização, da religiosidade e do amor romântico e as denúncias de violência, além de outros conteúdos e modos de circulação da informação. Por aqui, a intenção não foi discuti-los profundamente, mas faço questão de citá-los, a fim de questionar se os dados levantados e as análises realizadas em outras experiências reflexivas já citadas neste texto me levariam ao mesmo lugar caso eu, por estar a produzir uma etnografia digital, optasse em não ir ao show ou em não me questionar se deveria ou não beber catuaba. Provavelmente não.

Penso que as possibilidades metodológicas estão cada vez mais abertas às experimentações, não apenas porque essa perspectiva nos é permitida, mas porque as transformações tecnológicas seguem em mudanças e constantes inovações. Questões éticas e novas formas de interações, assim como de registros e recortes em termos de artefatos, seguirão nos possibilitando atualizar nossos caminhos para a pesquisa. Pensar em cruzar as fronteiras dos ambientes on-line e off-line, isto é, do modo como determinados artefatos circulam e como nos fazem interagir com eles, inclusive nos produzindo para além da profissão de pesquisador, parece-me oportuno para experiências teórico-metodológicas na era digital.

Ainda assim, não vejo como uma regra romper as fronteiras do on-line e do off-line quando optamos por caminhos teórico-metodológicos pós-críticos, ao mesmo tempo que valorizo muito a abertura para a experimentação que essa perspectiva nos oferece às pesquisas em Educação. Nesse sentido, ao trabalharmos com artefatos tecnológicos midiáticos na era digital, vale a pena questionar o que ainda há de novo para ser provado. Essa oportunidade nos levará a caminhos investigativos criativos e, ao mesmo tempo, a oportunas práticas de análise currículo-pedagógicas daquilo que não apenas produz sujeitos sociais, mas materializa "lugares de corpos" para além da cisão on-line versus off-line ou artefatos versus pesquisador.

Referências

ANDRADE, Paula Deporte de; COSTA, Marisa Vorraber. Nos rastros do conceito de pedagogias culturais: invenção, disseminação e usos. **Educação em Revista**, Belo Horizonte, n. 33, p. 1-18, 2017.

BRAGA, Gibran T. Não estou cobrando o que eu não posso dar: masculinidade simétrica no homoerotismo virtual. **Sexualidad, Salud y Sociedad**, Rio de Janeiro, n. 21, p. 225-261, 2015.

BRAH, Avtar. Diferença, diversidade, diferenciação. **Cadernos Pagu**, Campinas, n. 26, p. 329-376, 2006.

BUTLER, Judith. **Problemas de Gênero**: Feminismo e subversão da realidade. Rio de Janeiro: Civilização Brasileira, 2003.

BUTLER, Judith. **Cuerpos que Importan**: Sobre los limites materiales y discursivos del "sexo". 2. ed. Buenos Aires: Paidós, 2008.

DUQUE, Tiago. A "mais bicha" da escola ou como pensar pesquisas sobre gênero e sexualidade na educação. In: FREITAS, Raquel Aparecida Marra da Madeira; LIBÂNEO, José Carlos (org.). **Didática e Diversidade** – Pós-Graduação e Pesquisa em Educação: contradições e desafios para a transformação social. 1. ed. Goiânia: Editora da PUC de Goiás, 2016. v. 3. p. 104-113.

DUQUE, Tiago. "Mas não é travesti?": reflexões político-teóricas sobre Inês Brasil. In: JESUS, Dánie Marcelo de; MELO, Glenda Cristina Valim de; TCHALIAN,

Vicente; JÚNIOR, Sara Wagner Pimenta Gonçalves (org.). **Corpos Transgressores**: Políticas de resistências. 1. ed. Campinas: Pontes Editores, 2018a. v. 1, p. 107-122.

DUQUE, Tiago. Ninguém nasce Inês Brasil, torna-se Inês Brasil: artefato cultural, pânico moral e "ideologia de gênero" em Campo Grande (MS). **Momento** – Diálogos em Educação, v. 28, p. 227-247, 2018b.

DUQUE, Tiago. Da importância de um corpo estranho e risível: Inês Brasil, formação e das/dos professores e "ideologia de gênero". *In*: BACKER, José Licínio; PAVAN, Ruth (org.). **Currículos, Diferenças e Fronteiras da Exclusão**: Relações étnico-raciais e de gênero. Campinas: Mercado de Letras, 2019. p. 301-326.

DUQUE, Tiago. Corpo de fala e pesquisa: autorreflexões sobre identidade e diferenças. *In*: NOGUEIRA, Gilmaro; MBANDI, Nzinga; TRÓI, Marcelo de (org.). **Lugar de Fala**: Conexões, aproximações e diferenças. Salvador: Editora Devires, 2020. p. 71-77.

DUQUE, Tiago. "Se me atacá, eu vou atacá": currículo, pedagogia cultural e produção das diferenças em Inês Brasil. *In*: MACHADO, Jacqueline (org.). **XII FONAVID**: Violência de gênero e Covid-19. 1. ed. Campo Grande: Tribunal de Justiça de MS – Funjecc, 2021. v. 1, p. 163-178.

DUQUE, Tiago. Lugar de corpo e diferenças no Pantanal. *In*: DROZDOWSKA-BROERING, Izabela; MARKENDORF, Marcio; OLIVEIRA, Geovana Quinalha de (org.). **Memórias do Corpo**: Apagamentos. 1. ed. Florianópolis: Editora da UFSC, 2022. v. 1, p. 219-239.

DUQUE, Tiago; SEFFNER, Fernando. A epistemologia do segundo armário: canais de gays HIV+ no YouTube como artefatos pedagógicos. **Vivência**: Revista de Antropologia, Natal, v. 1, p. 95-115, 2022.

FAVERO, Sofia. Cisgeneridades precárias: raça, gênero e sexualidade na contramão da política do relato. **Bagoas** – Estudos gays: gêneros e sexualidades, v. 13, n. 20, p. 170-197, 2020.

FERRARI, Anderson; CASTRO, Roney Polato de. Debates insubmissos na educação (apresentação de dossiê). **Revista Debates Insubmissos**, Caruaru, v. 1, n. 1, p. 101-103, 2018.

FISCHER, Rosa Maria B. Mídia, máquinas de imagens e práticas pedagógicas. **Revista Brasileira de Educação**, v. 12, n. 35, p. 290-299, 2007.

GOLDMAN, Marcio. Os tambores dos mortos e os tambores dos vivos: etnografia, antropologia e política em Ilhéus, Bahia. **Revista de Antropologia**, São Paulo, v. 46, n. 2, p. 445-476, 2003.

HENNING, Carlos Eduardo. Interseccionalidade e pensamento feminista: as contribuições históricas e os debates contemporâneos acerca do entrelaçamento de marcadores sociais da diferença. **Mediações**, Londrina, v. 20, n. 2, p. 97-128, 2015.

HIRANO, Luis Felipe Kojima. Marcadores sociais das diferenças: rastreando a construção de um conceito em relação à abordagem interseccional e à associação de categorias. *In*: HIRANO, Luis Felipe Kojima; ACUÑA, Maurício; MACHADO, Bernardo Fonseca (org.). **Marcadores Sociais das Diferenças**: Fluxos, trânsitos e intersecções. Goiânia: Editora Imprensa Universitária, 2019. p. 27-53.

KNUDSEN, Patrícia P. P. da S. Conversando sobre psicanálise: entrevista com Judith Butler. **Revista Estudos Feministas**, Florianópolis, v. 18, n. 1, p. 161-170, 2010.

LEITÃO, Débora Krischke; GOMES, Laura Graziela. Gênero, sexualidade e experimentação de si em plataformas digitais on-line. **Civitas-Revista de Ciências Sociais**, v. 18, n. 1, p. 171-186, 2018.

LOURO, Guacira L. Conhecer, pesquisar e escrever. **Educação, Sociedade & Culturas**, Porto Alegre, n. 25, p. 235-245, 2007.

MAGNANI, José Guilherme Cantor. Etnografia como prática e experiência. **Horizontes Antropológicos**, Porto Alegre, n. 32, p. 129-156, 2009.

MAKNAMARA, Marlécio. Quando artefatos culturais se fazem currículo e produzem sujeitos. **Reflexão e Ação**, Santa Cruz do Sul, v. 28, n. 2, jun. 2020.

MEYER, Dagmar E.; PARAÍSO, Marlucy A. (org.). **Metodologias de Pesquisas Pós-críticas em Educação**. Belo Horizonte: Mazza Edições, 2014.

MILLER, Daniel. **Trecos, Troços e Coisas**: Estudos antropológicos sobre a cultura material. Rio de Janeiro: Zahar, 2013.

MISKOLCI, Richard. **Desejos Digitais**: Uma análise sociológica da busca por parceiros on-line. Belo Horizonte: Autêntica Editora, 2017.

MONTEIRO, Marko Synésio Alves. **Os Dilemas do Humano**: Reinventando o corpo em uma era (bio)tecnológica. São Paulo: Annablume, 2012.

NUNES, João B. C. Pesquisa On-line. *In*: **Ética e Pesquisa em Educação**: Subsídios. Rio de Janeiro: Anped, 2019. p. 146-154.

PADILHA, Felipe; FACIOLI, Lara. Sociologia digital: apontamentos teórico-metodológicos para uma analítica das mídias digitais. **Ciências Sociais**, Unisinos, São Leopoldo, v. 54, n. 3, p. 305-316, set./dez. 2018.

PELÚCIO, Larissa. Subalterno quem, cara pálida? Apontamentos às margens sobre pós-colonialismos, feminismos e estudos queer. **Contemporânea** – Revista de Sociologia da UFSCar, São Carlos, v. 2, n. 2, p. 395-418, 2012.

PEREIRA, Pedro P. Queer nos trópicos. **Contemporânea** – Revista de Sociologia da UFSCar, São Carlos, v. 2, n. 2, p. 371-394, 2012.

POSSENTI, Sírio. **Os Humores da Língua**: Análise linguística de piadas. Campinas: Mercado das Letras, 1998.

PRECIADO, Beatriz. **Testo Yonqui**. Madrid: Editora Espasa Calpe, 2008.

PRECIADO, Paul. **Manifesto Contrassexual**. 1. ed. São Paulo: Companhia das Letras, 2014.

SABAT, Ruth. Pedagogia cultural, gênero e sexualidade. **Revista Estudos Feministas**, Florianópolis, v. 9, n. 1, p. 4-21, 2001.

SCOTT, Joan. A invisibilidade da experiência. **Projeto História**, São Paulo, v. 16, p. 297-325, fev. 1988.

SILVA, Tomaz Tadeu da. **Documentos de Identidade**: Uma introdução às teorias do currículo. Belo Horizonte: Autêntica, 1999.

SOUZA, Carla C.; DUQUE, Tiago. "Alguém afim?": Uma etnografia on-line em salas de bate-papo na fronteira Brasil-Bolívia. **Revista de Antropologia**, São Paulo, v. 63, p. 1-19, 2020.

STEINBERG, Shirley R. Kindercultura: construção da infância pelas grandes corporações. *In*: SILVA, Heron da; AZEVEDO, José Clovis; SANTOS, Edmilson Santos dos. **Identidade Social e a Construção do Conhecimento**. Porto Alegre: Ed. Secretaria Municipal de Educação de Porto Alegre – Prefeitura Municipal de Porto Alegre, 1997. p. 98-145.

CAPÍTULO 3

ETNOGRAFIA VIRTUAL NA REDE SOCIAL INSTAGRAM: PEDAGOGIAS DE MASCULINIDADE EM AÇÃO

Dilan Magnus
Carin Klein

Realizar uma escrita que ocorre entre as derivas de conhecimentos, teorias e métodos é um desafio lançado para os/as pesquisadores/as que utilizam ou pretendem fazer uso dos Estudos de Gênero e Sexualidade em suas pesquisas. A utilização de conceptualizações desses campos teóricos exige deslocamentos do olhar, a fim de compreendermos as instituições, as práticas e os sujeitos como produtores e produtos generificados e sexualizados. Partindo dessa premissa, navegamos entre as inúmeras postagens em perfis na rede social Instagram com o objetivo de investigar como homens gays vivendo com HIV/Aids produzem suas masculinidades.

Neste capítulo, não pretendemos construir um passo a passo, tampouco um tratado para a realização de uma etnografia virtual, conjugada com os Estudos de Gênero e Sexualidade, mas buscamos discutir as possibilidades e os usos de ferramentas analíticas que possam ser acionadas e bricoladas para "dar um efeito de composição específico" (Reis, 2021, p. 246) às pesquisas que articulam os campos de estudos há pouco citados e a investigação no Instagram. Nesse sentido, evidenciamos as ferramentas teórico-metodológicas utilizadas para realização das análises de masculinidades que nos propomos a discutir[8], apresentando alguns movimentos necessários para acionarmos tais ferramentas e de que formas interpretamos as produções pedagógicas realizadas por dois influenciadores digitais, ao veicularem conteúdos relacionados à prevenção das infecções sexualmente transmissíveis (ISTs) em seus perfis[9].

A partir disso, investigamos alguns ensinamentos sobre a produção dos corpos e das masculinidades veiculadas nesse local da cibercultura; as pedagogias acionadas por meio dos vídeos que pretendem ensinar sobre prevenção das ISTs, desafiando-nos a analisar os diversos ensinamentos que vídeos curtos, como os *reels* do Instagram, divulgam. Preconizamos que para analisar os sujeitos da pós-modernidade (Hall, 2016) é necessário tomar a cultura como plural, fluida e multifacetada, a fim de refletirmos

---

[8] A discussão metodológica deste capítulo ocorre a partir de uma dissertação de mestrado realizada na área da Educação. Ver MAGNUS, Dilan. **Influenciadores da Prevenção**: representações de masculinidades de pessoas vivendo com hiv/aids no Instagram. 2022. 178 f. Dissertação (Mestrado em Educação) – Programa de Pós-Graduação em Educação, Universidade Luterana do Brasil, Canoas, 2022.

[9] Em seu sentido dicionarizado, a palavra perfil é compreendida como um "conjunto de características ou competências necessárias ao desempenho de uma atividade, cargo ou função" ou ainda "relato breve, em que, a traços rápidos, se apresenta a vida de uma pessoa". Caberia destacar que em nossa perspectiva teórica entendemos que um perfil não abarca o que somos, ou as posições assumidas por um sujeito. Entretanto, na linguagem da rede social, em especial do Instagram, é do senso comum que há uma veiculação e circulação desses na plataforma (INFOPÉDIA. Perfil. Disponível em: https://www.infopedia.pt/dicionarios/lingua-portuguesa/perfil. Acesso em: 3 set. 2023).

sobre como os sujeitos são interpelados nessa rede social e como ocorrem as reiterações e transgressões às normativas de gênero e sexualidade. Indicamos a nossa aproximação com o objeto de pesquisa, como ocorreu a produção e a organização do material empírico, focando-nos nas questões relacionadas às masculinidades.

O despontar das redes sociais

Compreendemos a emergência da internet e dos aparatos tecnológicos como "produtos de uma sociedade e de uma cultura" (Levy, 1999, p. 22). Desse modo, as tecnologias são desenvolvidas conforme o intuito de seus criadores. As técnicas de desenvolvimento das redes estão engendradas em relações de poder que visam articular determinados projetos culturais, além de regular o consumo e atuar na produção das identidades sociais. Acompanhando a volatilidade constante e a instabilidade das relações sociais, características das sociedades pós-modernas — ou de uma modernidade líquida — tal como discutidas por Zygmunt Bauman (2001); o ciberespaço, circunscrito dentro dessa temporalidade, potencializa a aceleração das informações, bem como o seu caráter efêmero.

No contexto brasileiro, percebemos que nos idos dos anos 2000, com as velocidades de banda larga ainda limitadas, assim como as tecnologias sem suporte para o tráfego de imagens e vídeos, haveria uma ênfase na produção textual. Como descreve Paula Sibilia (2016), ao analisar as formas de espetacularização da vida cotidiana e o auge dos *web blogs*, entre 1995 e 2010, as escritas de si ganham cada vez mais espaço, por conta da proliferação virtual de dicas, conselhos e confissões da vida privada. A mudança para uma ênfase audiovisual aconteceria de forma gradual, a partir de 2003, com o Orkut, uma rede social que possibilitava a troca de mensagens entre os/as usuários/as, a participação em comunidades, fóruns e a publicação de fotos. Diferentemente dos *web blogs*, uma nova rede social é lançada em 2004, o Facebook, de Mark Zuckerberg, permitindo uma interação maior entre os/as usuários/as. Ambas detiveram um lugar importante na consolidação desse formato de redes sociais, acompanhando o ritmo de produção e distribuição de computadores e da ampliação das redes de internet.

A necessidade de fazer parte das redes digitais, integrando e interagindo com os/as demais usuários/as, possibilitou a existência de uma cultura participativa e de compartilhamento. A tese sustentada por Henry Jenkins (2009) está vinculada com a discussão sobre a convergência tecnológica

METODOLOGIAS DE PESQUISAS CIENTÍFICAS NO CIBERESPAÇO/CIBERCULTURA:
#NETNOGRAFIA #ETNOGRAFIADIGITAL #PESQUISAEMTELA #ENTREVISTAONLINE #ANÁLISECULTURAL #ANÁLISEDODISCURSO_INSPIRADAEMFOUCAULT

e cultural e enfatiza que em um primeiro momento do desenvolvimento tecnológico havia a necessidade de diversas "caixas pretas"; isto é, a necessidade de diversidade de componentes de hardware, para cumprir uma determinada função. Entretanto estaríamos em uma fase de transição, em que uma quantidade menor de aparelhos é requisitada para realizar uma tarefa. Henry Jenkins (2009) aponta que:

> Pode-se interpretar a proliferação de caixas pretas como o sintoma de um momento da convergência: como ninguém sabe que tipos de funções devem ser combinadas, somos forçados a comprar uma série de aparelhos especializados e incompatíveis. Na outra ponta do espectro, podemos também ser forçados a lidar com o aumento de funções dentro do mesmo aparelho, as quais diminuem sua capacidade de cumprir sua função original; assim, não consigo encontrar um telefone celular que seja apenas telefone (Jenkins, 2009, p. 38).

A invenção do iPhone, em 2007, pela Apple, ilustra a discussão proposta pelo autor. Anunciado por Steve Jobs como uma "reinvenção do telefone"[10], a proposta do aparelho era reunir a tecnologia dos iPods (aparelhos de mp3) com a possibilidade de acesso rápido à internet pelo 3G e os demais recursos que os celulares já detinham naquela época, como ligações, trocas de SMS e câmeras. A introdução desse aparelho no mercado consumidor alterou a relação de consumo, em primeira análise, haja vista que não seria mais necessário realizar a compra de uma câmera digital, de um celular, de um aparelho mp3, de um notebook para acesso à internet, tendo em vista que o iPhone e os celulares semelhantes criados em sequência realizavam todas essas tarefas.

Diferentemente de seus predecessores, o Instagram, criado em 2010 por Mike Krieger e Kevin Systrom, foi inicialmente desenvolvido apenas como um aplicativo para celulares iPhone. Em pouco menos de dois anos de seu lançamento, alcançou mais de 80 milhões de usuários/as, nesse momento já disponibilizado para telefones com tecnologia Android. Sua novidade consistia em funcionar como uma rede social exclusiva para o compartilhamento de fotos e vídeos, ou seja, passando de uma ênfase textual, que em certa medida acompanhava as redes sociais precedentes ao Instagram, para operar em uma ênfase audiovisual.

---

[10] ANDRADE, Amanda. Há 15 anos Steve Jobs apresentava iPhone e promovia revolução tecnológica. **CNN Brasil**, 9 jan. 2022. Disponível em: https://www.cnnbrasil.com.br/tecnologia/ha-15-anos-steve-jobs-apresentava-iphone-e-promovia-revolucao-tecnologica/. Acesso em: 19 set. 2022.

Etnografia virtual no Instagram

A etnografia é uma ferramenta metodológica advinda do campo da antropologia, compreendida por Clifford Geertz (1989) como um modelo de observação das culturas e das sociedades. Os tensionamentos propostos pelo autor vão na direção de que o trabalho do etnógrafo se afasta de uma atividade neutra e/ou imparcial, entendendo-a como ficcional no sentido de que são interpretações "de segunda e terceira mão; portanto, de ficções no sentido de que são 'algo construído'" ou modeladas (GEERTZ, 1989, p. 25-26). Nesse sentido, o/a pesquisador/a não estaria distante ou isento/a ao realizar as suas análises, bem como de sua relação com a temática, com as opções teóricas, na formulação das questões de investigação e dos sujeitos a serem investigados. Ao assumirmos os pressupostos da etnografia pós-moderna, as discussões de um determinado objeto de pesquisa estariam marcadas por limites de autoridade e provisioridades, estabelecidas pelo/a próprio/a pesquisador/a, ao levar em conta que também é efeito das discursividades e do seu envolvimento na atividade de investigação.

As formas de narrar os outros são apenas representações de uma suposta realidade, em que entra em jogo a relação entre o/a pesquisador/a e os seus interesses, sentimentos, reflexões, prazeres e incômodos com o que está sendo pesquisado. Apreender sobre as masculinidades de homens gays jovens que vivem com HIV/Aids no Instagram torna-se o nosso propósito pela compreensão de que os conhecimentos ali preconizados tanto envolvem a formulação de processos educativos contemporâneos como se tornam referências importantes e constitutivas dos sujeitos. A produção do trabalho etnográfico demanda ver, registrar, narrar, selecionar e analisar e está inexoravelmente envolvida com os "esquemas conceituais que nos orientam e estruturam", convocando-nos a flexibilizar e a relativizar sobre os conceitos e as normalizações que configuram as experiências apreendidas no campo investigado (Klein; Damico, 2021, p. 76).

Com o despontar da internet ao final da década de 1990 e sua expansão no início dos anos 2000, haveria a necessidade de adaptação do método etnográfico para análise do ciberespaço. Nesse sentido, a etnografia virtual desponta como uma proposta a compreender o ciberespaço como um local de "conexão com a vida real" (Hine, 2004, p. 80, tradução nossa). Tomando a internet como um artefato cultural, a pesquisadora Christine Hine (2004) aponta para caminhos possíveis para a realização da pesquisa etnográfica no espaço virtual, compreendendo a internet como um local em interconexão com o mundo das pessoas de "carne e osso", no qual a multiplicidade de perfis, fluxos e conexões exigem um trabalho a ser realizado na dispersão.

Nesse sentido, para realizarmos a nossa investigação na rede social Instagram, tomamos alguns pressupostos da pesquisa realizada por Shirlei Rezende Sales (2021) no Orkut. Em um primeiro momento, tornamo-nos membros da rede social, para poder navegar entre os perfis, assim como nos apropriamos das funcionalidades disponibilizadas pela plataforma e as suas sistemáticas de funcionamento. Ao observarmos a plataforma, percebemos as possibilidades de utilização pelos/as usuários/as através de publicações em formato de fotos e vídeos que são fixadas no perfil do/a utilizador/a, ou de forma temporária pelo tempo de 24 horas na modalidade de *stories*. Além do mais, a rede social disponibiliza uma barra de pesquisa para a exploração de outros conteúdos fora do círculo social de seguidores/as do/a usuário/a, bem como para a localização de outros perfis.

Ainda que em formatos diferentes, foi necessário compreender "o domínio da linguagem específica, o domínio do saber tecnológico e a habilidade em operar na interface ser humano-computador" (Sales, 2021, p. 123). Um dos formatos de linguagem presente nessa rede social é o uso de *#hashtags* com o intuito de gerar engajamento e compartilhamento de conteúdo. Foi por meio da utilização delas que chegamos aos perfis que desejávamos. Para tal, utilizando a barra de pesquisa disponibilizada pela plataforma, algumas combinações de palavras, como #HIV; #AIDS, #VivercomHIV, #ISTS, #DSTS, foram acionadas com o intuito de localizarmos as postagens relacionadas ao tema de estudo.

Ao localizarmos as postagens, percebemos que muitas estavam em formato de vídeos curtos, em torno de 30 segundos cada, em que eram compartilhadas as vivências, principalmente de homens com o HIV/Aids, algumas formas de prevenção, assim como a exibição de seus corpos por meio de danças sensuais que pareciam ter o propósito de exibir e significar os seus corpos, ligados à juventude e à saúde, parecendo-nos tornar-se uma das estratégias de enfrentamento ao preconceito. Nesse sentido, os *reels* do Instagram apresentam algumas especificidades próprias, tais como: estão localizados em uma aba própria dentro da plataforma, possuem duração de 15 a 60 segundos, existe uma combinação imagética visual, textual e audiomusical. Os *reels* do Instagram, analisados por nós para este estudo, acompanham a dinâmica de outras redes sociais, como o TikTok e Snapchat, espaços em que a circulação audiovisual e o relatar a si mesmo é instantâneo, abreviado e efêmero (Sibilia, 2016). Vejamos algumas imagens desses *reels*, a fim de adentrarmos na próxima seção:

Figura 1 – Captura de tela do formato de um *reels*[11]

Fonte: elaborado pelo/a autor/a (2023).

Os perfis selecionados e as implicações éticas da escolha

Ao trabalharmos no campo do HIV/Aids, parece haver uma certa renitência em relação à sensibilidade da temática. Para escolhermos os perfis selecionados para a análise, algumas decisões éticas foram necessárias. Em primeiro, a escolha de figuras públicas, ambos os influenciadores notoriamente possuem perfis públicos na rede social Instagram, enunciados pelo selo de Criadores de Conteúdo Digital, recebido por eles da rede social. Tal selo é atribuído a perfis de influenciadores digitais, que buscam divulgar as suas produções conferindo uma certa autenticidade ao perfil, tal como os escolhidos, de Lucas Raniel e Vitor Ramos, acionados a partir das descrições "Vivo com HIV", "HIV+" ou "Venci a Aids", que estão em

---

[11] Extraído de https://www.instagram.com/reel/CQMopfLHVXz/?igshid=YTUzYTFiZDMwYg%3D%3D. Acesso em: 29 ago. 2023.

destaque nas descrições de seus perfis. Nesse sentido, evidenciam que a soropositividade de ambos não seria um segredo, pelo contrário, ela circula pela rede de forma pública.

Ainda poderíamos manter em anonimato suas imagens com o intuito de preservá-los de alguma possível retaliação. Entretanto, partindo das discussões de Tiago Duque e Fernando Seffner (2022), inspirados na epistemologia do armário de Eve Sedgwick (2007), os pesquisadores compreendem que o HIV/Aids ainda é inscrito em um regime de segredo em que as pessoas vivendo com HIV/Aids (PVHA), ao assumirem a sua sorologia, precisam lidar com os preconceitos e as exclusões devido à construção social da enfermidade. Desse modo:

> O "segundo armário" também tem relação com uma ordem sexual, pois a aids é uma doença sexualmente transmissível, o que afeta as experiências de reconhecimento no espaço público. Contudo, dizer de si sobre a soropositividade pode, em vários contextos, deslocar o já dito sobre a homossexualidade, na saída do "primeiro armário", para um direcionamento ainda maior em direção e intensidade estigmatizante na ordem sexual. Ou não, afinal, historicamente o estigma da homossexualidade e o do HIV/aids têm sofrido transformações (Duque; Seffner, 2022, p. 105-106).

Dessa forma, um dos questionamentos que nos fizemos durante a pesquisa foi: optar por mantê-los em anonimato seria reafirmar a existência de um "segundo armário"? Isto é, não expor os corpos e os rostos, colocando apenas as falas de ambos os influenciadores, não seria reafirmar esse regime de segredo ao qual foi/é tratado o/a HIV/Aids? Obviamente que tal questionamento não estaria apartado das discussões relacionadas às violências simbólicas exercidas contra a população de PVHA, como descritas por Júlio Simões (2018), como a fuga de eventuais parceiros, o medo de isolamento ou a expulsão do lar familiar por conta do diagnóstico. Entretanto a produção do material empírico desse estudo ocorreu por meio da publicação de homens jovens que se assumiram ativistas durante o enfrentamento da epidemia, tanto no caráter biomédico como em suas reverberações sociais.

Para nos certificarmos da possibilidade dos usos das imagens dos influenciadores, recorremos às políticas de privacidade do Instagram[12], as mesmas letras miúdas que concordamos ao nos tornarmos usuários/as

---

[12] Disponível em: https://help.instagram.com/581066165581870?helpref=faq_content. Acesso em: 24 jul. 2023.

da plataforma e que os influenciadores e todos/as os/as demais usuários/as concordam ao ocupar esse espaço. Ainda que a plataforma preveja o uso para fins acadêmicos dos conteúdos postados pelos/as utilizadores/as, parecia que nos confrontávamos com um modelo de pesquisa biocêntrico que não cabia para uma dissertação sendo produzida na área da Educação. Para Zago, Guizzo e Santos (2016), a predominância desse modelo biocêntrico de pesquisa é tomado como referência para pesquisas produzidas em diversas áreas. Esse pressupõe um distanciamento entre os/as pesquisadores/as e os sujeitos participantes e/ou envolvidos na pesquisa, o que pode ser válido no campo médico e clínico. Entretanto, segundo os/a autores/a, não é profícuo para as produções realizadas nas áreas das Ciências Humanas:

> O modelo biocêntrico assenta-se na separação entre as posições de pesquisador/a (sujeito do conhecimento) e objeto do conhecimento (pesquisado/a), além de pressupor o controle total de todos os passos, etapas e possíveis efeitos das experimentações. Esses elementos são indispensáveis por se tratarem de pesquisas clínicas cujos procedimentos intervêm na materialidade orgânica dos corpos dos/as pesquisados/as (Zago; Guizzo; Santos, 2016, p. 192).

Novamente, a questão do anonimato parecia não fazer sentido em ser mantida, pois estaríamos sustentando uma posição de pesquisa diversa ao ativismo dos influenciadores, bem como aos cuidados prévios que havíamos tomado ao realizarmos a seleção dos perfis. Além do mais, poderia "significar a reificação de certas relações de estigmatização" (Zago; Guizzo; Santos, 2016, p. 200), tornando os nossos sujeitos invisíveis e reificando a norma do "segundo armário". Algo que também é discutido por Judith Butler (2015), ao compreender que as condições de reconhecimento pressupõem conformações com o sistema normativo vigente, validando ou não formas e expressões de vidas vivíveis. O que corrobora com o nosso argumento, que mantê-los invisíveis ou com a utilização de codinomes ou epítetos seria inscrevê-los em uma zona de abjeção, algo contra o qual os próprios influenciadores lutam.

Quando discutimos que seria um movimento realizado pelos próprios influenciadores, destacamos que esta pesquisa rompe as fronteiras da rede social Instagram. Buscamos por seus nomes em outras plataformas como YouTube, Tik Tok, Facebook e em mecanismos de buscas, como o Google. Com essa ampliação da pesquisa, foi possível localizar uma série de reportagens em portais de notícias como G1[13], CNN[14], entre outros, que visam discutir as vivências de sujeitos com HIV/Aids. Evidentemente, a sorologia de ambos não se constituía como um segredo, pelo contrário, era acionada como uma estratégia política e interessada em que a publicização dela pode ser significada e acionada como forma de causar tensões e rupturas com a norma vigente que ainda posiciona o/a HIV/Aids como algo que carrega sentidos negativos e/ou que não deve ser pronunciado.

Nessa direção, entendemos que também somos produzidos e subjetivados pelos *reels* que analisamos e os nossos modos de vidas interpelados pelos discursos dos influenciadores digitais. O intuito de nosso trabalho não foi o de desacreditar ou colocar a prova os trabalhos realizados por Lucas Raniel e Vítor Ramos, mas o de realizar uma análise pós-crítica de como são produzidas as masculinidades de homens gays, vivendo com HIV/Aids nos *reels* do Instagram. Nesse sentido, discutimos na próxima seção como realizamos a produção do material empírico e as formas como fomos direcionando os nossos olhares para os *reels*.

Direcionando o nosso olhar para os *reels*

Como já discutimos, a fim de organizarmos e selecionarmos o material de análise, ampliamos a nossa experiência como *"Instagramers"*, realizando os cadastros na rede para navegarmos por ela. Ao selecionarmos os perfis, percebemos que o volume de material publicado era grandioso e seria uma tarefa dispendiosa demais para uma dissertação de mestrado. Diante da necessidade de realizarmos escolhas, optamos pela análise de vídeos mais curtos, chamados de *reels*.

Em um primeiro momento, realizamos um mapeamento desses vídeos, utilizando-nos de uma planilha de Excel da seguinte maneira: colocamos o título da postagem, a quantidade de visualizações, a data da postagem, a data de realização do acesso e o link. Ainda assim, o volume de material era muito extenso e a tarefa de analisar todos os vídeos não seria possível em tempo hábil para a finalização da investigação. Recorremos à pesquisa de Luis Henrique Sacchi dos Santos (2002), que ao analisar as peças publicitárias de prevenção ao/à HIV/Aids, produzidas pelo governo federal, entre os anos de 1986 e 2000, elaborou categorias analíticas, separando-as em grupos conforme os seus endereçamentos.

---

[13] Disponível em: https://g1.globo.com/saude/noticia/2022/08/28/aids-levou-minha-visao-do-olho-direito-e-limitou-meus-movimentos-diz-jovem-que-incentiva-diagnostico-precoce.ghtml. Acesso em: 24 jul. 2023.

[14] Disponível em: https://www.cnnbrasil.com.br/saude/testagem-e-principal-forma-de-prevencao-afirma-influencer-que-vive-com-hiv/. Acesso em: 24 jul. 2023.

Vale dizer que para a pesquisadora Elisabeth Ellsworth (2001), que desenvolveu pesquisa relacionada com Educação e Cinema, as produções fílmicas possuem endereçamentos que visam interpelar determinados públicos; isto é, focam em determinados públicos com o objetivo de educar os sujeitos, produzindo subjetividades e formas de regular as condutas dos sujeitos. Nesse sentido, ao realizarmos o mapeamento dos *reels*, determinamos um corte temporal, de agosto de 2020 a agosto de 2022, dos perfis de Lucas Raniel e Vítor Ramos, totalizando 68 e 128 *reels*, respectivamente. Já para a catalogação, produzimos duas categorias de análise, com base na compreensão dos endereçamentos que entendíamos que eles possuíam, sendo elas: as masculinidades *posithivas*; *reels* direcionados às PVHA, voltados à aceitação do diagnóstico; formas de exercer o autocuidado; atividades motivacionais e formas de viver as masculinidades, diante da prevenção às ISTs, voltados para a população LGBTQIAPN+.

Devido ao alto volume de vídeos mapeados, classificamos aqueles *reels* com maior número de visualizações; isto é, o alcance e a propagabilidade (Boyd, 2010) que eles tiveram dentro da rede social, assim como para pensar quais elementos possibilitaram um maior engajamento dentro do Instagram, em detrimento dos demais com menor expressividade.

Portanto, para isso utilizamos um documento no Google Docs, com a finalidade de realizar uma descrição de cada *reels*, além da elaboração de um quadro nos moldes de ficha catalográfica, elencando alguns atributos a serem levados em conta na análise, como números estatísticos, a data em que ocorreu a publicação, o número de visualizações e o número de curtidas. Além disso, observamos a trilha sonora de fundo, caso existisse, o local onde ocorreu a gravação, atentando às imagens e aos elementos do cenário do *reel*, além da descrição do que acontece no vídeo.

Quadro 1 – Dados do *reel*

Título do Reel
Data de publicação – número de visualizações – número de curtidas
Trilha Sonora
Cenário
Descrição da Imagem

Fonte: Magnus (2022)

METODOLOGIAS DE PESQUISAS CIENTÍFICAS NO CIBERESPAÇO/CIBERCULTURA:
#NETNOGRAFIA #ETNOGRAFIADIGITAL #PESQUISAEMTELA #ENTREVISTAONLINE #ANÁLISECULTURAL #ANÁLISEDODISCURSO_INSPIRADAEMFOUCAULT

A partir da inspiração com as pesquisas de Rosa Fischer (2007), percebemos que era possível estabelecer algumas relações entre a produção midiática televisiva e a realizada no meio virtual pela rede social Instagram. Partindo do pressuposto estabelecido pela própria autora, em que as mídias fornecem acesso a uma gama ampla de narrativas, "[...] com todas as suas metáforas, ícones, modos de simbolizar nossas experiências mais diversas [...]" (Fischer, 2007, p. 295). Tais narrativas modificam e ao mesmo tempo constroem as nossas próprias formas de nos entendermos como sujeitos históricos, ou seja, a nossa inserção em um meio social, político, econômico e cultural, ou sob a vertente teórica que adotamos aqui, as posições de sujeito que nos constituem.

Segundo a autora, vivenciamos uma educação pela mídia, na medida em que ela atua como instância de formação dos sujeitos, a partir de seus recursos sonoros, visuais, imagéticos, performáticos e discursivos. Ao contrário de apenas uma educação na mídia com programas de caráter educativos, como Telecurso 2000[15] ou documentários, em que há um enfoque na educação curricular e tradicional, compreendemos que a rede social Instagram, em específico os perfis e os *reels* analisados, voltados para a população LGBTQIAPN+, ao proporem formas de realizar e viver a saúde sexual, estariam ensinando e conduzindo os sujeitos a viverem determinados comportamentos e condutas, acerca do gênero e da sexualidade, sobretudo aquelas consideradas mais aceitáveis. No contexto de produção de saberes, Fischer (1997) salienta que o atravessamento midiático opera nas relações socioculturais e requer a apreensão de singularidades de sujeitos produtores, públicos específicos e dos temas/problemas abordados:

> Produto de mídia e público receptor, tecnologia e sujeito, vida privada e vida pública, experiência cotidiana e imagens interplanetárias, cultura popular e cultura erudita são pares hoje mesclados de tal forma que se torna necessário não mais falar em categorias estanques como "emissor" e "receptor", em relação a um determinado "meio", como lembra Martin-Barbero, mas sim em produtores, criações e públicos específicos, vistos em relação a determinadas necessidades e a determinados problemas culturais e sociais. E o problema que nos ocupa aqui é justamente o da "pedagogização" da mídia, num tempo em que estaríamos vivendo o deslocamento de algumas funções básicas, como a política e a pedagógica,

---
[15] O Telecurso 2000 era um projeto educacional brasileiro transmitido pela rede de televisão aberta no país, que consistia em aula para estudantes de ensino médio e fundamental que visavam concluir a educação básica.

que gradativamente deixam seus lugares de origem – os espaços institucionais da escola, da família e dos partidos políticos –, para serem exercidas de um outro modo, através da ação permanente dos meios de comunicação (Fischer, 1997, p. 61-62).

Os estudos realizados por Santos (2002) e Fischer (2007) serviram como base e fonte de inspiração para a elaboração de um roteiro de análise dos *reels*, partindo das seguintes questões e discussões:

I. De quem são os perfis selecionados? Acreditamos que era importante localizar quem realizava as produções. De que lugar se fala e o que foi dito? Haja vista que a produção dos *reels* para a rede parte de um perfil de usuário/a, tornou-se importante discutir quem é o/a autor/a e quais são as discussões que movimentam o perfil.

II. Que *reels* são esses? Instagram, Facebook, TikTok e Snapchat possuem essa especificidade de produção de vídeos. Inclusive, um único *reels* pode ser postado em todas essas redes sociais. Nesse sentido, há uma variedade grande de temáticas e de tipos de produções: *challenges* (desafios), truques de mágicas, memes, comédias, motivacionais, entre outros.

III. Qual endereçamento o vídeo possui? Essa pergunta foi explicitada anteriormente, baseada no conceito desenvolvido por Ellsworth (2001, p. 11), a partir dos estudos de cinema e da seguinte indagação: "[...] quem este filme pensa que você é?". Trazendo esse questionamento para o campo pedagógico e das mídias digitais, interrogamo-nos: "*Quem esses influenciadores digitais do Instagram pensam que nós somos?*", "*O que querem nos ensinar?*". Isso significa que, ao elaborarem um vídeo para os *reels*, torna-se importante pensar a temática, as legendas dos vídeos, a trilha sonora para pensar em um determinado público-alvo, os símbolos, os sentidos e os ensinamentos que pretendiam produzir. Assim, as interações com os/as seguidores/as passariam a funcionar como uma espécie de interação, mensurada pelo número de curtidas, comentários e mensagens recebidas no privado.

IV. Qual é a estrutura dos *reels*? Os *reels*, diferentemente das produções cinematográficas ou de vídeos no YouTube, não possuem, na maioria das vezes, uma linearidade (começo, meio e fim). São breves e instantâneos, de maneira que a mensagem a ser transmitida seja compreendida de imediato. Compreender essa estrutura ajudou-nos a decifrar os sentidos sobre gênero e sexualidade, envolvidos nos *reels*.

V. Quais conhecimentos e discursividades estão presentes nos *reels*? Esse questionamento serviu para analisarmos os conhecimentos veiculados e os campos discursivos acionados pelos influenciadores para ancorarem seus ensinamentos sobre a prevenção.

VI. Quais construções de masculinidades estão presentes nos *reels*? Tal como nos afirma Meyer (2022), as práticas sociais são generificadas e atravessadas pelo que é dito sobre a prevenção. Portanto, perceber quais os sentidos são atribuídos às masculinidades nesses discursos se fez importante.

VII. Quais vinculações possui o artefato com o campo da Educação? Compreendemos os locais da cultura diretamente envolvidos na atividade de significação, na medida em que produzem modos de ser/estar no mundo e acionam representações de gênero e sexualidades que forjam subjetividades. Dessa forma, a produção do material empírico, aliada a uma investigação inscrita na perspectiva educacional foi se configurando um aspecto importante para pensarmos nos *reels* como uma pedagogia do presente (Camozzato, 2014). Portanto, tomamos os vídeos em seu caráter educativo e produtivo, enfatizando como os *reels* visam conduzir as condutas e educar os/as usuários/as a respeito da prevenção ao HIV/Aids e das formas de se viver com HIV/Aids na atualidade.

A elaboração desse roteiro serviu de direcionamento para conduzir as nossas formas de olhar, selecionar e descrever os vídeos, além de atentar para o que era dito, observando os símbolos, os sons e as imagens, entre outros aspectos que deveríamos destacar. Na próxima seção, discutimos como esse aparato metodológico contribuiu para a análise realizada no campo do gênero e da sexualidade.

Algumas lições sobre gênero e sexualidade

Através do mapeamento realizado, percebemos que existiriam ensinamentos nesses *reels* voltados às seguintes dimensões: 1) questões das pandemias do HIV/Aids e Covid-19; 2) autoaceitação e autossuperação do diagnóstico; e o autocuidado, que implica em uma vigilância constante e um gerenciamento da própria saúde; por fim, 3) o culto ao corpo, a necessidade de colocar o corpo em destaque, em uma clara desvinculação da imagem construída do corpo soropositivo durante a pandemia do século passado. Nesse sentido, tomamos cada um desses itens como lições apresentadas pelos influenciadores digitais que visam educar o seu público. Para além do conteúdo propriamente produzido, haveria também na produção audiovisual performances de masculinidades, que por vezes reiteravam a heteronormatividade e por outras transgrediam, dificultando o nosso trabalho em delimitar uma fronteira entre uma e outra.

Nosso ponto de partida para pensarmos as reiterações e transgressões à norma advém das teorizações sobre gênero e sexualidades que, em contato com o campo educacional, buscam compreender como os corpos são engendrados pelos mecanismos discursivos e educativos da rede. Isto é, construídos por meio da linguagem e da cultura, tornando-se um meio de conduzir as práticas dos sujeitos, assim como delimitar o que é aceitável ou não. Embora os sujeitos sejam participantes nesse processo, esse não seria feito ao acaso ou ao seu bel-prazer. Nesse sentido, entendemos a ferramenta analítica do gênero como "um trabalho pedagógico contínuo, repetitivo e interminável posto em ação para inscrever nos corpos o gênero e a sexualidade 'legítimos'" (Louro, 2016, p. 17).

Seguindo os rastros da obra da filósofa Judith Butler (2020), compreendemos que o gênero e a sexualidade são produzidos dentro de uma matriz regulatória referenciada na heterossexualidade que fornece os parâmetros para a fabricação de gêneros inteligíveis; ou seja, "são aqueles que, em certo sentido, instituem e mantêm relações de coerência e continuidade entre sexo, gênero, prática sexual e desejo" (Butler, 2020, p. 43). Por conseguinte, tomamos o gênero e a sexualidade como marcadores e produtores de sentidos e significados para os sujeitos, dotados de um aparato binário que, através dos corpos e com aportes das ciências biológicas, pautam-se no binarismo homem/mulher, macho/fêmea, masculino/feminino para a sua produção e naturalização. Embora a mesma autora realize uma advertência, de que gênero e sexualidade não necessariamente se caracterizariam como uma norma, porém atuam na produção de "[...] visões normativas de feminilidade e masculinidade [...]" (Butler, 2015, p. 253), corroborando com nosso argumento de sua função como um marcador normativo.

Dessa forma, ao adotarmos a perspectiva construcionista, tanto do gênero como da sexualidade, propomos um afastamento das explicações essencialistas de um suposto destino traçado por fatores biológicos. Compreendendo que o masculino e o feminino são forjados na cultura e em meio a relações de poder, a pesquisadora Teresa de Lauretis (1994, p. 208) assinala que gênero e sexo não se constituiriam como "propriedade de corpos" ou ainda como um a priori da espécie humana. Entretanto a autora realiza um deslocamento conceituando o gênero e o sexo como produtos de determinadas práticas e aparatos tecnológicos de regulação e normalização dos corpos. Logo, as construções de gênero perpassam diversos campos, como o da economia, da política, o social, o cultural, produzindo identidades marcadas pela diferença em corpos atravessados pelo gênero.

As teóricas e os teóricos *queer*, segundo Guacira Lopes Louro (2016), advertem que as políticas de identidade podem funcionar na lógica de demarcação e engessamento dos sujeitos dentro de um *telos*. Logo, haveria identidades consideradas aceitáveis e outras não aceitáveis, uma como negação e afirmação da outra, dentro de uma lógica binária. Esse processo produz diferença, que serve como base para gerar práticas e formas de luta, resistência, exclusão, hierarquização, e classificação dos sujeitos. Nesse jogo entre eles e nós, o eu e os outros, ou ainda heterossexuais e homossexuais, há uma necessidade da existência de uma determinada identidade que sirva como padrão ou norma referencial para que os sujeitos que não se identifiquem ou não se enquadrem ocupem zonas de abjeção.

A primeira lição assumida foi em relação à conjugação das pandemias de HIV/Aids e Covid-19. A partir da análise de um conjunto de produções direcionadas acerca da vacinação para a Covid-19, identificamos uma representação de masculinidade pautada no engajamento com o cuidado da própria saúde. Segundo Deborah Lupton (2000, p. 27), haveria uma feminização dos processos de cuidado e promoção da saúde, tendo em vista que "expressar preocupação acerca da saúde de alguém é frequentemente considerado 'não masculino'". Nesse sentido, o cuidado com o corpo, a adesão a boas práticas de alimentação, realização de exames periódicos estão inscritas em um registro de feminilidade. Ao analisarmos o *reels*, percebemos uma disruptura com a lógica hegemônica heteronormativa (Connell, 1995), que preconiza a preocupação e os cuidados com a saúde como se fossem inatos ao gênero feminino.

Ainda assim, percebemos que os cuidados com saúde estão atrelados a um tipo de assujeitamento, como defendido por Larissa Pelúcio (2007), de "SUSjeitamento" ao Sistema Único de Saúde, tornando perceptível que as políticas públicas possuem ainda um tom de responsabilização dos sujeitos pelas suas condutas e pelo seu tratamento. Por fim, os processos de luto e precarização (Butler, 2015) das PVHA mediante a neoliberalização das políticas públicas voltadas à proteção dessas frente às novas implicações que a pandemia da Covid-19 imputou aos sujeitos vivendo com HIV/Aids, tomando o protagonismo e realizando uma campanha vacinal dentro da rede social Instagram.

A segunda lição assumida foi relacionada ao diagnóstico e às maneiras pelas quais foram representadas formas de revelação, tanto para as PVHA quanto dessas para outras pessoas. Sob a guisa de que a pandemia do/da HIV/Aids é carregada de significados e sentidos culturais (Sontag, 2007), os sujeitos necessitam (des)aprender formas de relacionar-se consigo e com os demais (Silva, 2012), no intuito de viver de uma forma melhor ou mais saudável. Para tanto, utilizamos a metáfora do segundo armário (Duque; Seffner, 2022) para compreendermos as formas com que a heteronormatividade produz exclusões. As masculinidades *posithivas* são confinadas a esconderem seu diagnóstico sob penalidade de serem escanteadas para zonas de abjeção (Butler, 2020) ou sofrerem violências e agressões. O estigma e o preconceito (Parker; Aggleton, 2021) operam de forma sistemática a fim de coibir e marginalizar as masculinidades gays vivendo com HIV/Aids, reificando a masculinidade hegemônica.

A terceira lição esteve centrada nos cuidados com o corpo. Para tal, assumimos os corpos enquanto produção discursiva das relações de sexo-gênero-sexualidade (Butler, 2020), construídas pelas relações de poder/saber. Nos *reels* analisados, percebemos representações voltadas à construção de um corpo masculino que importa (Zago, 2013), isto é, um corpo sarado, forte, jovem e erotizado. Em contraposição às imagens que circulavam nas primeiras décadas de pandemia do HIV/Aids dos corpos desterrados (Santos, 2002); ou seja, de corpos magros, fracos, marcados pelas "chagas da aids". Esse tipo de representação necessita de uma conformação com as normas de regulação do sexo-gênero, em detrimento de outras possibilidades de se viver a masculinidade *posithiva*. Ainda que no caso do/da HIV/Aids seja uma estratégia mobilizada no intuito de diminuir o preconceito e o estigma.

Considerações finais

Ao longo deste capítulo buscamos demonstrar as derivas percorridas por meio dos campos teóricos e das discussões pelas quais este trabalho circulou. Ao assumirmos como metodologia de pesquisa a etnografia virtual, nosso intuito foi o de realizar uma análise das masculinidades de homens gays vivendo com HIV/Aids, produzidas e veiculadas dentro da rede social Instagram. Nesse sentido, foi necessário também compreendermos e situarmos o Instagram como um produto de uma cibercultura, aliado à discussão de temáticas que colocam em jogo as visibilidades do nosso tempo. Para tanto, foi necessário buscarmos elementos que justificassem e explicassem a sua emergência e como se delineia a sua presença na atualidade.

A partir desta pesquisa, podemos delinear algumas discussões sobre a prevenção ao/à HIV/Aids e as representações das masculinidades de homens gays, vivendo com HIV/Aids, no escopo da rede social Instagram, que vem sendo alicerçadas nesta quinta década de pandemia. Por fim, acreditamos que o trabalho desenvolvido pelos influenciadores analisados esteja articulado com os paradigmas da prevenção da atualidade, pois vislumbram uma abordagem aberta, não agressiva e pautada na defesa dos Direitos Humanos, assim como suas masculinidades são representadas no viés da desconstrução da ordem cis-heteronormativa, que é sorofóbica e excludente com as diferenças.

Referências

BAUMAN, Zigmunt. **Modernidade Líquida**. Rio de Janeiro: Jorge Zahar, 2001.

BOYD, Danah. Social network sites as networked publics: Affordances, dynamics, and implications. *In*: PAPACHARISSI, Zizi. **Networked Self Identity, Community, and Culture on Social Network Sites**. New York: Routledge, 2010. p. 39-58.

BUTLER, Judith. **Quadros de Guerra**: quando a vida é passível de luto? Rio de Janeiro: Civilização Brasileira, 2015.

BUTLER, Judith. **Problemas de gênero**: feminismo e subversão da identidade. 20. ed. Rio de Janeiro: Civilização Brasileira, 2020. 287 p.

CAMOZZATO, Viviane Castro. Pedagogias do Presente. **Educação & Realidade**, Porto Alegre, v. 39, n. 2, p. 573-593, 2014.

CONNELL, Raewyn. Políticas da Masculinidade. **Educação & Realidade**, Porto Alegre, v. 20, n. 2, p. 185-206, 1995.

DUQUE, Tiago; SEFFNER, Fernando. A epistemologia do segundo armário: canais de gays hiv+ no youtube como artefatos pedagógicos. **Vivência**: Revista de Antropologia, [s. l.], v. 1, n. 60, p. 95-115, 2022.

ELLSWORTH, Elisabeth. Modos de endereçamento: uma coisa de cinema; uma coisa de educação também. *In*: SILVA, Tomaz Tadeu da. **Nunca fomos humanos**: nos rastros do sujeito. Belo Horizonte: Autêntica, 2001. p. 9-76.

FISCHER, Rosa Maria Bueno. O estatuto pedagógico da mídia: questões de análise. **Educação e Realidade**, Porto Alegre, v. 22, n. 2, p. 59-80, jul./dez. 1997.

FISCHER, Rosa Maria Bueno. Mídia, máquinas de imagens e práticas pedagógicas. **Revista Brasileira de Educação**, v. 12, n. 35, p. 290-299, maio/ago. 2007.

GEERTZ, Clifford. **A interpretação das culturas**. Rio de Janeiro: Guanabara, 1989. 323 p.

HALL, Stuart. **Cultura e Representação**. Rio de Janeiro: Apicuri, 2016.

HINE, Christine. **Etnografía Virtual**. Barcelona: Editorial Uoc, 2004. 210 p.

JENKINS, Henry. **Cultura da Convergência**. 2. ed. São Paulo: Aleph, 2009.

KLEIN, Carin; DAMICO, José. O uso da etnografia pós-moderna para a investigação de políticas públicas de inclusão social. *In*: MEYER, Dagmar Estermann; PARAÍSO, Marlucy Alves (org.). **Metodologias de pesquisas pós-críticas em educação**. 3. ed. Belo Horizonte: Mazza Edições, 2021. p. 65-88.

LAURETIS, Teresa de. A tecnologia do gênero. *In*: HOLLANDA, Heloisa Buarque de (org.). **Tendências e impasses**: o feminismo como crítica da cultura. Rio de Janeiro: Rocco, 1994.

LEVY, Pierre. **Cibercultura**. Tradução de Carlos Irineu da Costa. São Paulo: Editora 34, 1999.

LOURO, Guacira Lopes. **Um corpo estranho**: ensaios sobre sexualidade e teoria queer. 2. ed. Belo Horizonte: Autêntica, 2016. 92 p.

LUPTON, Deborah. Corpos, prazeres e práticas do eu. **Educação & Realidade**, Porto Alegre, v. 2, n. 25, p. 15-48, jul./dez. 2000.

MAGNUS, Dilan. **Influenciadores da Prevenção**: representações de masculinidades de pessoas vivendo com hiv/aids no instagram. 2022. 178 f. Dissertação (Mestrado em Educação) – Programa de Pós-Graduação em Educação, Universidade Luterana do Brasil, Canoas, 2022.

MEYER, Dagmar Estermann. Abordagens pós-estruturalistas de pesquisa na interface educação, saúde e gênero: perspectiva metodológica. *In*: MEYER, Dagmar

Estermann; PARAÍSO, Marlucy Alves. **Metodologias de pesquisas pós-críticas em educação**. 3. ed. Belo Horizonte: Mazza Edições, 2022. p. 49-64.

PARKER, Richard; AGGLETON, Peter. **Estigma, discriminação e AIDS**. Rio de Janeiro: Associação Brasileira Interdisciplinas de Aids, 2021.

PELÚCIO, Larissa Maués. **Nos Nervos, na Carne, na Pele**: uma etnografia sobre prostituição travesti e o modelo preventivo de aids. 2007. 312 f. Tese (Doutorado em Antropologia) – Universidade Federal de São Carlos, São Carlos, 2007.

REIS, Cristina D'ávila. O uso da metodologia queer em pesquisa no campo do currículo. *In*: MEYER, Dagmar Estermann; PARAÍSO, Marlucy Alves. **Metodologias de pesquisas pós-críticas em educação**. 3. ed. Belo Horizonte: Mazza Edições, 2021. Cap. 11, p. 245-262.

SALES, Shirlei Rezende. Etnografta+netnografta+análise do discurso: articulações metodológicas para pesquisar em educação. *In*: MEYER, Dagmar Estermann; PARAÍSO, Marlucy Alves (org.). **Metodologias de pesquisas pós-críticas em educação**. 3. ed. Belo Horizonte: Mazza Edições, 2021. p. 113-134.

SANTOS, Luis Henrique Sacchi dos. **Biopolíticas de HIV/AIDS no Brasil**: uma análise dos anúncios televisivos das campanhas oficiais de prevenção; 1986-2000. 2002. 312 f. Tese (Doutorado em Educação) – Universidade Federal do Rio Grande do Sul, Porto Alegre, 2002.

SEDGWICK, Eve Kosofsky. A epistemologia do armário. **Cadernos Pagu**, Campinas, v. 1, n. 28, p. 19-54, jan. 2007.

SIBILIA, Paula. **O show do eu**. Rio de Janeiro: Contraponto, 2016. 356 p.

SILVA, Jeane Felix da. **"Quer teclar?"**: aprendizagens sobre juventudes e soropositividades através de bate-papos virtuais. 2012. 22 f. Tese (Doutorado em Educação) – Programa de Pós-Graduação em Educação, Universidade Federal do Rio Grande do Sul, Porto Alegre, 2012.

SIMÕES, Júlio Assis. Gerações, mudanças e continuidades na experiência social da homossexualidade masculina e da epidemia de HIV-Aids. **Sexualidad, Salud y Sociedad**, Rio de Janeiro, n. 29, p. 313-339, ago. 2018.

SONTAG, Susan. **Doença como metáfora**: AIDS e suas metáforas. São Paulo: Companhia das Letras, 2007.

ZAGO, Luiz Felipe. **Os meninos**: corpo, gênero e sexualidade em e através de um site de relacionamentos na internet. 2013. 331 f. Tese (Doutorado em Educação) – Universidade Federal do Rio Grande do Sul, Porto Alegre, 2013.

ZAGO, Luiz Felipe; GUIZZO, Bianca Salazar; SANTOS, Luís Henrique Sacchi dos. Problematizações éticas: inquietudes para a pesquisa em educação com gênero e sexualidade. **Revista Inter Ação**, Goiânia, v. 41, n. 1, p. 189-211, jan. 2016.

CAPÍTULO 4

LITERATURA VIRTUAL LÉSBICA: CAMINHOS DE PESQUISA NO WATTPAD E AMAZON KINDLE

Ana Gabriela da Silva Vieira
Marcio Caetano

Introdução

No contexto da cibercultura, o livro assume outros formatos que não o modelo impresso em papel. Embora muitas pessoas argumentem que a leitura em tela não se compara aos livros tradicionais, ressaltando a alegria do cheiro das folhas e do peso das brochuras, não se pode negar que outras formas de ler e escrever vêm ganhando espaço. Já não é nada incomum ver alguém lendo através das telas do notebook, do smartphone e até mesmo dos dispositivos *e-readers*, feitos especificamente para a leitura, com funções como ajuste de luz, tamanho das letras e modelo da fonte.

Não só a leitura ganha outras características no ciberespaço, como os processos de escrita e de publicação de livros também o fazem. Se, anteriormente, era necessário que um escritor ou escritora enviasse seu manuscrito para alguma editora que se interessasse em publicá-lo (em alguns casos, tendo que arcar com altos custos de publicação) e ainda precisasse negociar com livrarias para a venda dos livros, atualmente, é possível fazer todo o processo de editoração, publicação e venda no ciberespaço, com custos bastante baixos.

Isso permite certa democratização da leitura — a partir do acesso a *e-books* por preços baixos e/ou por serviços de *streaming*[16] de leitura ou até mesmo acesso gratuito a alguns livros em determinadas plataformas digitais — e, também, democratização da escrita e da publicação. Escritoras e escritores conseguem publicar suas obras com pouco ou nenhum recurso financeiro para tal, de forma independente dos selos editoriais. Compreendemos que isso representa uma ampliação significativa da circulação de livros com conteúdo LGBTI+[17], que não costumam encontrar o mesmo espaço no mercado editorial em comparação a obras de literatura heterossexual.

Em nossa pesquisa, propusemos um olhar para a literatura virtual lésbica, observando obras literárias publicadas em duas plataformas digitais de leitura: o site e/ou aplicativo Wattpad (gratuito) e o aplicativo Amazon Kindle (pago). Ambas as plataformas foram estudadas e, nelas, foram selecionados livros de literatura lésbica, nos quais o amor lésbico tinha relevância central no enredo.

---

[16] Uma plataforma de *streaming* permite que o usuário ou usuária, por meio de um plano de assinatura, tenha acesso a materiais como livros, músicas, filmes ou séries.

[17] A sigla LGBTI+ indica pessoas lésbicas, gays, bissexuais, trans, intersexo e outras identidades fora da cis-heteronormatividade. Há outras formas de escrever essa sigla, com mais ou menos letras indicando cada pertencimento identitário.

Os objetivos de nossa investigação foram os de "problematizar os discursos da literatura virtual na medida em que são produtivos de modos a vivenciar o amor lésbico, entendido como sinônimo de amor entre mulheres", bem como "refletir acerca das pedagogias da literatura virtual a partir de textos literários lésbicos das plataformas Wattpad e Amazon Kindle" (Vieira, 2023, p. 17)[18].

Sendo assim, em um primeiro momento, este artigo buscará explicitar o referencial teórico-metodológico que embasou nossa pesquisa, a partir das noções de cibercultura, ciberespaço e literatura virtual, de forma relacionada às características específicas das supracitadas plataformas digitais com as quais trabalhamos. Em seguida, abordaremos os procedimentos metodológicos de seleção, leitura e análise dos materiais, à medida que realizamos nossa pesquisa.

Wattpad, Amazon Kindle e o livro na cibercultura

Ao pensar cibercultura, Lévy (2010) traça uma relação com o conceito de ciberespaço, que seria o espaço de comunicação proveniente dos sistemas de comunicação eletrônicos, que estabelecem uma interconexão a nível mundial. O ciberespaço seria um espaço de desordem, um espaço sem centro. Ao mesmo tempo que tende ao universal, pois se amplia globalmente e continuamente, não é passível de totalização — e esse paradoxo constituiria justamente a cibercultura.

Assim, toda obra que faz parte da cibercultura (neste artigo, falamos especificamente de textos literários, mas poderia ser qualquer outro tipo de arte) "atinge uma certa forma de universalidade por presença ubiquitária na rede, por conexão com outras obras e copresença, por abertura material" (Lévy, 2010, p. 149), mas, ao mesmo tempo, existe uma tendência à destotalização, dado o caráter inacabado e de constante metamorfose das obras da cibercultura.

Santaella (2019) vai em direção semelhante quando defende que a cibercultura são as formas de linguagem que emergem no ciberespaço, que, por sua vez, é o espaço das redes, dados e informações, um espaço que está em constante ampliação, aumentando de forma ilimitada. Para Santaella (2021), houve determinada confusão no meio acadêmico a respeito do que seria o ciberespaço, visto como um espaço digital separado do espaço físico, de modo que ora a pessoa estaria em um, ora em outro.

---

[18] A referida pesquisa culminou na Tese de Doutorado em Educação, defendida em 2023 no Programa de Pós-Graduação em Educação da Universidade Federal de Pelotas por Ana Gabriela da Silva Vieira sob orientação do Prof. Dr. Marcio Caetano.

Porém, com os dispositivos móveis, essa separação entre o indivíduo que está no espaço físico ou no digital não pode mais ser mensurada, em virtude de estarmos continuamente conectados à internet. A autora argumenta, nesse sentido, que o ciberespaço não é o aparelho eletrônico, um dispositivo como o computador, o tablet ou o smartphone, e sim o espaço informacional. O ciberespaço que temos hoje seria um espaço híbrido, "um novo tipo de espaço que combina o físico e o digital em ambientes sociais criados pela mobilidade dos usuários conectados via aparelhos móveis de comunicação" (Santaella, 2021, p. 87).

Santaella (2003) provocou-nos a pensar nas transformações históricas que nos trazem até a contemporaneidade, cuja formação cultural está ligada ao ciberespaço. No curso da história, houve formações culturais voltadas para a oralidade, para o manuscrito, para a escrita impressa, bem como outras formas de mídia, como rádio e televisão.

Nesse contexto, a autora argumenta que temos a emergência de uma cibercultura. Para a autora, a cibercultura, assim como as outras formas de formação cultural, é necessariamente humana. Assim, "não há uma separação entre uma forma de cultura e o ser humano. Nós somos essas culturas, elas moldam nossa sensibilidade e a nossa mente" (Santaella, 2003, p. 30).

Lançar um olhar problematizador para o lugar da leitura, da escrita e dos textos literários na cibercultura provoca questionamentos e reflexões. Porto e Santos (2019) apontam que o leitor, na lógica da cibercultura, é ubíquo — na medida em que está conectado com o mundo e, ao mesmo tempo, não precisa se movimentar fisicamente por esse mundo, visto que a conexão se dá a partir de um aparelho eletrônico.

Para as autoras, nesse sentido, a leitura passa a ser caracterizada pela interação com o conteúdo, pelo acesso a textos por meio de outros textos e pelo contato com múltiplos livros a partir de um único dispositivo. Assim, o que elas chamam de "novo leitor" é um indivíduo que "lê, anota, pinta e borda, tudo no dispositivo de leitura. Ele pesquisa, corrige, compartilha, confere, discute junto com outros leitores sem sair do lugar e sem precisar estar fisicamente perto deles" (Porto; Santos, 2019, p. 34).

Em sentido semelhante, Santaella (2021) aponta para um modo de ler que é novo, dado que

> O ambiente digital é altamente flexível com múltiplas camadas variantes n-dimensionais de leitura e habilidades polivalentes para entrar, alterar, emendar e sair de um texto de modo não

> linear, saltar para um gráfico, um mapa, uma animação, um vídeo, tudo isso acompanhado de sim, enfim, uma atividade que demanda mudanças dramáticas nos hábitos de leitura (Santaella, 2021, p. 27).

Isso pois, conforme a mesma autora, o ciberespaço está ligado a um hibridismo cultural no qual estão presentes o texto escrito, o audiovisual e as telecomunicações. Assim, um livro no ciberespaço é multilinear, é conectado a uma rede que o leva a outros textos. Gostaríamos de exemplificar essa questão com a plataforma Wattpad.

Ao longo dos capítulos de seu livro, a pessoa que escreve no Wattpad pode disponibilizar imagens e até links de vídeos que estão alocados em outras plataformas digitais, como o YouTube. O(a) leitor(a), clicando na página do(a) autor(a) de um livro pelo qual ele/ela se interessou, encontra, muitas vezes, não apenas os outros livros daquela pessoa, mas também uma página de links que leva às redes sociais do(a) escritor(a), como Instagram, TikTok etc.

Para melhor dar conta das especificidades das plataformas de leitura com as quais pesquisamos, gostaríamos de traçar algumas considerações sobre ambas: o Wattpad e o Amazon Kindle.

O Wattpad é uma plataforma de leitura gratuita que pode ser acessada através de seu site ou do seu aplicativo para smartphones e tablets. O(a) usuário(a) do Wattpad precisa criar uma conta, fornecendo e-mail e senha e criando um nome de usuário(a); assim, é feito um perfil na plataforma, que funciona como uma espécie de rede social, pois é possível incluir foto ou imagem de perfil e uma descrição sobre si mesmo(a), além de seguir e ser seguido(a) por outras pessoas que fazem uso da plataforma.

Na página de uma das autoras cujo livro foi analisado em nossa pesquisa, por exemplo, encontramos alguns dados da usuária. É informado que a autora M. R. Fernandes tem 22 livros publicados no Wattpad e conta com 2,72 mil seguidores(as). Na descrição, a autora coloca:

> Olá, sou conhecida com o pseudônimo de M. R. Fernandes, uma autora mineira nascida na década de 90 sob o signo de capricórnio. Desde cedo, sempre tive uma grande paixão pela escrita e comecei a desenvolver pequenos textos aos 13 anos, que eram compartilhados apenas com amigos próximos. Em 2012, publiquei a minha primeira história sáfica na internet, o que me proporcionou um grande alcance e um retorno bastante positivo por parte do público. Desde então conti-

nuei a explorar o universo da literatura LGBTQ+, buscando sempre trazer visibilidade para a diversidade, abordar tabus e assuntos polêmicos em minhas obras[19].

No perfil de M. R. Fernandes, também aparecem suas duas listas de leitura, constando livros que ela já leu ou deseja ler. O(a) usuário(a) do Wattpad pode criar quantas listas de leitura quiser, separadas por temas, gostos pessoais etc., dando a cada lista o título que desejar e incluindo nela todos os livros que julgar necessário. As pessoas que seguem esse(a) usuário(a) terão acesso não apenas às suas listas de leitura, mas também às mensagens escritas que cada usuário(a) pode postar em seu próprio perfil, divulgando livros ou simplesmente interagindo com as pessoas que o(a) seguem. Muitas vezes, a literatura é o tema central dos diálogos entre usuários(as) e seguidores(as) na plataforma.

Exemplificamos a questão com uma situação na qual uma escritora publica um desabafo em seu perfil e recebe apoio das seguidoras. Ao não postar um novo capítulo de um de seus livros na data que tinha combinado com suas leitoras e leitores, a autora publicou: "Gente, sei que estou atrasada com as atualizações de Todas as partes de nós [nome do livro]. Sinto muito mesmo, mas não estou conseguindo dar conta de tudo na minha vida pessoal. A partir da semana que vem as coisas vão ficar mais tranquilas e juro que compenso vocês!". A essa mensagem, duas de suas seguidoras responderam "não se preocupe, fique bem, nós esperamos por você" e "fique tranquila e faz tudo no seu tempo ok?"[20].

Muitos(as) usuários(as) da plataforma Wattpad são apenas leitores(as), não publicando nenhum texto literário. Esses leitores(as) podem buscar histórias que correspondam ao seu gosto individual, navegando nas categorias que a plataforma oferece: Aventura, Ação, Clássico, Conto, Espiritual, *Fanfic*, Fantasia, Ficção Adolescente, Ficção Científica, Ficção Geral, Ficção Histórica, Humor, Literatura Feminina, Lobisomens, Mistério, Não Ficção, Paranormal, Poesia, Romance, Suspense, Terror, Vampiros e "Outros Gêneros".

Ao publicar uma história na plataforma, o(a) usuário(a) faz um cadastro do livro, incluindo seu título, sua sinopse, palavras-chave por meio das quais o livro pode ser encontrado no mecanismo de busca da

---

[19] Página da autora M. R. Fernandes no Wattpad. Disponível em: https://www.wattpad.com/user/mrfernandes. Acesso em: 20 dez. 2022.

[20] Essa interação ocorreu na página da autora Ana S. Vieira no Wattpad. Disponível em: https://www.wattpad.com/user/autoraanasvieira. Acesso em: 20 dez. 2022.

plataforma, além de informar se o conteúdo é restrito para maiores de 18 anos ou não (apesar de ter esse aviso nas histórias com conteúdo sexual e/ou violento, não há nenhuma estratégia por parte da plataforma que restrinja o acesso a essas obras). É comum, também, a inclusão de uma imagem que servirá como capa para o livro — sendo uma plataforma gratuita, na qual as obras são publicadas sem fins lucrativos, é frequente o uso de imagens de pessoas famosas e/ou imagens tiradas da internet, sem preocupação com direitos de imagem.

Na página de um livro, é possível ver se a história está completa, qual a quantidade de visualizações que o livro já teve, a quantidade de capítulos e o número de votos que esses capítulos receberam. O(a) escritor(a) publica seu livro capítulo a capítulo, sendo comum que faça isso aos poucos, com atualizações periódicas na história. A qualquer momento, o(a) escritor(a) pode excluir capítulos, incluir novos ou editar os capítulos já publicados — isso dá ao livro uma dimensão de acontecimento, dado que o livro pode ser todo ou parcialmente excluído e/ou modificado em alguns instantes.

Outra característica da leitura na plataforma Wattpad é a interatividade, pois é possível que o(a) usuário(a) comente nos capítulos e até em cada parágrafo de um capítulo do livro que está lendo. Se olharmos para o excerto de uma história publicada na plataforma, ao lado dos parágrafos, haverá pequenos balõezinhos que indicam o número de comentários que determinado parágrafo recebeu. Clicando nesse balão, todo(a) usuário(a) pode ler os comentários de outros(as) leitores(as) e até respondê-los.

A plataforma Amazon Kindle não tem a mesma interatividade que o Wattpad, mas ainda confere aos livros publicados características de uma literatura publicada no ciberespaço. O Amazon Kindle é um aplicativo de leitura que pode ser baixado em smartphones e tablets, ou funcionar no dispositivo *e-reader* da Amazon que também recebe o nome de Kindle. A Amazon é uma grande empresa multinacional de tecnologia, focada no comércio digital e em variados serviços de *streaming*. O site da Amazon permite a compra de uma série de produtos de vendedores variados, desde livros até cosméticos, eletrodomésticos, aparelhos eletrônicos, peças de vestuário, entre outros.

É através do site da Amazon que o(a) usuário(a) pode comprar *e-books*, porém o acesso e a leitura desse livro digital ocorre no aplicativo Amazon Kindle. Além da compra de *e-books*, a Amazon oferece o serviço de *streaming* Kindle Unlimited, que permite que o(a) assinante pegue *e-books* emprestados, leia-os e, em seguida, devolva-os para poder pegar outros emprestados. Esse serviço é acessado mediante um pagamento mensal feito pelo(a) assinante. O(a) autor(a) do livro recebe o pagamento referente a uma porcentagem dos *e-books* vendidos ou um valor por página lida no caso de seu livro ser pego emprestado e lido pelo Kindle Unlimited.

No site da Amazon, quando se clica em um *e-book* à venda, o(a) usuário(a) com o plano de assinatura do serviço de *streaming* Kindle Unlimited pode escolher entre ler gratuitamente o livro — que terá de ser devolvido quando o(a) usuário(a) atingir o número máximo de *e-books* que podem ser pegos emprestados concomitantemente — ou comprar o *e-book* e tê-lo de forma permanente em sua biblioteca individual do Amazon Kindle. Nessa biblioteca, o(a) usuário(a) tem acesso a todos os *e-books* que comprou e/ou pegou emprestado. No mecanismo da parte inferior da tela, há um ícone designado como "explorar", a partir do qual o(a) usuário(a) poderá conhecer outros *e-books* que estão à venda e receber recomendações baseadas em suas leituras.

No decorrer da leitura, o(a) usuário(a) pode destacar os excertos do livro que mais o(a) interessaram e ver os trechos mais destacados por outros(as) leitores(as); além disso, ao finalizar a leitura, é possível classificar a obra com uma a cinco estrelas e deixar uma avaliação escrita sobre o livro que pode ser lida por outros(as) usuários(as).

O(a) escritor(a), para colocar seu livro à venda, precisa acessar uma terceira plataforma que não é nem o site de *e-commerce* da Amazon nem o aplicativo Amazon Kindle. Trata-se da Kindle Direct Publishing, que permite que escritores(as) publiquem e coloquem à venda *e-books* e livros impressos, de forma gratuita e independente de selos editoriais. Na plataforma, o(a) autor(a) irá inserir o documento contendo o texto de sua obra, a imagem de capa (neste caso, é preciso estar atento(a) aos direitos de imagem), a sinopse, as categorias nas quais o livro está inserido (como romance, fantasia, ficção científica etc.), o preço e se deseja cadastrar o livro no programa que permite que ele seja pego emprestado por assinantes do Kindle Unlimited.

Assim como no Wattpad, o(a) escritor(a) também pode criar uma página na qual estarão vinculados todos os seus livros e inserir detalhes sobre si mesmo(a) que deseja contar aos(às) leitores(as). Para exemplificar a questão, trazemos o caso da página da autora Léo Gumz, uma das escritoras cujo livro foi analisado em nossa pesquisa.

Em sua página, a autora inseriu a seguinte descrição:

> Léo Gumz cresceu lendo suspenses e romances e sempre sentiu falta de se encontrar nas páginas de vários de seus livros preferidos, imaginando como cada um deles seria com duas mocinhas no lugar do casal principal. Por isso, quer colocar no mundo palavras que contemplem mulheres lésbicas e bissexuais que, assim como ela, sentem falta dessa identificação. Apenas para Garotas é seu primeiro romance sáfico, mas muitos outros estão a caminho. Siga a autora no instagram para acompanhar as novidades[21].

Abaixo da descrição, vê-se uma mensagem para que os(as) leitores(as) a acompanhem na rede social Instagram e também ficam listados os livros da autora. Assim, ao ler um livro a partir do aplicativo Amazon Kindle, o contexto do ciberespaço pode te levar à página da autora, a outros livros dela e até mesmo a uma rede social fora da plataforma.

Na Amazon, a qualquer momento, o(a) escritor(a) pode fazer modificações em sua história, inserindo um novo arquivo com o texto escrito e/ou alterando a imagem de capa. As alterações feitas pelo(a) escritor(a) aparecem para todos(as) que tiverem comprado ou pego emprestado o *e-book*, de forma que — assim como no caso do Wattpad — há a possibilidade de atualização constante do livro.

Literatura virtual lésbica

Quando pensamos o conceito de literatura virtual, do qual iniciamos para a hipótese de nosso tema de pesquisa, não levamos em conta apenas o suporte, de forma a reduzir a literatura virtual àquela que é acessada a partir de dispositivos eletrônicos. É em parte isso, mas não apenas isso. Levamos em conta as discussões filosóficas sobre virtualidade a partir de Lévy (2011), que aponta para um entendimento da palavra "virtual" pela filosofia que remonta séculos antes do surgimento da internet. Assim, aponta o autor, o virtual seria "o que existe em potência e não em ato" (Lévy, 2011, p. 15), é o que está em atualização constante.

Não há, portanto, na visão do autor, uma oposição filosófica entre real e virtual, mas entre virtual e atual. O termo virtual, nesse sentido, no conceito "literatura virtual" que pensamos aqui, parte deste entendimento: o virtual como atualização, transformação, deslocamento. A literatura por si só já carrega essa característica. Para Lévy (2011), as diferentes leituras

---

[21] Página da autora Léo Gumz no site da Amazon. Disponível em: https://www.amazon.com.br/L%C3%A9o-Gumz/e/B09N1NQGYK/ref=dp_byline_cont_ebooks_1. Acesso em: 20 dez. 2022.

nada mais fazem do que atualizar o texto. O sentido não é algo que está lá, fixo e colocado nas páginas de um livro, para ser absorvido por quem quer que leia. O sentido do texto é atualizado constantemente na leitura, estabelecendo uma série de relações com outros textos.

Outro autor a apontar para o caráter virtual da literatura é Foucault (2015)[22]. Para ele:

> Escrever, para a cultura ocidental, seria inicialmente se colocar no espaço virtual da autorrepresentação e do redobramento: a escrita significando não a coisa, mas a palavra, a obra de linguagem não faria outra coisa além de avançar mais profundamente na impalpável densidade do espelho, suscitar o duplo deste duplo que já é a escrita (Foucault, 2015, p. 50).

Assim, a escrita não seria algo que visa uma representação da dita realidade, não fala de algo que já está posto no mundo e que irá apenas ser descrito. A escrita, nos primeiros textos de Foucault, será um constante redobramento, duplicação. A linguagem que representa a si mesma sem ter um referente fixo, de forma que continuamente se desloca, altera-se.

Em um outro texto[23], ao conceber o que seria a literatura, Foucault (2016) afirma que a literatura "em si mesma é uma distância aberta no interior da linguagem, uma distância incessantemente percorrida e que nunca é realmente transposta; enfim, a literatura é uma espécie de linguagem que oscila sobre si mesma, uma espécie de vibração no mesmo lugar" (Foucault, 2016, p. 82).

Nesse sentido, cada livro, cada texto literário, seria uma parte da literatura. Trazendo alguns textos de ficção, Foucault (2016) aponta que neles existiria um espaço virtual, um espaço de constante troca entre eles mesmos e a literatura. Isso pois nenhum texto literário existe deslocado da literatura, mas em contínua troca com os outros textos literários que fazem parte dela.

Ao nosso ver, todas essas questões filosóficas que aproximam a literatura da virtualidade se aprofundam e ganham novos sentidos quando pensamos na literatura existente no ciberespaço. Se a literatura, por si só, já se atualiza em cada leitura; a literatura no ciberespaço tem essa contínua atualização

---

[22] Fazemos referência ao texto *A linguagem ao Infinito*, publicado originalmente com o título *Le langage à l'infini*, na revista *Tel quel*, n. 15, no ano de 1963. No Brasil, a tradução foi publicada no terceiro volume da coletânea *Ditos e Escritos*, organizada por Manoel Barros da Motta.

[23] Trata-se de uma conferência feita em duas sessões nas Facultés Universitaires Saint-Louis, na cidade de Bruxelas. A conferência foi nomeada *Linguagem e Literatura* e realizada no ano de 1964. A transcrição foi publicada no livro *A grande estrangeira: sobre a literatura*, organizado por Philippe Artières, Jean-François Bert, Mathieu Potte-Bonneville e Judtih Revel.

potencializada, dado que os(as) leitores(as) podem destacar, comentar, avaliar o texto, dialogando com outros(as) leitores(as) e até com o(a) autor(a), que, por sua vez, pode modificar o texto com a frequência que desejar.

Se a literatura, por si só, já parte da noção de que os textos literários estão em conexão, essa conexão é potencializada no ciberespaço quando, ao ler o texto de determinado(a) autor(a), meros cliques me levam aos outros livros dessa pessoa ou livros semelhantes de outros(as) autores(as) que tratam do mesmo tema. Muitas vezes, facilmente nos deslocamos entre as plataformas digitais de leitura e outras plataformas on-line, como as redes sociais, recebendo indicação de textos e conversando com outros(as) leitores(as) interessados(as) no mesmo tipo de livro. A literatura virtual da qual falamos, portanto, recebe o qualificador "virtual" por sua potência enquanto literatura e enquanto texto situado no ciberespaço, no qual a desterritorialização e a atualização são aprofundadas.

Outra característica dessa literatura que emerge no ciberespaço, como aponta Neves (2014), é que é uma literatura reinventada e pensada fora do cânone literário e fora do mercado editorial. Ela constrói-se em formas diversas, desde

> [...] os videopoemas à reconstrução de obras já institucionalizadas, como é o caso de algumas fanfics, do mais simples poema em um blog ao primeiro livro em pdf de um escritor anônimo que não teve a oportunidade em uma editora convencional. Dessa forma, na internet, produz-se e abre-se para o mundo sob a forma de divulgação, nota-se, por exemplo, alguns livros literários que inicialmente foram lançados e disponibilizados em pdf de forma gratuita e, depois de constatada uma determinada quantidade de *downloads*, passaram a ser colocados à venda, usando-a como meio de divulgação (Neves, 2014, p. 82).

Podemos exemplificar essa questão com o caso de uma das pessoas que assinam esse texto. A pesquisadora é, também, escritora de livros de literatura na internet. Inicialmente, sua trajetória como escritora se deu em plataformas que tinham grande foco na veiculação de *fanfics*[24], que são muito comuns no ciberespaço. Na adolescência, a autora escreveu e participou de comunidades de *fanfics*.

---

[24] Fanfic é "abreviação do termo em inglês *fan fiction*, ou seja, ficção criada por fãs, no ciberespaço (blogs e comunidades virtuais), de forma individual ou coletiva. Trata-se de contos ou romances (re)escritos por terceiros, que não fazem parte do enredo oficial do livro, filme ou história em quadrinhos a que fazem referência. Uma das características que une essas expressões culturais e outras relacionadas à cultura participatória é o desejo de se expandir universos ficcionais sem o intuito de lucro" (Neves, 2014, p. 108-109).

Posteriormente, publicou histórias com personagens/universos próprios, mas de forma gratuita, somente com o intuito de compartilhar aquilo que escrevia. Hoje em dia, seus livros são publicados em uma plataforma digital que permite a venda dos seus *e-books*. Em seu contato com outras escritoras e escritores que publicam de forma independente na internet, foi possível verificar que a sua trajetória é semelhante à de muitas outras pessoas.

Assim, é possível compreender que o ciberespaço permite a veiculação e a venda de textos literários que muito provavelmente não poderiam circular de outra forma ou que não alcançariam a mesma quantidade de leitores(as) se tivessem sido publicados no tradicional formato impresso. Nesse sentido, é possível ir ao encontro de Neves (2014) quando o autor pontua que o ciberespaço se constitui como possibilidade para que se produza e se divulgue uma cultura marginal, uma literatura que se afasta das normativas de uma literatura hegemônica, aproximando-se do que Deleuze e Guattari (2021) entendem como "literatura menor".

Em nossa pesquisa, também nos aproximamos do conceito de literatura menor de Deleuze e Guattari (2021), não apenas por se tratar de uma literatura produzida no ciberespaço, mas por se tratar de uma literatura lésbica. Aqui, por literatura lésbica, estamos entendendo uma literatura escrita por mulheres e que abarcam o tema da lesbianidade, do amor lésbico, das experiências amorosas, afetivas e/ou sexuais entre mulheres.

Conforme aponta Rich (2019)[25], a existência lésbica "compreende tanto a quebra de um tabu quanto a rejeição de um modo de vida compulsório" (Rich, 2019, p. 66). Ao dizer isso, a autora está desnaturalizando a heterossexualidade e denunciando o quanto a experiência heterossexual é de certa forma compulsória para as mulheres, pois somos educadas e estimuladas a amar os homens. Assim, a literatura lésbica tem um potencial de desestabilizar normativas de gênero e sexualidade que funcionam em nossa sociedade.

Em sua pesquisa, ao tratar do tema da literatura lésbica, Facco (2004) traça seu argumento nesse sentido, propondo que nas obras de ficção operam tecnologias de gênero e, ao olhar para algumas obras de literatura lésbica, aponta que a constituição discursiva desse sujeito "lésbica" faz parte desses textos literários. Isso não quer dizer, no entanto, a afirmação de um único

---

[25] Adrienne Rich é teórica estadunidense cujas contribuições são significativas para pensar o feminismo lésbico. A obra referida foi publicada originalmente em 1979.

modo de ser lésbica. Outra autora que estuda o tema, Polesso (2020), argumenta que é possível olhar para a pluralidade da literatura lésbica, no sentido de entender sua polissemia e os múltiplos significados e vivências lésbicas.

Ao pensar a literatura lésbica no Brasil, Facco (2004) aponta que se deparou com livros que objetivam dar às lésbicas possibilidades de identificação que seriam "positivas". A autora fala de textos literários compreendidos como *lesbian pride*, ou seja, "textos que tentam fazer as leitoras sentirem orgulho e não vergonha de sua homossexualidade" (Facco, 2004, p. 51). Os textos que analisamos em nossa pesquisa vão nesse sentido. Grande parte das personagens tem sua sexualidade bem resolvida e outra marca dos livros de romance lésbico publicados na internet é que os "finais felizes" — nos quais o casal de mulheres protagonistas permanece em um relacionamento amoroso — são majoritários.

Tendo traçado essas considerações sobre a literatura lésbica, pensamos poder aproximá-la — como já mencionado — do conceito de literatura menor de Deleuze e Guattari (2021). Para os autores, a primeira característica de uma literatura menor é a desterritorialização da língua. A língua portuguesa é, historicamente, uma língua colonizadora que impôs sua hegemonia nas terras que vieram a se chamar Brasil.

Apontamos que esse idioma está atrelado a uma cultura heteronormativa e patriarcal que se constituiu no ocidente no decorrer dos séculos e que foi importada para o continente América no processo histórico do colonialismo. Pensar em uma literatura virtual lésbica brasileira — como fizemos em nossa pesquisa — é pensar, sobretudo, uma literatura que está fora do cânone literário. Além disso, trata-se de um uso feminista e lésbico desse idioma, desterritorializando-o.

A literatura menor, na perspectiva de Deleuze e Guattari (2021), também possui "a ligação do individual no imediato político" e "o agenciamento coletivo da enunciação" (Deleuze; Guattari, 2021, p. 39). Assim, para os autores, "a literatura exprime esses agenciamentos, nas condições em que eles não estão dados fora dela, e em que eles existem somente como possibilidades diabólicas porvir, ou como forças revolucionárias a construir" (Deleuze; Guattari, 2021, p. 39).

Assim, sendo as lésbicas uma minoria social e política alvo de preconceitos e agressões, a reivindicação do amor lésbico feita nesses textos literários tem um caráter político significativo. Além disso, justamente nessa medida em que é político, é também coletivo. A literatura lésbica está composta de livros que falam da existência lésbica, atrelando-se à experiência de muitas mulheres. Mais: tratando-se dessa literatura virtual, na qual a autoria ganha certa difusão, as enunciações que compõem o livro são muito menos vinculadas ao nome da escritora (enquanto indivíduo) do que ao coletivo.

A partir das compreensões já debatidas sobre a cibercultura, as plataformas de leitura Wattpad e Amazon Kindle e a nossa concepção de literatura virtual lésbica é que traçamos nossos caminhos metodológicos de pesquisa, dos quais trataremos a seguir.

Como operamos?

Para discutir a literatura virtual de temática lésbica, uma das nossas primeiras decisões foi aceitar o caráter dinâmico desses textos literários e das plataformas nas quais eles estão inseridos. Nosso primeiro passo foi o processo de seleção dos textos, que lançou mão dos recursos de busca que cada plataforma tem.

Na plataforma Wattpad, buscou-se a palavra-chave "lésbica". Utilizamos um recurso da plataforma que permite filtrar os resultados encontrados em uma busca, optando por ver apenas histórias que já estivessem concluídas. Também utilizamos como critério o tamanho das histórias, para manter um padrão nas obras analisadas na pesquisa. O Wattpad não fornece ao leitor o número de páginas, apenas o número de capítulos, de forma que usamos um outro recurso da plataforma que permitiu alcançar como resultados apenas histórias que ficassem entre 10 e 20 capítulos.

A partir desses mecanismos de seleção próprios da plataforma digital, olhamos para os 100 primeiros resultados, fazendo uma triagem a partir dos critérios estabelecidos na pesquisa. Estabelecemos como critério os números de visualizações (informação que consta em todos os livros publicados na plataforma Wattpad), para escolher histórias com maior repercussão na plataforma. Esses dados, no entanto, são efêmeros. Tanto a ordem dos livros no mecanismo de busca do Wattpad quanto o número de visualizações desses livros podem mudar a cada minuto, de forma que a seleção dos textos partiu de um momento dentro desse ciberespaço que nunca se fixa e se transforma a todo instante.

Dentro dos nossos critérios de seleção dos textos, excluímos *fanfics* — dado que, nesse caso, teríamos que olhar para ao artefato cultural no qual a *fanfic* está baseada, o que mudaria o foco da pesquisa — e, também, histórias cujo foco não estava no romance (a partir da leitura das sinopses). Isso, pois há muitos contos eróticos na plataforma, focados apenas na questão sexual, e também há algumas histórias em que há uma protagonista lésbica, mas nas quais o enredo não trata do relacionamento amoroso dessa protagonista com outra mulher.

Outros dois critérios utilizados foram: histórias cujas autoras se identificavam em seus perfis como mulheres e histórias cujo enredo se passava no Brasil. Isso porque, frequentemente em países latino-americanos, consumimos livros, músicas, filmes e outros artefatos culturais importados do norte global. É comum, inclusive, nas plataformas digitais de leitura, que autores(as) brasileiros(as) publiquem histórias que se passam em contexto europeu ou estadunidense. Assim, foi nosso intuito de pesquisa valorizar textos literários ambientados em nosso país.

A partir dessa seleção, chegamos a cinco livros. Porém dois deles tinham problemas graves de coerência textual e sequência narrativa, dificultando bastante a análise. Cabe ressaltar que, como o Wattpad é uma plataforma na qual qualquer pessoa pode escrever e publicar gratuitamente, há muitos perfis cujos(as) usuários(as) apontam a própria idade e demonstram que são pré-adolescentes e adolescentes, estando ainda no decorrer de sua educação básica e, nesse sentido, apresentando algumas dificuldades de construção textual. O mesmo não acontece de forma tão demarcada na outra plataforma estudada (Amazon Kindle), pois os(as) escritores(as) precisam cadastrar dados pessoais como CPF, conta bancária etc., sendo mais comuns autores(as) adultos(as).

Ao final do processo de seleção, ficamos com três livros da plataforma Wattpad: 1. *Acasos da vida* (Fernandes, 2019), que conta a história de amor entre uma médica e uma enfermeira; 2. *30 dias com ela* (Larsen, 2022), que conta a história de duas adolescentes que se conhecem pela internet durante a pandemia de Covid-19; 3. *A afilhada* (Lorak, 2020), que conta a história de amor proibido entre uma afilhada e sua madrinha, que se reencontram após anos sem se ver, depois que a afilhada já está adulta.

A seleção dos livros na plataforma Amazon Kindle ocorreu de forma semelhante, levando em consideração alguns dos mesmos critérios utilizados na seleção feita no Wattpad, como enredos com foco na relação amorosa, ambientados no Brasil e cuja autora se identificasse como uma mulher. A plataforma Amazon Kindle tem um recurso (que pode ser acessado através do aplicativo ou do site da Amazon), que são os *rankings*. Quando um(a) escritor(a) coloca seu livro à venda, é preciso inseri-lo em categorias — uma das categorias possíveis era a de Romance Lésbico.

Ao entrar em uma categoria, o(a) usuário(a) pode acessar os 100 primeiros livros no *ranking* da categoria em questão — são aqueles que, no momento da busca, têm maior repercussão na plataforma, sendo mais vendidos, baixados, lidos e avaliados. Acessamos o *ranking* da categoria Romance Lésbico, analisando as sinopses para fazer a seleção dos textos literários levando em conta, além dos critérios já listados acima, o número de páginas. Assim, nós nos detivemos em obras que tivessem entre 100 e 200 páginas.

Outros dois critérios utilizados foram a exclusão de obras com selo editorial e de livros que não pudessem ser emprestados pelo serviço Kindle Unlimited. Isso, pois a intenção era olhar para uma literatura que emerge no ciberespaço a partir de autores independentes que não teriam espaço no mercado editorial de outra maneira — e não para versões em *e-book* de livros que já são best-sellers nas estantes das livrarias.

Ao final, chegamos a quatro livros: 1. *Apague a luz* (Azevedo, 2022), que conta a história de duas mulheres já casadas há alguns anos e que enfrentam problemas no relacionamento; 2. *Algo a mais* (Meziat, 2022), que é sobre duas adolescentes que são melhores amigas e se apaixonam uma pela outra; 3. *A garota dos meus sonhos* (Gumz, 2022), que conta a história de duas jovens mulheres no início da vida adulta, que se encontram em sonhos e nunca se viram pessoalmente; e 4. *Noturnas e Natalinas* (Landre, 2021), que conta a história de duas vampiras que vivem na mesma casa que abriga vários(as) vampiros(as), mas que não se dão bem (mas acabam se apaixonando).

A partir da seleção dos textos, passamos ao segundo passo, que foi a leitura e releitura das obras escolhidas para a pesquisa. Não utilizamos o recurso de fotografar a tela do celular a partir da ferramenta *screenshot* comum nos smartphones; optamos por realizar as leituras e o início do exercício de análise diretamente nas plataformas de leitura, acolhendo toda e qualquer metamorfose pela qual os textos possam ter passado no decorrer da pesquisa. Não chegamos a observar mudanças textuais feitas pelas autoras nesse período, mas elas podem ter ocorrido, visto que alterações de algumas palavras e construções de frase podem facilmente passar despercebidas.

A análise dos textos literários se deu a partir de uma compreensão deles como pedagogias culturais, que parte de um deslocamento do conceito de pedagogia, para ampliá-lo para além daquilo que é ensinado ou aprendido em instituições educacionais como a escola e a universidade. Falar de pedagogias culturais é falar de como aprendemos modos de ser e de nos comportar a partir dos diferentes artefatos culturais e midiáticos, como séries de televisão, filmes, músicas, redes sociais e — mais especificamente nesta pesquisa — a literatura virtual. Conforme Andrade (2014), há atualmente muitos "estudos dispostos a ampliar o entendimento sobre locais educativos e interessados em problematizar a produtividade dos artefatos culturais como artefatos que educam, que governam, que conduzem condutas" (Andrade, 2014, p. 10).

A compreensão dos textos de literatura virtual lésbica como pedagógicos está atrelada ao entendimento de que eles são constituídos de discursos nos quais funcionam tecnologias de poder que operam de modo a nos constituir enquanto sujeitos. Esse pressuposto parte de uma perspectiva teórico-metodológica pós-estruturalista, embasada sobretudo em procedimentos foucaultianos de análise discursiva.

Foucault (1972) compreende os discursos enquanto acontecimentos, analisando-os em sua historicidade — ou seja, considerando aquilo que é possível dizer dentro de determinado contexto histórico e social. Cada sociedade tem discursos que emergem, fortalecem-se e circulam, produzindo sujeitos e modos de se relacionar. Para o autor, os discursos são compostos de enunciados, que não devem ser analisados a partir da lógica ou da gramática. Enunciados não são estruturas linguísticas como uma frase ou um texto, mas são as funções (a nível discursivo) que possibilitam a existência dos atos de linguagem.

A partir dessa perspectiva teórica, foram identificados nos excertos dos livros o funcionamento de quatro enunciados acerca do amor lésbico, um que compreende o amor lésbico enquanto um amor erótico, carregado dessa potência ligada ao campo do desejo que ultrapassa a sua conotação sexual. Um segundo enunciado compreende o amor lésbico como um amor guerra, no qual as duas mulheres envolvidas buscam proteger a si mesmas e a seus sentimentos e, de certa forma, entrar em um jogo de conquista, até mesmo tomando posse uma da outra. Nesse sentido, vê-se uma relação aos discursos do amor romântico, vinculado à heteronormatividade.

Encontrou-se, também, o funcionamento de um enunciado no qual o amor lésbico é um amor trabalho, no qual existe um esforço de diálogo, empatia e companheirismo para fazer com que o relacionamento amoroso funcione e que as mulheres envolvidas se sintam felizes e realizadas. Por fim, percebemos também o funcionamento de enunciado no qual o amor lésbico é um amor de si, de forma que a mulher estabelece uma relação ética consigo mesma a partir da sua experiência lésbica com uma outra mulher.

Considerações finais

Esta pesquisa abarcou a potência da literatura virtual lésbica enquanto pedagógica, ensinando formas de amor lésbico. Os caminhos metodológicos levaram em consideração as especificidades dessa literatura, situada nesse espaço dinâmico e cheio de transformações constantes que é o ciberespaço. Acreditamos que nossa pesquisa contribui para os estudos de uma outra concepção de literatura, para além do cânone literário e da hegemonia dos grandes selos editorias; uma literatura que se prolifera enquanto artefato (ciber)cultural e permite a visibilidade de histórias de amor, desejo e companheirismo entre mulheres, operando algumas práticas de liberdade em relação ao heteronormativo.

Referências

ANDRADE, Paula Deporte de. Cultura e pedagogia: a proliferação das pedagogias adjetivadas. *In*: ANPED SUL, 10., 2014, Florianópolis. **Anais** [...]. Florianópolis: Udesc, 2014. p. 1-19.

AZEVEDO, Lara. **Apague a luz**. 2022.

DELEUZE, Gilles; GUATTARI, Felix. **Kafka**: por uma literatura menor. Belo Horizonte: Autêntica Editora, 2021.

FACCO, Lucia. **As heroínas saem do armário**: literatura lésbica contemporânea. São Paulo: Edições GLS, 2004.

FERNANDES, M. R. **Acasos da vida**. 2019.

FOUCAULT, Michel. **A Arqueologia do Saber**. Petrópolis: Vozes, 1972.

FOUCAULT, Michel. **Ditos e Escritos, v. III**: Estética: Literatura e Pintura, Música e Cinema. Rio de Janeiro: Forense Universitária, 2015.

FOUCAULT, Michel. **A grande estrangeira**: sobre a literatura. Belo Horizonte: Autêntica Editora, 2016.

GUMZ, Leo. **A garota dos meus sonhos**. 2022.

LANDRE, Luisa. **Noturnas e Natalinas**. 2021.

LARSEN, Vienna. **30 dias com ela**. 2022.

LÉVY, Pierre. **Cibercultura**. São Paulo: Editora 34, 2010.

LÉVY, Pierre. **O que é o virtual?**. São Paulo: Editora 34, 2011.

LORAK, N. **A afilhada**. 2020.

MEZIAT, Isabel. **Algo a mais**. 2022.

NEVES, André de Jesus. **Cibercultura e Literatura**: Identidade e Autoria em Produções Culturais Participatórias e na Literatura de Fã. Jundiaí: Paco Editorial, 2014.

POLESSO, Natalia Borges. Sobre literatura lésbica e ocupação de espaços. **Estudos de Literatura Brasileira Contemporânea**, Brasília, n. 61, p. 1-14, 2020.

PORTO, Cristiane; SANTOS, Edméa. O livro na cultura digital: entre os fios inovadores para conceber um novo formato de ler e escrever. *In*: PORTO, Cristiane; SANTOS, Edméa (org.). **O livro na cibercultura**. Santos: Editora Universitária Leopoldianum, 2019. p. 31-46.

RICH, Adrienne. **Heterossexualidade compulsória e existência lésbica & outros ensaios**. Rio de Janeiro: A Bolha Editora, 2019.

SALES, Shirlei Rezende. Etnografia+netnografia+análise do discurso: articulações metodológicas para pesquisar em Educação. *In*: MEYER, Dagmar Estermann; PARAÍSO, Marlucy Alves (org.). **Metodologias de Pesquisas Pós-Críticas em Educação**. Belo Horizonte: Mazza Edições, 2014. p. 113-133.

SANTAELLA, Lúcia. Da cultura das mídias à cibercultura: o advento do pós-humano. **Revista FAMECOS**, n. 22, p. 23-32, dez. 2003.

SANTAELLA, Lúcia. Cibercultura e livro: desfazendo equívocos. *In*: PORTO, Cristiane; SANTOS, Edméa (org.). **O livro na cibercultura**. Santos: Editora Universitária Leopoldianum, 2019.

SANTAELLA, Lucia. **Humanos hiper-híbridos**: linguagens e cultura na segunda era da internet. São Paulo: Paulus, 2021.

VIEIRA, Ana Gabriela da Silva. **Pedagogias do amor lésbico**: discursos da literatura virtual. 2023. Tese (Doutorado em Educação) – Programa de Pós-Graduação em Educação, Faculdade de Educação, Universidade Federal de Pelotas, Pelotas, 2023.

CAPÍTULO 5

YOUTUBE COMO CAMPO DE INVESTIGAÇÃO: PERCURSOS TEÓRICO-METODOLÓGICOS E APRENDIZAGENS COM UMA PESQUISA EM EDUCAÇÃO

Michele Priscila Gonçalves dos Santos
Roney Polato de Castro

Primeiros passos para iniciar o *mergulho* no campo de investigação

Este artigo é resultado de uma pesquisa de mestrado em educação (Santos, 2021), cujo foco recai sobre as pedagogias de gênero e sexualidade que circulam nos vídeos divulgados pelo *youtuber* Felipe Neto em seu canal no YouTube. O primeiro e importante destaque que fazemos é que a pesquisa surge de inquietações que partem do nosso vínculo com o campo da educação, o qual nos torna atenta/o para as pedagogias de nosso tempo. Assim, constatamos que *existe* e *acontece* pedagogia nos mais diversos espaços e produtos culturais, para além daqueles historicamente legitimados como *próprios* para ensinar, ou seja, a escola e a família.

Dentre os *lugares de aprendizagem* contemporâneos, destacamos as pedagogias dos artefatos culturais, as quais nos interpelam, participando da produção de quem somos, a partir de formas específicas de regulação social. Esses produtos culturais agem divulgando e reforçando representações, valores e comportamentos, ensinando-nos modos de vivenciar a cultura. Como argumenta Paula Andrade (2017, p. 14), os artefatos culturais "não apenas colocam em circulação saberes referentes a vários domínios da vida cotidiana", mas produzem saberes, condutas e práticas, possuindo a capacidade de "modelar nosso olhar", colaborando para a produção de nossas subjetividades.

Filmes, séries, novelas, programas de TV, propagandas, revistas, jornais, livros, músicas, vídeos, perfis de redes sociais e sites são alguns dos inúmeros exemplos de artefatos produzidos em nossa cultura, difundindo representações, valores, concepções que conduzem as condutas e estimulam os sujeitos que os consomem a olharem para si mesmos e se constituírem de determinados modos. Para enfatizar que a educação se produz em diversas relações, por meio de variados espaços e artefatos capazes de ensinar modos de ser, pensar e agir, utilizaremos o termo "pedagogias culturais", a partir do qual mapeamos e analisamos discursos que circulam nos artefatos e que podem nos ensinar sobre como ser e viver de acordo com os valores da nossa cultura.

Refinando nosso olhar, estabelecemos atenção às pedagogias da internet e aos modos como ela abriga instrumentos que atuam na constituição de sujeitos, "na medida em que produz imagens, significações, enfim, saberes que de alguma forma se dirigem à *educação* das pessoas, ensinando-lhes modos de ser e estar na cultura em que vivem" (Fischer, 2002, p. 153, grifo da autora). A internet faz parte das vidas de muitas pessoas. Sua expansão ocorrida nas últimas décadas possibilitou novas formas de interatividade, entretenimento e maior fluidez na troca de informações, ampliando o universo comunicativo e abrindo as fronteiras para formas digitais de interação social.

Uma das ferramentas de exposição e interação possibilitadas pela internet é o vídeo, mídia composta de áudio e imagem, capaz de disseminar discursos e educar olhares. Nesse contexto, o YouTube destaca-se como uma plataforma que hospeda esses vídeos, oferecendo às pessoas a oportunidade de publicar e compartilhar conteúdo com o público. Este público, por sua vez, pode reagir ao material por meio de comentários, compartilhamentos e ações de feedback expressas por meio dos botões de "gostei" ou "não gostei" (*like* e *deslike*).

Existem canais no YouTube voltados para a publicação diária de vídeos com conteúdos variados, abrangendo desde tutoriais de jogos e maquiagem até narrativas de acontecimentos da vida pessoal do/a produtor/a, bem como a exposição de suas opiniões sobre assuntos cotidianos. Muitas pessoas utilizam as redes sociais em busca de conexões com outras que compartilham interesses semelhantes, tornando-se *seguidores/as* daqueles/as que são mais populares. Isso resulta na interação e no consumo contínuo das informações e conteúdos compartilhados por esses/as produtores/as de conteúdo.

O YouTube é um site colaborativo que recebe vídeos de milhares de pessoas sobre os mais variados assuntos. Aqueles/as produtores/as de conteúdo que mantêm um canal na plataforma e postam com frequência ficaram popularmente conhecidos/as como *youtubers*. Esses/as criadores/as de conteúdo abordam temas diversos, direcionando seus vídeos para públicos específicos, incluindo crianças e jovens. A grande repercussão dos vídeos e o aumento do número de *seguidores/as* faz com que criadores/as se tornem conhecidos/as e influentes. Logo, quanto mais eles/as postam conteúdos que agradam aos/às fãs, maior é a sua popularidade, o que nos leva a cogitar que esse material não é construído aleatoriamente. Ao criar um vídeo, os/as *youtubers* têm um público a atingir, e é com esse público que eles/as falam. Na medida em que postam seus materiais, vão conhecendo melhor o perfil de quem assiste, analisando as reações para identificar o que mais agrada e o que não faz sucesso. Essa dinâmica resulta na produção de conteúdos personalizados, alinhados com o perfil geral da sua audiência.

Assim, tomamos o YouTube como um campo fértil para investigações com foco nas pedagogias culturais e processos educativos contemporâneos. O YouTube é um local de lazer, informação, debates, expressão, representatividade, além de um "lugar" de encontro, onde é possível descobrir pessoas com interesses comuns, que se percebem por meio do campo de interação dedicado a comentários sobre os vídeos, inclusive abrindo caminho para interação em outros espaços. Considerando a capacidade de os vídeos chegarem a muitas pessoas, aliada à relação de admiração que os/as *seguidores/as* dedicam aos seus ídolos, destacamos a relevância de pesquisar esses artefatos e de problematizar como os/as *youtubers* podem questionar ou reforçar os discursos que circulam na sociedade.

A delimitação da plataforma como campo de investigação trouxe um olhar mais aguçado, levando-nos a observar sua presença constante em nosso cotidiano. Alguns/mas *youtubers* fazem participações em programas de televisão, em novelas e em publicidades. Suas presenças são marcantes em capas de revistas (as bancas estão cheias delas). Há ainda aqueles/as que publicaram livros (nas livrarias já é possível encontrar um estande só com obras deles/as). Outro aspecto que merece atenção é como os/as *youtubers* se tornaram assunto nas rodas de conversa de crianças na escola, que se animam com a possibilidade de assistirem aos seus vídeos, que leem as revistas e livros desses/as famosos/as no momento do recreio, chegando mesmo a declararem o desejo de se tornarem *youtubers* nos momentos de conversa sobre profissões.

Os vídeos divulgados por *youtubers* são artefatos culturais que participam ativamente da produção de subjetividades contemporâneas. Em especial, chama-nos a atenção a relação entre os/as *youtubers* e seus/as *seguidores/as*, que nos parece ser como a de fã e ídolo, atravessada por admiração e espelhamento. Assim, *youtubers* lidam com subjetividades, contribuem para formar opiniões, trabalham conceitos e atuam na reiteração de padrões. O que fazem e falam é visto e ouvido por milhares de pessoas. Por isso, é relevante problematizar quem são esses/as *youtubers*, que discursos eles/as divulgam e como os/as espectadores/as podem ser subjetivados/as na/pela interação com eles/as. Considerando a amplitude da plataforma, para a realização da investigação, buscamos delimitar melhor o escopo da pesquisa, selecionando um canal específico como objeto de estudo. Mas, antes, buscamos apresentar o que foi aprendido sobre o YouTube por ocasião da realização da pesquisa.

Uma rede que não para de crescer: o que aprendemos em nosso *mergulho* no YouTube

O YouTube é o local que abriga o canal e os vídeos pesquisados. É uma plataforma de vídeos on-line em que os/as produtores/as criam canais (contas pessoais) para postarem produções audiovisuais. Lá os/as espectadores/as podem assistir on-line, comentar, compartilhar, esboçar reações nos botões *like* e *deslike* e fazer inscrições nos seus canais de interesse. Atualmente, a plataforma pode ser acessada pelo site, a partir de um navegador ou pelo aplicativo. Analisando a palavra YouTube, é possível perceber que ela sinaliza uma relação de proximidade com quem utiliza o site: "*YouTube* vem do inglês *you*: você, e *tube* - *tubo*, ou, no caso, gíria utilizada para designar a televisão. [...] No caso é *You television*, que ficaria algo como '*TV Você*' ou ainda '*Você TV*' em português" (Pellegrini *et al.*, 2010, p. 3, grifos dos autores).

Por esse viés, YouTube pode ser interpretado como uma TV (ou canal) feita por você, com o diferencial de poder ser acessado pela internet e ter postagens feitas por qualquer pessoa que tenha os equipamentos necessários. Além disso, os vídeos podem ser assistidos a qualquer momento e ilimitadas vezes, sendo que o/a consumidor/a pode escolher o que vai assistir, já que há inúmeras opções de conteúdo. Os/as espectadores/as podem ainda se inscrever nos canais de seu interesse, recebendo notificações a cada nova publicação do/a *youtuber*, possibilitando-lhes escolher assistir às produções com temáticas que mais lhes agradem. Por isso, o YouTube é uma plataforma feita por usuários/as e para usuários/as. Ao abrigar conteúdos profissionais ou amadores e estimular a produção autoral, a plataforma foi ganhando mais adeptos/as. Ademais, a visibilidade em outras mídias e as inovações técnicas foram elementos fundamentais para o crescimento e o sucesso do YouTube.

O YouTube emerge como uma mídia construída coletivamente, na qual pessoas com ideias diversas postam vídeos de assuntos variados. Diferentemente da televisão, que exibe um conteúdo selecionado pelas emissoras, a plataforma destaca-se como uma mídia mais democrática ao abrigar e tornar públicas postagens de pessoas anônimas, em que mais sujeitos se sentem representados e contemplados em suas concepções. Dessa forma, produz uma "cultura participativa" em que "fãs e outros/as consumidores/as são convidados/as a participar ativamente da criação e da circulação de novos conteúdos" (Jenkins, 2006, p. 290).

O/a espectador/a desempenha um papel ativo, não apenas decidindo o que e quando assistir, mas também podendo expressar sua opinião sobre os vídeos por meio de comentários ou reações nos botões *like* e *deslike*. Essas interações são visíveis tanto para o/a produtor/a quanto para outros/as espectadores/as. Nesse movimento de ser produtor/a, espectador/a, avaliador/a e comentarista, os/as usuários/as do site vão fazendo dele uma comunidade a qual se sentem pertencentes, bem como contribuem para a sua construção. Envolvidos nesses diversos papéis, eles não apenas ajudam a moldar a plataforma, mas também encontram afinidade com seus pares, já que nela passam grande parte de seu tempo. Não seria razoável considerar que esses fatores oferecem alguma contribuição para o crescimento da popularidade do YouTube?

Outra questão que deve ser pensada quando se fala em crescimento da plataforma é na monetização da prática de postar vídeos. Com a grande visibilidade que alcançou desde a sua criação, o YouTube despertou o interesse da indústria publicitária, que vem investindo em parcerias, possibilitando várias formas de gerar renda tanto para a plataforma quanto para os/as criadores/as que a enriquecem e promovem.

Suelen Backes (2019) cita duas formas de remuneração dos/as *youtubers*: primeiro, estabelecer parcerias com empresas, atuando como modelo e divulgador/a das marcas, mostrando ou utilizando seus produtos ao longo dos vídeos; segundo, a oportunidade de o/a criador/a se cadastrar no *YouTube Partner Program* (Programa de Parcerias do YouTube) para permitir que anúncios sejam exibidos antes ou durante seus vídeos. Esse programa apresenta alguns critérios de participação, como ter mais de 4 mil horas de exibição pública nos últimos 12 meses e ter mais de mil inscritos no canal. Logo, quanto mais se produz e se posta vídeos, mais a plataforma cresce e maior é a possibilidade de remuneração.

Deborah Sousa (2015, p. 9) chama a atenção para uma característica importante do YouTube: o site utiliza um mecanismo que mapeia "qual o fluxo comunicacional que os[as] usuários[as] estão seguindo e, a partir disso, propõe linhas de publicização de dados". Por meio de algoritmos, a plataforma reconhece as preferências dos/as espectadores/as. Segundo Tarleton Gillespie (2014, p. 1, tradução nossa), os algoritmos "são procedimentos codificados para transformar dados de entrada em uma saída desejada" e os computadores são "máquinas de algoritmo - projetadas para armazenar e ler dados, aplicar procedimentos matemáticos a eles de maneira controlada e oferecer novas informações como saída".

No caso do YouTube, esses dados são os canais seguidos, as curtidas, as descurtidas, os vídeos mais acessados ou rejeitados, o histórico de visualizações, as buscas por palavras-chave, entre outros (Caldas, 2018). Eles podem ajudar a entender o perfil de quem assiste, permitindo um mapeamento de suas ações. "Com isso, as experiências de cada usuário[a] são absorvidas, ou mesmo sentidas pelo sistema, que processa esses dados e os transformam em respostas imediatas" (Sousa, 2015, p. 9), sugerindo novos vídeos, novos canais e publicidades direcionadas de acordo com o perfil de cada pessoa. Isso possibilita que o/a espectador/a veja cada vez mais vídeos do seu interesse e receba ofertas de produtos e serviços direcionados para o seu perfil. Diante disso, podemos concluir que "os algoritmos são uma parte importante do *YouTube*, [...] eles fazem parte de um sistema que segue uma lógica de mercado, ao mesmo tempo em que equilibra os interesses de usuários[as], criadores[as] e anunciantes", podendo "criar mecanismos (que envolvem tanto humanos quanto computadores) para tentar atendê-los" (Loiola, 2018, p. 85-86).

Dessa maneira, os/as espectadores/as são estimulados/as a permanecerem na plataforma por mais tempo, sendo expostos/as não só ao conteúdo dos vídeos, mas também a produtos e serviços anunciados. A popularidade gera renda para a plataforma, para seus/suas colaboradores/as e para os/as anunciantes. Considerando que a participação não é compulsória, a disponibilização de vídeos no YouTube e os comentários produzidos a partir deles caracterizam adesão e cooperação, operando em "esferas mais sutis de nossa experiência, impelindo-nos a engajar, a aderir de forma autônoma" (Valadares, 2011, p. 57).

Essa sutileza é uma das formas de o YouTube conquistar cada vez mais adeptos/as. O grande número de usuários/as mostra sua capacidade de convencimento diante da nossa sociedade. Atualmente, ele é um dos principais meios de entretenimento, informação, interação, profissão e expressão de muitas pessoas, o que o torna uma ferramenta importante na constituição de sujeitos. Como a televisão e outras mídias, é "parte integrante e fundamental de complexos processos de veiculação e de produção de significações, de sentidos, os quais por sua vez estão relacionados a modos de ser, a modos de pensar, a modos de conhecer o mundo, de se relacionar com a vida" (Fischer, 2002, p. 154). Assim sendo, pensar sobre como esse artefato midiático se coloca em nossa sociedade é problematizar os processos educacionais que nos rondam e examinar nossa constituição enquanto sujeitos.

Do *mergulho* no campo para a necessária delimitação

O interesse pelas pedagogias culturais dos vídeos do YouTube se deu a partir da interação de uma das autoras deste artigo com as crianças em seu local de trabalho. Como professora, notou a popularidade dos/as *youtubers* entre elas, instigando-a a pensar essa relação. Assim, ao iniciar sua pesquisa de mestrado em educação, a professora consultou[26] as crianças da escola em que atua sobre qual *youtuber* é mais assistido/a e seguido/a, já que o YouTube é uma plataforma ampla e que possui inúmeros canais que poderiam ajudar a pensar a pesquisa.

Trata-se de uma escola da rede pública de educação, localizada em um bairro de classe média, em uma cidade do interior de Minas Gerais. A escola atendia, na época da realização da consulta, a aproximadamente 640 crianças, entre 6 e 11 anos de idade, dos anos iniciais do Ensino Fundamental. A consulta foi realizada oralmente e por escrito, com 12 turmas do turno da tarde, totalizando 224 crianças, sendo 113 meninos e 111 meninas. Como a pretensão não era trabalhar diretamente com os sujeitos que assistem aos vídeos, o levantamento foi feito apenas para descobrir qual canal era o mais assistido entre as crianças e, assim, elegê-lo como objeto da pesquisa. Desse modo, utilizou-se a conversa informal com perguntas como "Você conhece algum/alguma *youtuber*?", "Qual é o seu canal favorito", "Qual *youtuber* você mais assiste?".

Inicialmente, das 224 crianças entrevistadas, somente 19 disseram não conhecer ou não assistir a vídeos de *youtubers*, o que ressalta a popularidade deles/as perante o público consultado. Além disso, notou-se uma clara divisão de preferências de gênero, visto que muitos meninos apontaram canais que postam tutoriais de jogos como seus preferidos, o que foi mais raro entre as respostas das meninas, que apontaram para canais com conteúdo mais variado. Observou-se também que, entre crianças do 1º e 2º ano do Ensino Fundamental, houve pouca variedade de nomes citados, havendo constantes repetições, o que foi um pouco diferente entre os/as maiores, cujas respostas ressaltaram nomes variados. Outro fato interessante é que alguns/mas alunos/as da escola relataram ter seus próprios canais, que, em alguns casos, são curtidos por seus/suas colegas.

Ao analisar as respostas quanto às preferências das crianças, constatou-se que o *youtuber* Felipe Neto foi o mais citado, sendo mencionado por 60 estudantes. Observou-se também que seu nome apareceu entre todas as idades, sendo apontado por 32 meninos e 28 meninas de forma bem equilibrada. Considerando a quantidade de vezes em que foi citado, o fato de aparecer entre todas as idades e gêneros e ocupar a terceira colocação no ranking de canais com maior número de pessoas inscritas no Brasil (Beling, 2019), o canal Felipe Neto foi escolhido como objeto da pesquisa.

---

[26] O acesso e comunicação com as crianças que colaboraram com a consulta informal se deram por meio de conversa e autorização verbal da diretora e das professoras.

Seu canal possuía, à época da pesquisa, 41 milhões de inscritos/as e mais de 11,6 bilhões de visualizações[27]. Homem branco, cisgênero e heterossexual, Felipe Neto produz vídeos para o seu canal, faz postagens e interage em outras redes sociais, como Twitter (atual "X") e Instagram, sendo seguido por muitos/as *fãs*. Além disso, lançou cinco livros. São diversas as formas de visibilidade do *youtuber*, podendo ser considerado, na atualidade, uma das pessoas mais influentes do nosso país[28]. Portanto, o que ele faz ou fala permanece sob olhares atentos e pode adquirir contornos de verdade para quem se identifica com o conteúdo do seu canal. Por isso, é importante problematizar discursos que circulam nessa instância cultural e compreender como podem contribuir para a construção dos sujeitos que o assistem.

Remetendo-nos ainda à delimitação do campo, ajustamos novamente o foco das *lentes* da investigação. Tendo estabelecido o canal do *youtuber* Felipe Neto como objeto de pesquisa, voltamo-nos para nossa vinculação a outra agenda de pesquisa: as construções de gênero e sexualidade no contemporâneo. Considerando o fato de vivermos em uma sociedade que também se organiza a partir de categorias de gênero e sexualidade, observamos o investimento em determinadas características, falas, atitudes e modos de ser que se remetem a certas concepções dessas categorias, algo que se apresenta também nas telas, de forma condizente com as visões hegemônicas ou não. Chamar a atenção para as formas como questões de gênero e sexualidade são colocadas nas mídias, é pensar em como nos constituímos a partir do que vemos e ouvimos.

Segundo Guacira Louro (2008, p. 22), "aprendemos a viver o gênero e a sexualidade na cultura, através dos discursos repetidos da mídia, da igreja, da ciência e das leis e também, contemporaneamente, através dos discursos dos movimentos sociais e dos múltiplos dispositivos tecnológicos". Nesse sentido, assistir aos vídeos com um olhar sensível a essas questões é analisar quais enunciados circulam nesses artefatos e quais são as suas condições de existência. É estar atento/a a como as pedagogias culturais presentes nas produções apresentam modos de viver as identidades sexuais e de gênero. Trata-se de problematizar sobre como nos tornamos quem somos em relação a essas identidades, considerando que os modelos propostos nos discursos que nos cercam contribuem para a nossa constituição e influenciam tanto aqueles/as que os utilizam como inspiração quanto aqueles/as que os subvertem.

---

[27] Dados do dia 27 de dezembro de 2020.

[28] No ano de 2020, Felipe Neto foi eleito pela revista *Time* uma das 100 pessoas mais influentes do mundo naquele ano (Miranda, 2020).

Ao estabelecer o foco e dar lugar às inquietações que conduziram ao processo de investigação, foi preciso conhecer o campo, aproximar-se do YouTube, adentrar a esse espaço de modo a torná-lo mais familiar. Além disso, consideramos importante estabelecer sob quais lentes teórico-metodológicas nos apropriamos dos vídeos enquanto artefatos culturais.

Lentes para assistir aos vídeos do YouTube: perspectivas teórico-metodológicas

Os modos como pensamos, escrevemos, analisamos dados e movimentamo-nos na pesquisa dizem de referências e escolhas que influenciam o nosso pesquisar e o nosso escrever. Trabalhar com práticas discursivas não nos permite olhar o campo da pesquisa como quem está de fora. Os discursos que circulam nos vídeos de Felipe Neto (e nos demais artefatos culturais) são os que estão presentes na sociedade da qual fazemos parte. Eles atravessam-nos e tocam-nos de alguma maneira, de modo que não é possível falar deles alegando imparcialidade. Ao ter acesso a um enunciado e pensar em como ele pode subjetivar a quem assiste, colocamo-nos nesse "quem", olhamos de dentro, tentamos "dar um passo atrás" nas nossas concepções e problematizamos como somos subjetivados/as por ele. A seleção de um referencial teórico-metodológico não se dá de forma aleatória; ela diz de trajetórias acadêmicas e pessoais marcadas por escolhas, rejeições, ênfases e descartes que fazem parte do processo de construção de uma pesquisa, o que o torna pessoal e subjetivo, rompendo com a ideia de que a academia produz verdades neutras e incontestáveis. Por isso, inspiramo-nos em teorizações pós-críticas que sugerem romper com alguns padrões metodológicos, pois utilizam

> [...] uma abordagem teórico-metodológica flexível, inserida em contextos específicos que falam das micropolíticas do cotidiano que constituem e são constituídas pelos discursos dominantes da nossa sociedade, na qual a subjetividade do/a pesquisador/a é uma ferramenta a serviço da investigação, um exercício simultaneamente rigoroso e político permeado pelas relações de poder que pretende estudar (Gastaldo, 2014, p. 12-13).

Diferentemente do que algumas perspectivas metodológicas exigem, não entramos em uma pesquisa com uma hipótese a ser confirmada. Pelo contrário, ao explorar um território até então pouco conhecido (não seguíamos nenhum canal no YouTube antes da pesquisa), não sabíamos o que encontraríamos pela frente. Mas sabíamos que o que movia a pesquisa eram as perguntas, as suspeitas, as motivações e as muitas indagações. Por isso, dentre as abordagens pós-críticas, escolhemos nos inspirar em perspectivas de trabalho pautadas em problematizações, incertezas e desnaturalizações.

Os Estudos Culturais inspiram-nos a enxergar a educação de forma mais ampla, como um processo pelo qual passamos para nos constituirmos como sujeitos que expressam identidades múltiplas e instáveis, que são constantemente construídas e modificadas no âmbito cultural. Paralelamente, os Estudos de Gênero despertam para a importância do gênero como categoria de análise em nossas pesquisas, visto ser um forte marcador social envolvido em relações de poder. Nesse contexto, o filósofo Michel Foucault nos motiva a pensar na construção de nossas subjetividades; em como a relação com o outro e com o mundo nos forma; além de problematizar as *verdades* que nos constituem e a sociedade da qual fazemos parte. Adicionalmente, as perspectivas pós-estruturalistas nos inspiram a pensar que a ciência e a pesquisa acadêmica não significam a busca por uma resposta correta, e, por isso, é importante desconfiar das afirmações universais e de um sujeito único e pronto.

Apesar de suas peculiaridades, essas abordagens caminham na mesma direção. Ao explorar essas perspectivas, procuramos questionar sobre como nos constituímos enquanto sujeitos dentro da nossa sociedade, que relações de saber e poder envolvem essa constituição, como os dispositivos presentes nela contribuem para pensarmos o que pensamos e agir como agimos, e, assim, refletir sobre como nos tornamos o que somos. Para Guacira Louro (2007, p. 38), pesquisar nessas perspectivas significa "admitir que a tarefa de conhecer é sempre incompleta" e, diante disso, "operar com a provisoriedade, com o transitório, com o mutante". Ou seja, estarmos abertos/as a construções e reconstruções durante o movimento de pesquisa, compreendendo o campo como algo plural, repleto de possibilidades que podem ser vistas de diferentes formas e por diferentes olhares, sendo crucial reconhecer que o nosso olhar é apenas um deles.

Nesse cenário, é importante ressaltar que o YouTube é um campo diverso, e há infinitas formas de olhar para ele. Ao escolher o canal de um *youtuber*, buscamos valorizar (e operar com) o local e o particular, de modo a problematizar como as questões de gênero e sexualidade apareceram nos vídeos. Vale ressaltar que, ao apresentar discussões acerca de uma produção, não o fizemos com o intuito de exaltar, criticar, rotular ou classificar o *youtuber* pesquisado, mas sim problematizar situações presentes tanto no artefato quanto em situações cotidianas, possibilitando a reflexão sobre como tais situações podem fazer parte dos nossos processos de constituição.

Isso significa estarmos abertos/as para ver/ouvir o que vem do campo, repensar concepções, reconhecer diversas possibilidades, enfim, refletir sobre os porquês de determinadas coisas serem como são na sociedade em que vivemos e sobre como nós nos colocamos diante delas. A decisão de realizar uma pesquisa sob essa perspectiva nos conduz a pensar nos caminhos a seguir, já que não há uma prescrição de métodos e roteiros engessados. Para isso, foi importante pensar em metodologia como "um certo modo de perguntar, de interrogar, de formular questões e de construir problemas de pesquisa que é articulado a um conjunto de procedimentos de coleta de informações [...] e de estratégias de descrição e análise" (Meyer; Paraíso, 2014, p. 18). Desse modo, fomos traçando um caminho para construir a metodologia.

"Configurações": reconhecendo o campo e selecionando os vídeos

A palavra "configurações" diz respeito à organização. No YouTube não é diferente, a aba "Configurações" proporciona a possibilidade de o/a usuário/a personalizar sua conta, escolher como quer aparecer para os outros, o que será exibido para ele/a e como serão as notificações. Ou seja, retrata a maneira como o/a usuário/a utiliza aquela conta e se coloca diante daquela plataforma. Ao escolhermos a palavra "configurações" como título desta seção, fazemos um link com essa aba, pois pretendemos refletir sobre a organização da pesquisa e sobre os modos de nos colocarmos diante dela.

O primeiro dilema que enfrentamos na pesquisa foi definir a metodologia. A princípio, pensamos que trabalhar com vídeos do *YouTube* seria uma netnografia. Todavia, ao estudarmos referenciais relacionados, percebemos que a nossa proposta não era analisar a comunidade (canal) em funcionamento, observando os comentários e reações, mas sim os conteúdos dos vídeos. Por isso, optamos pela análise de discurso de inspiração foucaultiana. Ao embasar-nos nas perspectivas apresentadas na seção anterior, aprendemos que as metodologias devem se adequar às especificidades da pesquisa e do campo. Por esse motivo, foi preciso tempo para conhecer a plataforma e o canal Felipe Neto. Assim, alguns aprendizados foram fundamentais para o encaminhamento da pesquisa.

Primeiramente, foram estudados trabalhos que utilizaram o YouTube como campo de investigação (Backes, 2019; Caldas, 2018; Campos, 2017; Silva, 2016), para entendermos suas especificidades. Além disso, foi pesquisada a história e a estrutura da plataforma, navegando pelo site e buscando informações sobre seu funcionamento, suas ferramentas, suas possibilidades e barreiras como campo de pesquisa. Dessa maneira, foram construídos aprendizados sobre como buscar vídeos dentro do canal, pois é possível pesquisar materiais por meio de palavras-chave em um espaço dedicado à procura de produções específicas, o que facilita o trabalho de quem sabe o que quer encontrar.

Descobrimos também como identificar as datas das publicações dos vídeos, visto que na época da pesquisa era necessário diminuir o zoom do navegador para que a data fosse exibida[29]. Aprendemos também a abrir as legendas das produções em um ícone direcionado para tal tarefa, localizado à direita do material. Informamo-nos sobre como salvar as produções no computador, algo que não pode ser feito de dentro do YouTube, mas que é possível por meio de sites como o *savefrom.net*[30]. Além do mais, dedicamo-nos a observar informações estatísticas do canal, que são disponibilizadas pelo site *Social Blade*[31], responsável pelas informações numéricas de diversas redes sociais. Enfim, foi sendo produzido um corpo-pesquisador, que se movia em busca de saber.

Outro dilema da pesquisa foi quanto à necessidade de autorização da produção do canal para a sua utilização. Entretanto, depois de discussões em reuniões de orientação, compreendemos que um material de domínio público está aberto para ser pesquisado, desde que isso seja feito com compromisso ético e científico. Assim sendo, iniciamos a pesquisa no canal definido.

Para conhecer melhor o material de Felipe Neto, realizou-se a inscrição em seu canal e foi ativado o botão *todas* na configuração, a fim de receber notificações sempre que houvesse uma nova postagem. Assim, a partir de 15 de outubro de 2019, passamos a ocupar a posição de *seguidor/a*, recebendo avisos no celular a cada nova produção do *youtuber*. Esse movimento permitiu observar, com um olhar atento, mas receoso, como quem entra em um lugar estranho e se encolhe em um canto. Entrar em contato com o campo produziu um *espírito-pesquisador* sensível e atento, aberto às possibilidades de adentrá-lo. Iniciou-se aí a exploração do canal.

---

[29] Atualmente, basta deslizar o cursor sobre a informação do período em que o vídeo está no ar para que apareça a data da postagem.

[30] Disponível em: https://pt1.savefrom.net/58/. Acesso em: 29 abr. 2023.

[31] Disponível em: https://socialblade.com/youtube/user/felipeneto. Acesso em: 29 abr. 2023.

METODOLOGIAS DE PESQUISAS CIENTÍFICAS NO CIBERESPAÇO/CIBERCULTURA:
#NETNOGRAFIA #ETNOGRAFIADIGITAL #PESQUISAEMTELA #ENTREVISTAONLINE #ANÁLISECULTURAL
#ANÁLISEDODISCURSO_INSPIRADAEMFOUCAULT

Ser seguidor/a nos colocou dentro das estatísticas numéricas positivas. Além disso, assumimos uma posição de quem era convidado/a, quem assistia "de dentro", de quem tinha a possibilidade de curtir, descurtir ou comentar. Esse fato gerou um envolvimento, um compromisso de assistir aos vídeos, de estar ciente do que acontecia, de saber de cada mudança do canal, pois tudo poderia ser dado de pesquisa. Tal dinâmica nos fez contribuir também para o número de visualizações das produções. Nesse sentido, ao pesquisar no YouTube, tornamo-nos espectadores/as e acabamos fazendo parte do crescimento do canal.

Até dezembro de 2019, Felipe Neto fazia duas postagens todos os dias, sempre às 10h e às 18h. No dia 15 de janeiro de 2020, anunciou que começaria a postar somente um vídeo por dia, às 10h, rotina que manteve até novembro de 2020, momento em que encerramos as interações com o canal. Nessa ocasião, o canal acumulava 2.284 vídeos. Apesar de assistir a muitas produções durante o tempo da pesquisa, não seria possível analisar todo o material, portanto foi necessário definir critérios para eleger os vídeos que fariam parte das análises.

A primeira opção para a seleção dos vídeos foi a busca por palavras-chave, na qual o site procura as expressões em títulos, descrições e *tags*[32] das postagens. Na aba busca, foram inseridas as palavras "gênero" e "sexualidade", uma de cada vez. Relativos a "gênero", apareceram seis vídeos; e, quanto à "sexualidade", apareceram sete vídeos, sendo dois repetidos da busca anterior. Após a seleção, por saber que a internet é um espaço versátil, em que as coisas são colocadas com a mesma velocidade em que desaparecem, decidiu-se pelo arquivamento do material. Embora dentro da plataforma não seja possível baixar as produções, salvar ou copiar para o computador, existem alguns sites que proporcionam essa função on-line[33]. Assim, ao assistir uma produção no canal e considerar que possuía cenas a serem problematizadas para a pesquisa, o vídeo era salvo em uma pasta no computador, identificando-a pelo nome. Entretanto assistir aos vídeos *baixados* é diferente de assisti-los no YouTube, pois dentro do site é possível adicionar legendas, abrir uma transcrição, acompanhar os dados de visualizações e reações, além de serem exibidas propagandas e sugestões de outras postagens de acordo com o perfil do/a usuário/a[34]. Por isso, optou-se por assistir on-line, apesar de ter o material salvo.

---

[32] As *tags* são palavras-chave relacionadas ao conteúdo que podem ser adicionadas aos vídeos para que eles sejam localizados pelo mecanismo de busca do YouTube.

[33] Para a pesquisa, utilizamos o *Savefrom*. Disponível em: https://pt1.savefrom.net/58/. Acesso em: 24 abr. 2020.

[34] Observamos que as publicidades não eram as mesmas todas as vezes que assistíamos aos vídeos, nem mesmo ao acessarmos a plataforma a partir de diferentes perfis do YouTube.

Durante o mês de abril de 2020, foram assistidos todos os vídeos, tendo sido elaboradas fichas contendo informações como título, assunto predominante, link, duração, data, descrição, destaques, número de visualizações, curtidas, descurtidas e comentários. Essa ficha era um retrato do momento em que estava sendo elaborada, pois muitas informações se modificariam ao longo dos dias. No entanto, sua confecção era imprescindível para termos uma noção dos dados da produção. A partir daí, procedeu-se à análise dos enunciados relacionados a gênero e sexualidade presentes nas produções. Os trechos a serem utilizados foram transcritos e agrupados para formar os capítulos e as seções da dissertação de mestrado.

Apesar de ter selecionado o material da pesquisa, a estratégia de assistir aos vídeos permaneceu sendo utilizada até novembro de 2020, visto que eram recebidas notificações a cada nova postagem. Isso não foi feito no sentido de buscar material para análise, com a obrigatoriedade de assistir a todas as postagens, mas considerou-se válido assistir aos vídeos aleatórios para conhecer o perfil e ter uma visão geral do canal. Entretanto, percebeu-se que a busca foi um ponto de partida, já que, diante desse movimento, outras produções foram trazidas para a discussão, pois, ou eram citadas nas pré-selecionadas, ou dialogavam com elas, ou eram relevantes para dizer do contexto ou da história do canal.

A palavra *seleção* diz de construções subjetivas sobre quem conduz a pesquisa e sobre as escolhas feitas durante o processo. Certamente algumas coisas ficaram para trás, as quais, aos olhos de outros/as, poderiam ser mais importantes, mas construir uma pesquisa de mestrado envolve definir um foco, eleger e descartar coisas, deixar discussões a serem feitas futuramente. Ao eleger vídeos, cenas e falas, foram trazidos elementos que, de alguma forma, provocaram inquietações. O olhar, o tempo, a sensibilidade e as experiências de cada pesquisador/a são únicos.

O olhar de pesquisador/a mergulhado/a nos estudos de gênero e sexualidade possibilitou ver coisas que talvez passassem despercebidas aos olhos de outros/as espectadores/as. Para Rosa Fischer (2001, p. 214, grifo da autora), "o próprio recorte feito pelo pesquisador é também um *fato de discurso* e, como tal, introduz mais um dado que amplia e dinamiza o que por definição é já heterogêneo". Dessa forma, ao escolher o que entra e o que fica de fora, ao definir o que é mais importante, também produzimos olhares e discursos.

A partir dos recortes, chegamos à fase de estudo do material. A organização da pesquisa sob inspiração das perspectivas aqui apresentadas nos conduziu a um processo de análise de dados voltada a pensar a discursividade constituinte das pedagogias de gênero e sexualidade disseminadas pelos vídeos do *youtuber* Felipe Neto. Assim, o sentido de *inspiração* foi tomado por nós como um convite a deixar-nos contaminar pelos modos como o filósofo Michel Foucault lidou com o conceito de discurso e como poderíamos nos inspirar em sua produção para analisar discursos. É importante ressaltar que Foucault não cunhou uma metodologia chamada *análise de discurso*, na qual teríamos um *passo a passo* a seguir. Em sua obra, Foucault dá destaque às condições de emergência e circulação de determinados discursos que produzem realidades, objetos e sujeitos.

Sob inspiração foucaultiana, argumentamos que o sujeito é uma produção histórica e discursiva, não uma entidade pronta e acabada. Somos resultados de processos de subjetivação, que ocorrem a partir da relação com nós mesmos e da interação com os outros, por meio dos discursos. Estamos imersos/as em uma sociedade discursiva, somos produtos e disseminadores/as de discursos variados que ditam regras de como pensar, viver e agir. Muitas vezes não nos atentamos para o funcionamento desses processos dos quais podemos ser ativos/as, passivos/as, condizentes e resistentes em diferentes níveis.

Os vídeos do YouTube dizem de uma conjuntura atual em que o acesso, a velocidade e a diversidade de circulação dos discursos são cada vez maiores. Por isso, ao analisar o material selecionado, buscamos observar os enunciados sobre gênero e sexualidade presentes nos vídeos, tentando problematizar como podem contribuir com os nossos processos de subjetivação, entendendo que, mais do que dizer algo, os discursos são "práticas que formam sistematicamente os objetos de que falam" e que "certamente os discursos são feitos de signos; mas o que fazem é mais que utilizar esses signos para designar coisas. É esse mais que os torna irredutíveis à língua e ao ato da fala. É esse *mais* que é preciso fazer aparecer e que é preciso descrever" (Foucault, 2008, p. 55, grifo do autor).

Aceitando o convite de Foucault, ao longo deste caminho metodológico, não olhamos para os vídeos, para o *youtuber* ou para os enunciados como coisas independentes, mas sim pensando que todos/as fazemos parte de um universo discursivo que contribui para ser quem somos. Assim, importa destacar que Felipe Neto não foi visto como aquele que cria discursos e suas concepções não foram submetidas a juízos de valor. Um *youtuber* foi compreendido como um sujeito construído pelos discursos e modos de subjetivação presentes na nossa sociedade, que tem uma posição de destaque no que diz respeito à divulgação de suas concepções e disseminação desses discursos. Fazer uma análise de discurso de inspiração foucaultiana implica evitar a busca por interpretações, coisas escondidas, explicações universais, intenções secretas. Procura-se destacar os enunciados, suas condições de existência no contexto dos vídeos, as relações de saber e poder envolvidas neles e suas possibilidades de subjetivar os/as espetadores/as.

Finalizando o percurso construído com a pesquisa, ressaltamos os elementos centrais que compuseram a narrativa metodológica que ora apresentamos. Nossos vínculos com o campo da educação não se reduzem a um olhar sobre as práticas escolares, de modo que consideramos relevante acompanhar processos educativos em diferentes instâncias da cultura. Tal perspectiva nos conduziu aos vídeos do YouTube e, em particular, ao canal do *youtuber* Felipe Neto, como artefatos pedagógicos que ensinam modos de ser, de estar no mundo, de viver em acordo com as significações da cultura. Interessa-nos, portanto, voltar nosso olhar para processos contemporâneos a partir dos quais os sujeitos se constituem. Nesse sentido, a internet e suas estratégias comunicacionais, informacionais e de interação social adquirem importante função. É necessário estarmos cada vez mais atentos/as às produções de saberes e relações de poder que compõem a cultura, sendo que as mídias on-line e seus artefatos são centrais para problematizar os modos como as subjetividades são forjadas.

Com o processo de construção da pesquisa, aprendemos a importância de olhar com atenção para as especificidades do campo. Colocar o YouTube nessa condição é mais do que assistir vídeos, é refletir sobre toda a complexidade que envolve a existência dessa plataforma, desde a sua criação até os modos de funcionamento. É também operar com as ferramentas que ela nos disponibiliza, pensar estratégias de seleção, considerar que podemos ser manipulados/as por algoritmos, lidar com a possibilidade de o material ser apagado, ponderar que as produções são construídas pensando em espectadores/as idealizados/as e levar que em conta que podem existir objetivos financeiros por trás dos conteúdos. Para nós, pesquisar no YouTube foi uma novidade que trouxe muitas aprendizagens sobre a plataforma e sobre formas de pesquisar. Por fim, esperamos que este texto possa inspirar e contribuir com outros processos de investigação que venham a mergulhar nesse campo, considerando a amplitude e a capacidade de expansão que o YouTube vem apresentando.

Referências

ANDRADE, Paula Deporte de. Artefatos culturais midiáticos e pedagogias culturais: uma análise para explorar as qualidades pedagógicas da vida contemporânea. *In*:

REUNIÃO NACIONAL DA ANPED, 38., 2017, São Luís. **Anais eletrônicos** [...]. São Luís, MA: UFMA, 2017. Disponível em: http://anais.anped.org.br/sites/default/files/arquivos/trabalho_38anped_2017_GT16_248.pdf. Acesso em: 10 jun. 2019.

BACKES, Suelen. **Produção e consumo de vídeos on-line**: análise de práticas e técnicas para o desenvolvimento de influenciadores digitais profissionais a partir do YouTube. 2019. Dissertação (Mestrado em Comunicação Social) – Escola de Comunicação, Artes e Design, Pontifícia Universidade Católica do Rio Grande do Sul, Porto Alegre, 2019.

BELING, Fernanda. Os 10 maiores canais do *YouTube* no mundo e no Brasil. **Oficina da Net**, [*S. l.*], 29 ago. 2019. Disponível em: https://www.oficinadanet.com.br/post/13911-os-10-maiores-canais-do-youtube. Acesso em: 30 ago. 2019.

CALDAS, Fernanda Gonçalves. **Se gostou dá um like**: análise histórica e cultural do vlog no Brasil. 2018. Dissertação (Mestrado em Comunicação e Culturas Contemporâneas) – Faculdade de Comunicação, Universidade Federal da Bahia, Salvador, 2018.

CAMPOS, Raiza Silva. **YouTube e a qualidade em canais de humor**: o caso do Porta dos Fundos. 2017. Dissertação (Mestrado em Comunicação) – Faculdade de Comunicação, Universidade Federal de Juiz de Fora, Juiz de Fora, 2017.

FISCHER, Rosa Maria Bueno. Foucault e a análise do discurso em educação. **Cadernos de Pesquisa**, São Paulo, n. 114, p. 197-223, nov. 2001. Disponível em: http://www.scielo.br/pdf/cp/n114/a09n114.pdf. Acesso em: 1 nov. 2019.

FISCHER, Rosa Maria Bueno. O dispositivo pedagógico da mídia: modos de educar na (e pela) TV. **Educação e Pesquisa**, São Paulo, v. 28, n. 1, p. 151-162, jan./jun. 2002. Disponível em: http://www.revistas.usp.br/ep/article/view/27882/29654. Acesso em: 23 mar. 2019.

FOUCAULT, Michel. **A arqueologia do saber**. Tradução de Luiz Felipe Baeta Neves. 7. ed. Rio de Janeiro: Forense Universitária, 2008.

GASTALDO, Denise. Prefácio: pesquisador/a desconstruído/a e influente? Desafios da articulação teoria-metodologia nos estudos pós críticos. *In*: MEYER, Dagmar Estermann; PARAÍSO, Marlucy Alves (org.). **Metodologias de pesquisas pós-críticas em educação**. 2. ed. Belo Horizonte: Mazza Edições, 2014. p. 9-13.

GILLESPIE, Tarleton. The relevance of algorithms. *In*: GILLESPIE, Tarleton; BOCZKOWSKI, Pablo J.; FOOT, Kirsten A. (ed.). **Media technologies**: essays on communication, materiality, and society. Cambridge: MIT Press, 2014.

JENKINS, Henry. **Cultura da convergência**. São Paulo: Aleph, 2006.

LOIOLA, Daniel Felipe Emergente. **Recomendado para você**: o impacto do algoritmo do YouTube na formação de bolhas. 2018. Dissertação (Mestrado em Comunicação Social) – Faculdade de Filosofia e Ciências Humanas, Universidade Federal de Minas Gerais, Belo Horizonte, 2018.

LOURO, Guacira Lopes. Conhecer, pesquisar, escrever. **Educação, Sociedade & Culturas**, Porto, Portugal, n. 25, p. 235-245, 2007. Disponível em: http://www.fpce.up.pt/ciie/revistaesc/ESC25/Arquivo.pdf. Acesso em: 26 out. 2019.

LOURO, Guacira Lopes. Gênero e sexualidade: pedagogias contemporâneas. **Pro-Posições**, Campinas, v. 19, n. 2, p. 17-23, 2008. Disponível em: https://www.scielo.br/pdf/pp/v19n2/a03v19n2.pdf. Acesso em: 5 jun. 2019.

MEYER, Dagmar Estermann; PARAÍSO, Marlucy Alves. Metodologias de pesquisas pós-críticas ou sobre como fazemos nossas investigações. *In*: MEYER, Dagmar Estermann; PARAÍSO, Marlucy Alves (org.). **Metodologias de pesquisa pós-críticas em educação**. 2. ed. Belo Horizonte: Mazza Edições, 2014. p. 17-24.

MIRANDA, David. The 100 most influential people of 2020 – Felipe Neto. **Time**, [*S. l.*], 22 set. 2020. Disponível em: https://time.com/collection/100-most-influential-people-2020/5888282/felipe-neto/. Acesso em: 18 nov. 2023.

PELLEGRINI, Dayse Pereira *et al*. YouTube. Uma nova fonte de discursos. **Revista de Recensões de Comunicação e Cultura**, [*S. l.*], v. 8, 2010. Disponível em: http://www.bocc.ubi.pt/~boccmirror/pag/bocc-pellegrini-cibercultura.pdf. Acesso em: 6 set. 2019.

SANTOS, Michele Priscila Gonçalves dos. **"Dá um like e se inscreve no canal!"**: problematizando discursos de gêneros e sexualidades em vídeos do youtuber Felipe Neto. 2021. Dissertação (Mestrado em Educação) – Faculdade de Educação, Universidade Federal de Juiz de Fora, Juiz de Fora, 2021.

SILVA, Marco Polo Oliveira da. **Youtube, juventude e escola em conexão**: a produção da aprendizagem ciborgue. 2016. Dissertação (Mestrado em Educação) – Faculdade de Educação, Universidade Federal de Minas Gerais, Belo Horizonte, 2016.

SOUSA, Deborah Susane Sampaio. A rede social YouTube como plataforma de conexão e de estabelecimento da estética do fluxo. **Intercom**, Rio de Janeiro, 2015. Disponível em: http://portalintercom.org.br. Acesso em: 30 ago. 2019.

VALADARES, Marcus Guilherme Pinto de Faria. Vídeos confessionais do YouTube: análise de um dispositivo. **Mediação**, [*S. l.*], v. 13, n. 13, 2011.

CAPÍTULO 6

FERRAMENTAS PÓS-CRÍTICAS EDUCACIONAIS E CURRICULARES PARA PESQUISAR E ANALISAR VÍDEOS[35]

Danilo Araujo de Oliveira
Shirlei Sales

---

[35] No que se refere às contribuições ao texto, o primeiro autor desenvolveu a pesquisa de doutorado, da qual esse artigo se origina, orientado pela segunda autora. O texto foi adaptado, ampliado em algumas discussões para esse modelo de publicação e revisado pelo autor e pela autora em conjunto. Este artigo foi publicado em sua primeira versão na revista *Acta Scientiarum*. Education, volume 45, ano 2023, no dossiê Metodologias de Pesquisas Pós-Críticas: fraturas, aberturas e expansões nas investigações em educação e currículos.

Introdução[36]

As teorias pós-críticas trouxeram, para os campos da educação e do currículo, mudanças significativas proporcionadas, sobretudo, pela problematização e ampliação dos conceitos que constituem esses campos. O conceito de educação deixou de ser entendido como restritamente vinculado aos processos que se desencadeiam na e pela escola ou em espaços educativos formais ou institucionalizados. Currículo, por sua vez, não é compreendido somente como um conjunto de disciplinas acadêmicas ou escolares ou mesmo como um programa instituído com um objetivo a seguir para formar um grupo de alunos/as.

Com inspiração em Michel Foucault, o conceito de educação passa a contemplar práticas variadas "[...] nas quais se produzem ou se transformam as experiências que as pessoas têm de si mesmas" (Larossa, 1994, p. 35). Assim, ao observar essas práticas, "[...] o importante não é que se aprenda algo 'exterior', um corpo de conhecimentos, mas que se elabore ou reelabore alguma forma de relação reflexiva do[a] 'educando'[a] consigo mesmo[a]" (Larossa, 1994, p. 34, grifo do autor). Em outras palavras, o conceito de educação passa a ser imbricado com a perspectiva foucaultiana dos processos de subjetivação, isto é, com as diversas formas através das quais os indivíduos se transformam em sujeitos. Educação é, portanto, uma prática discursiva com o objetivo de "[...] produzir e mediar certas 'formas de subjetivação'" (Larossa, 1994, p. 51, grifo do autor).

De modo similar, considerando esses aspectos, o conceito de currículo "[...] passa a ser visto em sua relação com a cultura" (Paraíso, 2010, p. 33). O currículo é, assim, entendido como uma "[...] prática cultural que divulga e produz significados sobre o mundo e as coisas do mundo" (Paraíso, 2010, p. 33). Esses significados se constituem em conhecimentos a serem ensinados que incidem na fabricação de sujeitos. O currículo, pois, não é visto apenas na escola e nas salas de aula, mas materializando-se nas "[...] bibliotecas, nos museus, nas propostas político pedagógicas, nas diferentes formações, na pesquisa educacional, na internet, nos jogos, nas brincadeiras, na mídia, no cinema, na música, na cultura, no cotidiano" (Paraíso, 2010, p. 37).

O alargamento dos conceitos de educação e currículo ampliou também as possibilidades de pesquisas no campo curricular, criando diferentes tessituras. Diversas pesquisas têm sido feitas a partir das compreensões então

---

[36] Protocolo do Comitê de Ética: 22337319.5.0000.5149 (UFMG).

empreendidas[37]. É nesse sentido que buscamos analisar na pesquisa à qual esse artigo se vincula o funcionamento do *currículo bareback*. Entendendo, pois, que a divulgação de ditos relacionados à prática sexual *bareback* no ciberespaço, ao corporificar narrativas particulares, produzir sentidos e significados, constitui-se em um discurso que luta para produzir verdades e saberes, assim como busca ensinar e demandar sujeitos de determinados tipos. Dessa forma, consideramos como currículo, ditos, discursividades, relações de poder-saber e regimes de verdade localizados no ciberespaço, especificamente no blog *blogbarebackbr.blogspot.com* e três perfis do Twitter: *@bare_putaria*, *@baredeprep* e *@bareback3*[38], no que se refere aos jogos de incitação às práticas sexuais sem preservativo, que nomeamos de 'currículo *bareback*'. Entendemos que a forma como ele funciona no ciberespaço remete aos modos de atuação de um currículo que, conforme ressaltado por Paraíso (2007, p. 24), produz "[...] sentidos, práticas e sujeitos de determinados tipos".

O conjunto desses ditos torna-se, na perspectiva pós-crítica, "[...] uma prática discursiva produtora de saberes, significados e de culturas" (Paraíso, 2010, p. 42). Essas práticas discursivas podem ser lidas como um currículo que divulga modos de vida e que participam do jogo da produção de verdades sobre práticas sexuais sem preservativo entre homens. Esses aspectos mostram sua "importância fundamental nas políticas e nas lutas culturais contemporâneas" (Paraíso, 2010, p. 43). O 'currículo *bareback*', assim como outros currículos culturais, pode "[...] somar ou disputar espaço com outros sistemas, outras práticas e outros discursos" (Paraíso, 2010, p. 43).

A compreensão de currículo que subsidiou esta pesquisa implicou também um esforço metodológico para consolidação de um campo epistemológico de como operar ao analisar o funcionamento de um currículo cultural não escolar. Ou seja, como criar, localizar, mostrar, organizar e analisar um currículo cultural não escolar. Nesse esforço, compartilhamos o que aprendemos com Meyer de que "[...] teoria e método são indissociáveis e de que nossas opções metodológicas precisam fazer sentido dentro do referencial teórico no qual as inscrevemos" (Meyer, 2012, p. 48). Portanto, ao falar de um esforço metodológico ou de metodologia, estamos falando também das teorias nas quais essa metodologia está inscrita. No

---

[37] Para mais detalhes sobre os assuntos específicos, ver: *Currículo da nudez* (Silva, 2018); *Currículo dos Blogs* (Meireles, 2017); *Currículo do Facebook* (Evangelista, 2016); *Currículo dos livros de literatura infantil* (Freitas, 2008); *Currículo do forró eletrônico* (Cunha, 2011); *Currículo do Orkut* (Sales, 2010).

[38] Esses nomes são fictícios para preservar o animato dos sites pesquisados. No tópico 2, discorremos mais sobre esse posicionamento a partir de uma perspectiva ética.

âmbito dessas teorias, consideremos metodologia, nesta pesquisa, como "[...] um certo modo de perguntar, de interrogar, de formular questões e de construir problemas de pesquisa que é articulado a um conjunto de procedimentos de coleta de informações" (Meyer; Paraíso, 2012, p. 16). A metodologia é, pois, "[...] construída no processo de investigação" (Meyer; Paraíso, 2012, p. 15).

Por isso mesmo, consideramos ainda, o lugar de funcionamento do 'currículo *bareback*'. Seu funcionamento, assim como outros currículos culturais não escolares, dá-se "[...] no emaranhado da rede" (Pelúcio; Pait; Sabatine, 2015, p. 6). A rede é o ciberespaço, onde se produz "[...] conteúdo que pode ser replicado por teias de links, constituindo essa imensa rede na qual tecnologia e afetos se tramam nos desafiando metodologicamente" (Pelúcio; Pait; Sabatine, 2015, p. 7).

Nesse emaranhado da rede, está portanto em funcionamento o 'currículo *bareback*'. Assim, um primeiro entendimento que consideramos importante explicitar é o de que os vídeos, em uma pesquisa, não estão isolados de um determinado contexto, pelo contrário, eles estão localizados para atender a um determinado objetivo e diz do funcionamento de algo em específico, relacionando-se com aquilo que está ao seu redor. Ao tomar esses vídeos como objeto de pesquisa, olhamos suas disposições, como se dava sua composição com os outros elementos, como os títulos e legendas que os agrupavam de uma certa forma. Os modos de ver e analisar esses vídeos estão atrelados a uma questão de pesquisa, que por sua vez, está inscrita numa perspectiva teórica e metodológica que direciona as problematizações que podemos fazer a respeito deles. Até chegar no momento da descrição do trabalho efetivo com os vídeos, iremos detalhando os caminhos que fomos trilhando pelo emaranhado da rede até chegarmos neles. A seguir, apresentamos os passos teórico-metodológicos: como 'combinamos elementos da netnografia e análise do discurso de inspiração foucaultiana' para produção das informações e análise dos vídeos que compõem o 'currículo *bareback*'.

Metodologia: definições iniciais, procedimentos para produção de informações e análise do 'currículo *bareback*'

Para a pesquisa, metodologicamente, articulamos elementos e procedimentos da netnografia — metodologia derivada da etnografia para investigar o ciberespaço (Sales, 2010)— e análise do discurso de inspiração foucaultiana — metodologia para produção de informações e análise das práticas discursivas. A netnografia foi utilizada para análise da cibercultura, para pesquisar como se dá o imbricamento da cultura *bareback*[39] com a cultura do ciberespaço. Articulada à análise do discurso de inspiração foucaultiana, foi possível selecionar o blog e os perfis que fizeram parte da pesquisa, para, em seguida, produzir as informações e análises na perspectiva curricular.

A netnografia constitui-se a partir dos pressupostos da etnografia, mas atribuindo-lhes novos sentidos e significação, "[...] aplicados ao universo ciberespacial [...]" e para efeitos de "[...] análise da cibercultura" (Sales, 2010, p. 43). Dito de outro modo, a netnografia é utilizada para estudar os "[...] grupos e culturas online" (Noveli, 2010, p. 115). Nas pesquisas com netnografia, há, pois, um entendimento "[...] da internet como cultura e artefato cultural [...]", atentando-se para "[...] a inserção da tecnologia no cotidiano e seus significados culturais em diferentes contextos" (Prado, 2015, p. 181). Isso equivale a verificar que "[...] as tecnologias digitais são artefatos culturais de intensa fusão com a produção de modos de vida, desejos, anseios e prazeres" (Silva, 2018, p. 39).

Como culturas, estão envolvidas na produção de significados específicos que incidem na forma de experiências variadas, instituindo até mesmo uma 'nova economia do desejo' (Miskolci, 2017). Miskolci (2017, p. 281) defende que essa nova economia de desejo corresponde aos desejos digitais, os quais envolvem "[...] regulações de gênero que entrelaçam fantasias culturais espalhadas midiaticamente/comercialmente e o desejo de literalizá-las[40], corporificá-las". Entendemos, portanto, que a prática *bareback*, como cultura organizada, difundida em articulação com a cibercultura, compõe essa nova economia de desejo. Pesquisamos o *currículo bareback* a partir da cibercultura, porque "[...] grande parte do discurso *bareback* ocorre *on-line*, onde as comunidades virtuais se fundem em torno da troca de palavras, imagens e fantasias" (Dean, 2008, p. 84). Combinado a elementos da netnografia, fizemos uma análise do discurso de inspiração foucaultiana.

Essa última surge na pesquisa como um modo de analisar "[...] como se instaura certo discurso, quais suas condições de emergência ou suas condições de produção" (Fischer, 2001, p. 216). Consideremos, portanto, que o 'currículo *bareback*', ao funcionar como discurso, é uma invenção

---

[39] Isso porque a prática *bareback* é considerada como um tipo de cultura por Dean (2009). Com suas condições de emergências, proeminentemente, localizadas em São Francisco, ela propagou-se "[...] rapidamente no espaço virtual" (Dean, 2009, p. 44). Desse modo, sites *bareback* tornam a prática "[...] mais visível e mais acessível" (Dean, 2009, p. 44). Segundo Dean (2009, p. X), "como qualquer cultura, esta tem sua própria linguagem, rituais, etiqueta, instituições, iconografia e assim por diante".

[40] Aqui o autor parece fazer referência ao desejo de colocar em prática essas fantasias às quais ele se refere.

desse mundo e emerge como efeito de relações de poder específicas, uma vez que é o poder que "[...] produz as coisas, ele induz ao prazer, ele forma o saber, ele produz o discurso" (Foucault, 2014b, p. 22).

O discurso foi tomado como "[...] práticas que formam sistematicamente os objetos de que falam" (Foucault, 2008, p. 55). O discurso é mais do que signos usados para designar coisas. Nas análises aqui empreendidas, investigou-se esse 'mais', fazendo-o aparecer, descrevendo seu funcionamento, quais são suas condições de emergência, táticas e técnicas para formar, constituir aquilo de que se fala. Isso exigiu ainda uma descrição minuciosa e detalhista das práticas constituintes, pois o discurso é uma "[...] prática produtiva que fabrica verdades, saberes, sentidos, subjetividades" (Sales, 2010, p. 123). Ao empreender a análise do discurso tomando como referência Foucault, buscamos entender também como "[...] se produzem efeitos de verdade no interior de discursos que não são, por eles mesmos, nem verdadeiros nem falsos" (Foucault, 2014b, p. 21). Por isso, atuar com análise do discurso, nessa perspectiva, não tem sentido se apenas se descrevem as grandes verdades científicas e suas formações. Nesse sentido, o objetivo é mapear, localizar e detalhar as práticas cada vez mais locais que também constituem os sujeitos. Dessa forma, a análise do discurso foi útil para investigar o funcionamento do 'currículo *bareback*'.

A análise do discurso, inspirada em Foucault, remete a "[...] relação, coexistência, dispersão, recorte, acumulação, seleção de elementos materiais" (Foucault, 1996, p. 57). Para isso, em articulação com a netnografia, produzimos as informações necessárias por meio de materiais disponibilizados nos perfis do Twitter @bare_putaria, @baredeprep e @bareback3 e do blog *blogbarebackbr.blogspot.com*. Procuramos reunir conjuntos de ditos heterogêneos sobre a prática *bareback*, sem, contudo, pretender ser exaustivos, afastando-nos, portanto, do objetivo de alcançar a totalidade dos ditos. Os critérios de seleção procuraram, então, abranger a variedade de modos de divulgação da prática e das disputas que a compõem, entre eles os vídeos pornôs. Os ditos constituem-se, em seu conjunto, no discurso *bareback* entendido aqui como um currículo. Considerou-se, desse modo, ao longo do trabalho analítico, que o discurso *bareback* é disperso, sendo necessário o processo de "[...] constituir unidades a partir dessa dispersão [...]", mostrando como determinados discursos "[...] aparecem e [...] se distribuem no interior de um certo conjunto" (Fischer, 2001, p. 206).

Nesse processo, procuramos focar as análises nas "[...] coisas ditas [...]" (Foucault, 1996, p. 22), naquilo que os próprios perfis do Twitter e blog ofereciam como material de e para análise. Exploramos, assim, "[...] as lutas em torno das imposições de sentido" (Fischer, 2007, p. 56). Isso foi feito procurando "[...] admitir um jogo complexo e instável em que o discurso pode ser, ao mesmo tempo, instrumento e efeito de poder, e também obstáculo, escora, ponto de resistência e ponto de partida de uma estratégia oposta" (Foucault, 2014a, p. 110). Além de considerar o discurso *bareback* em sua materialidade, isto é, em seus ditos, procurou-se também estabelecer "[...] relações entre as coisas ditas no discurso investigado com outras coisas ditas em outros momentos e espaços [...]" (Paraíso, 2007, p. 62), visto que tal articulação permite "[...] identificar de que modo as coisas ditas existem, quais suas relações com outras coisas que são ditas e o que significa o fato delas terem se manifestado" (Paraíso, 2007, p. 64). Desse modo, exploramos ao máximo o que estava sendo disponibilizado pelo campo de pesquisa, partindo do entendimento de que isso se dá como construção histórica, cultural, pois analisar discursos, nessa perspectiva, significa "[...] dar conta de relações históricas, de práticas muito concretas, que estão 'vivas' nos discursos" (Fischer, 2013, p. 151, grifo da autora).

Foucault (2003, p. 11) entende discurso também como "[...] um conjunto de estratégias que fazem parte das práticas sociais". Assim, ao dizer desse tempo da contemporaneidade, ressaltamos que essas práticas se dão em estreita relação com a cibercultura (Sales, 2010; Pelúcio; Pait; Sabatine, 2015; Miskolci, 2017). Isso implica investigar as práticas discursivas da cibercultura. As postagens, compartilhamentos, curtidas, comentários, expressos na cibercultura sobre modos de realizar práticas sexuais e narrativas de experiências específicas não se configuram apenas como uma composição de textos, imagens e vídeos em uma rede social, mas são entendidos, neste artigo, como "[...] jogos estratégicos, de ação e de reação, de pergunta e de resposta, de dominação e de esquiva, como também de luta" (Foucault, 2003, p. 9). Jogos, por sua vez, que incidem na constituição de sujeitos específicos, sobre as relações deles com os mais variados temas da sociedade e sobre os modos com que nos relacionamos neste tempo. Considerando esse tipo de análise, voltamos nossa atenção ao ciberespaço para analisar como determinados discursos vão se "[...] configurando em meio a relações de poder [...]" (Maknamara; Paraíso, 2013, p. 47), o que significa, também, "[...] questionar sobre as condições de possibilidade e as regularidades a partir das quais determinados discursos concorrem para o exercício do poder e a produção de posições de sujeito" (Maknamara; Paraíso, 2013, p. 47).

A partir do mapeamento do funcionamento do 'currículo *bareback*' e dos materiais produzidos para a apreciação a partir da netnografia em articulação com a análise do discurso aqui proposta, analisamos como determinado saber foi se constituindo a partir das práticas discursivas, como elas engendraram os saberes e como cada formação discursiva construía os objetos de que falava.

Nesse sentido, dada a abundante disponibilização de vídeos pornográficos constitutivos do 'currículo *bareback*', voltamos nosso olhar especificamente para eles. Esse olhar foi feito, pois, com as lentes da análise do discurso foucaultiana em articulação com elementos da netnografia para empreender a observação dos vídeos, pois entendemos que esse material se constituía em uma linguagem própria desse currículo para instruir, ensinar, autorizar e demandar conduções da conduta específicas. Compondo o funcionamento do currículo aqui em análise.

Notas sobre posicionamentos éticos da pesquisa

No que se refere ao posicionamento ético da pesquisa, reforçamos a compreensão de que as pesquisas com internet estão diante de muitos desafios decorrentes das complexidades e dos dilemas éticos e estéticos que parecem emaranhar ainda mais essa composição complexa e sem ordem própria da cibercultura. Um dos desafios encontrados nesta pesquisa foi a identificação ou não do blog e perfis pesquisados, mesmo se tratando de material disponibilizado publicamente. Optamos, assim, em seguir as orientações das Diretrizes Éticas da Associação de Pesquisadores da Internet (Franzke; Bechmann; Zimmer; Ess; Association of Internet Researchers, 2020). Trata-se de um documento colaborativo escrito, em âmbito internacional, por pesquisadores/as, estudantes e desenvolvedores/as técnicos/as que enfrentam questões éticas em suas pesquisas.

Considerando que "[...] as questões levantadas pela pesquisa na internet são problemas éticos precisamente porque evocam mais de uma resposta eticamente defensável para um dilema específico [...]" (Franzke *et al.*, 2020, p. 6, tradução nossa[41]), optamos por dar importância a algumas reflexões que pareciam se aplicar ao contexto desta pesquisa. Esse documento ressalta que um "[...] cuidado especial deve ser tomado ao coletar dados da mídia social, a fim de garantir a privacidade e dignidade dos sujeitos" (Franzke *et al.*, 2020, p. 12, tradução nossa[42]). Considerações adicionais foram sugeridas,

---

[41] No original: *"[...] the issues raised by Internet research are ethical problems precisely because they evoke more than one ethically defensible response to a specific dilemma or problem".*

[42] No original: *"Special care should be taken when collecting data from social media sites in order to ensure the privacy and dignity of the subjects".*

"[...] incluindo atenção específica às minorias, indivíduos e/ou comunidades LGBT [...]" (Franzke et al., 2020, p. 17, tradução nossa[43]), de maneira que se recomenda: "[...] quanto maior a vulnerabilidade de nossos sujeitos, maior nossa responsabilidade e obrigação de protegê-los de possíveis danos" (Franzke et al., 2020, p. 18, tradução nossa[44]).

Dessa forma, a versão preliminar da tese, apresentada no exame de qualificação, informava a identificação das páginas analisadas. Mas, a partir de discussão com pesquisadoras/es da banca de qualificação e análises junto ao grupo de pesquisa, optamos por retirá-la. Isso demonstra que, assim como somos forçados/as, ao longo do projeto de pesquisa, a revisá-lo, "[...] somos da mesma forma confrontados[as] com a necessidade de revisitar nossa ética inicial, suposições e designs" (Franzke et al., 2020, p. 4, tradução nossa[45]). Encontramos, nesse documento, respaldo à decisão então tomada.

Mesmo que as questões éticas tenham sido tomadas, prioritariamente, na pesquisa, como algo que se refere à metodologia, é necessário ressaltar aqui que elas também orientam todas as escolhas feitas, o modo de perguntar, a forma de produzir, registrar e divulgar os dados e também como analisá-los, respeitosamente. Para isso, sugerimos a leitura dos textos analíticos e como os posicionamentos éticos e políticos constituem as análises.

Procedimentos de pesquisa e análise dos vídeos

Somente no blog analisado, havia, no período de pesquisa, 96 vídeos disponíveis. Os vídeos tinham tamanhos variados, sendo o menor de seis segundos e o maior de 98 minutos e 26 segundos de duração. Consideramos, para análise, os vídeos postados até março de 2020 no currículo investigado (trata-se do período inicialmente designado para fazer a netnografia, ou seja, entre os meses de agosto de 2019 e março de 2020). Como se trata de um campo muito dinâmico e que se atualiza constantemente, foi necessário definir uma etapa para isso sob pena de nos envolver em um trabalho interminável.

O primeiro trabalho com os vídeos consistiu em assistir a todos eles. Trata-se de um trabalho exaustivo, pois são muitas horas de material, com imagens que se repetem. Como é um material pornográfico, o trabalho mexe com nossas emoções e imaginações e, em diversos momentos nos

---

[43] No original: *"[...] including specific attention to minorities, LGBT individuals and/or communities."*

[44] No original: *"[...] the greater the vulnerability of our subjects, the greater our responsibility and obligation to protect them from possible harm"*.

[45] No original: *"[...] we are likewise confronted with the need to revisit our initial ethical assumptions and designs"*.

envolve, de alguma forma. Então, além de demorar dias para fazer isso, foram realizadas algumas pausas. No entanto, com o passar do tempo a relação com os vídeos muda, pois o modo como você os olha acaba sendo, predominantemente, marcado pelo interesse de pesquisa. As sensações e emoções sexuais parecem dar lugar a esse interesse.

O modo como olhamos, percebemos e analisamos nossos objetos, no momento inicial da pesquisa, diz da forma como eles estão para nós constituídos de maneiras específicas. Assim, esse modo, ainda é, por vezes, restrito e nos impede de ampliar as possibilidades de análise. O que pode ir alargando nossas perspectivas é o próprio processo constitutivo da pesquisa que vai exigindo de nós o estudo sistemático de diversos textos teóricos e também de outras pesquisas já produzidas. No caso da investigação que subsidia este artigo, soma-se a isso um procedimento que constitui nosso grupo de pesquisa: as orientações coletivas. Além disso, submetemos os primeiros resultados à análise crítica de outro importante grupo de pesquisa, ensino e extensão. A seguir, detalhamos cada uma dessas etapas metodológicas e como elas foram decisivas para a construção das análises dos vídeos.

Quando relatamos anteriormente como o material pornográfico mexe com nossas emoções e imaginações, referimo-nos à questão de como vamos, de certo modo, para o campo de pesquisa vinculados/as a algumas verdades sobre o nosso objeto. Nesse primeiro contato com os vídeos pornôs, a verdade proeminente que tomamos era de que os vídeos pornôs se constituem como algo excitante e/ou masturbatório. Como problematizar esse regime de verdade que circunscreve, forja o uso dos vídeos para essa finalidade? Seria possível escapar dela e multiplicar as verdades sobre os vídeos pornôs?

As relações de poder estão também em funcionamento no processo de pesquisa, porque há uma série de disputas em torno da produção de sentidos acerca do nosso objeto e que dizem também da constituição da subjetividade-pesquisador/a. Então, é preciso problematizar, desconfiar, estar à espreita, ver, rever, dar um passo atrás em todo o processo de pesquisa para poder ver de um outro modo, multiplicar as perspectivas de análise, tornar problemático algo que nos parece comum (Meyer; Paraíso, 2012). Como no caso específico aqui: era preciso tornar um problema a verdade que nos parecia comum acerca dos vídeos como apenas algo excitante e/ou masturbatório. Para isso, o nosso próprio prazer e excitação em ver os vídeos precisaram passar por uma certa tensão ao nos perguntarmos: o que é possível além disso?

Surgia, assim, um primeiro desafio. Procuramos encontrar textos teóricos/conceituais sobre vídeos pornôs e/ou pornografia e que dialogassem, de algum modo, com a perspectiva pós-crítica. Entre os textos nacionais encontramos o artigo "*Hardcore* para um sonho: poética e política das performances pós-pornôs" (Oliveira, 2013). O autor trazia questões importantes que nos ajudavam a pensar o nosso objeto, como: "Pode a pornografia dizer outra coisa sobre os corpos sexuados e sobre si mesma?" (Oliveira, 2013, p. 235). Ou seja, para além de um material com cenas de corpos nus, sexo e gozo, o que mais poderíamos dizer sobre ele? No próprio artigo, Oliveira (2013) já nos dava uma pista importante: falava que estávamos num regime sexopolítico e que "[...] a pornografia evidentemente não pode deixar de soar como uma regulação heteronormativa de práticas sexuais, sentimentos, amores, corpos, processos identitários [...]", constituindo-se como "[...] parte significativa de todo um processo de normalização da sexualidade na cama da vida" (Oliveira, 2013, p. 236). A pornografia produz e disputa sentidos sobre o sexo, a sexualidade e a subjetividade.

Inspiramo-nos também em um outro texto nacional que, analisando a pornografia, mostra que "[...] as pedagogias da sexualidade presentes na pornocultura, que constituem diferentes corpos, práticas, prazeres e sujeitos desejantes" (Zago; Atolini, 2020, p. 93). O autor e a autora chegam a mostrar que, na pornocultura, "[...] não há barreiras para se discutir, aprender e ensinar sobre os desejos e prazeres que o corpo pode desfrutar" (Zago; Atolini, 2020, p. 93).

Ampliando nossas buscas por textos teóricos, percebemos a necessidade de recorrer a textos internacionais, dada a escassez de análise sobre o tema no Brasil. Encontramos, então, o texto de Mowlabocus, Harbottle e Witzel (2013, p. 530, tradução nossa[46]), os quais ressaltam que "[...] a pornografia é mais do que apenas material para masturbação". Os autores chegam a essa conclusão a partir de uma longa pesquisa com grupo focal composto por homens gays, no qual, em relação à pornografia, "[...] o entendimento mais comum era dimensão educacional [da pornografia], oferecendo instruções e experiências sobre práticas sexuais masculinas gays" (Mowlabocus; Harbottle; Witzel, 2013, p. 527, tradução nossa[47]). A partir de leituras como essas, passamos a observar na divulgação dos vídeos pornôs no 'currículo

---

[46] No original: "*Pornography is more than 'just' material for masturbation. Mowlabocus, Harbottle e Witze*".

[47] No original: "*The most popular understanding was its perceived educational dimension, offering instruction on, and experiences of, gay male sexual practices*".

bareback' uma notória pretensão pedagógica. Em uma das legendas para uma sequência de vídeos, era possível ler a seguinte instrução: "É assim que se faz: *Bareback* de verdade ama GOZAR DENTRO!"[48]. Mas reiterava-se ainda a verdade acerca do prazer, como descrevemos anteriormente. Assim, os vídeos divulgados são utilizados também para provocar o desejo: "Aí estão alguns vídeos para deixar vocês com vontade". Além disso, localizamos em um outro texto (Mikos, 2017) que essa combinação do ensinamento de como fazer e com a produção da vontade mobilizada por meio dos vídeos pornôs não é uma novidade instaurada no currículo investigado na tese que subsidia este artigo. Isso nos leva a concluir sobre a importância de conhecermos a fundo as condições históricas de produção das verdades sobre o material que pesquisamos. Aprendemos, assim, que os primeiros filmes pornôs do começo do século XX, nomeados como *stag films* ou *dirty movies*, eram transmitidos em bordéis e casas de prostituição não somente para excitar os homens, mas para oferecer instruções sobre os corpos e as práticas sexuais.

Todo esse processo de tensionar as verdades então construídas sobre os vídeos pornôs, exigiu de nós diversificadas ações metodológicas, como buscar outros elementos que nos ajudassem a conceber os vídeos com essa característica educativa. Encontramos uma pesquisa que mostrava como a dimensão pedagógica dos filmes pornôs pode ser conferida na atualidade pelas respostas dos/as seus/suas próprios/as consumidores/as. Em pesquisa realizada entre janeiro de 2016 e julho de 2017 pelo 'Quantas Pesquisas e Estudos de Mercado', a pedido do canal a cabo *Sexy Hot*, foi perguntado "[...] por que o público consome pornô" (Muraro, 2018). Entre os principais motivadores listados pela pesquisa está "[...] ver e aprender situações e posições" (Muraro, 2018).

Esses achados nos ajudaram a concordar com o argumento de que "[...] a pornografia gay serve a uma diversidade de funções (entretenimento, educação, validação, identificação)" (Mowlabocus, 2015, p. 55). Foi assim que passamos a perceber que essa diversidade de funções era encontrada também nos vídeos pornôs do 'currículo *bareback*'. Compreendemos, pois, que a divulgação do comportamento sexual através da pornografia *bareback* não somente gera provas documentais de como as práticas sexuais são feitas. Ela cria laços comunitários, diz de modos de vida com rituais e iconografias distintos, como defende Dean (2009). Além disso, recorre a

---

[48] Legenda do blog investigado. Dado o posicionamento ético explicado no texto, não iremos referenciar a fonte original. Assim, essa é a mesma explicação para essa e outras partes do corpus analítico citado ao longo do texto.

práticas curriculares para divulgar, ensinar, incitar sobre essa forma de ter relações sexuais. Trata-se de uma prática discursiva que incide na condução da conduta dos indivíduos.

Considerando, pois, que o público assiste aos filmes pornôs também com a finalidade educativa, é necessário destacar quais tipos deles têm mais audiência, pois suas pedagogias podem incidir de forma mais ampla na condução das condutas de muitos indivíduos. Ao buscar por essas informações, chegamos a uma revisão anual do site Pornhub, um dos sites pornôs que aparecem no 'currículo *bareback*'. Nessa revisão, apresentam-se tendências, termos e pesquisas mais recentes. A última revisão divulgada é do ano de 2019, até o momento de escrita da tese. Entre os dados apresentados, encontramos o item "Categoria gay mais vista [...]" no qual a prática *bareback* figura como terceira colocada no ranking, tendo subido um lugar em relação ao ano anterior (Pornhub, 2019, tradução nossa[49]).

De todo modo, a relação entre espectador e filme não é estabelecida de modo linear. Os efeitos pretendidos não são garantidos, pelo contrário, são constituídos de tensões e imprevisibilidades. Dessa forma, não consideramos que todos os indivíduos que assistirem aos vídeos pornôs disponibilizados no currículo *bareback* terão desejo de praticar o sexo *bareback*. Não se pode garantir que os espectadores adotarão para si os procedimentos de condução da conduta tal qual esses vídeos divulgam e prescrevem. Isso nos aproxima da discussão feita por Elizabeth Ellsworth (2001). Segundo a autora, apesar de os filmes e a pedagogia operarem partindo da tentativa de responder às questões: quem são os indivíduos? Quem eu quero que eles sejam?, produzindo modos de endereçamento, "[...] todos os modos de endereçamento 'erram' seus públicos de uma forma ou de outra [...]", de maneira que "[...] não há como garantir respostas a um determinado modo de endereçamento" (Ellsworth, 2001, p. 42, grifo da autora). Assim, ao dizer como um currículo funciona, quais são os investimentos, ensinamentos e incitamentos expressos nele, não estamos tomando por garantido que as aprendizagens serão efetivadas, ou mesmo que o sujeito desejado nesse currículo será finalmente produzido.

Em suas análises sobre pornografia *bareback*, Dean (2009, p. 118, tradução nossa[50]) chega a afirmar que "[...] a suposição de que a pornografia condiciona o comportamento de seus telespectadores, para o bem ou para

---

[49] "Most viewed gay category [...]" in which the bareback practice appears in third place in the ranking, having risen one place compared to the previous year.

[50] No original: *"The assumption that pornography conditions the behavior of its viewers, whether for better or for worse, fails to explain the emergence of bareback subculture, since if gay men had been conditioned by gay porn during the '90s, then they never would have invented barebacking"*.

o mal, falha em explicar o surgimento da subcultura *bareback*, pois se os homens gays tivessem sido condicionados pela pornografia gay durante os anos 90, nunca teriam inventado o *bareback*". Nesse sentido, "[...] a relação entre a pornografia e as atividades sexuais de seu público, portanto, deve ser consideravelmente mais complexa do que um modelo mimético ou comportamentalista permite" (Dean, 2009, p. 117-118, tradução nossa[51]).

Quando vídeos pornôs são mobilizados no 'currículo *bareback*', é possível perceber que eles compõem uma narrativa que está em disputa por produzir a verdade acerca do prazer, do corpo, do sexo, das sexualidades e de gênero. E aqui é preciso afirmar que essa é uma perspectiva utilizada na pesquisa, forjada a partir do referencial teórico que mobilizamos. Ou seja, o modo como o/a pesquisador/a irá analisar os vídeos, sua metodologia, depende, está articulada, com as teorias que ele/a faz uso.

Essas proposições guiaram também nossa metodologia, pois partimos do pressuposto de que "[...] teoria e método são indissociáveis e de que nossas opções metodológicas precisam fazer sentido dentro do referencial teórico no qual [nos] inscrevemos" (Meyer, 2012, p. 48). Considerando também o pensamento de Foucault de que nenhum método "[...] se aplicaria, do mesmo modo, a domínios diferentes [...]" (Foucault, 2003, p. 229), podemos afirmar que um método de pesquisa vai sendo forjado de acordo com a questão formulada sobre um problema. E o nosso problema de pesquisa partia de um campo de pesquisa específico: o campo curricular buscava entender os modos de funcionamento do currículo investigado. Nesse sentido, aproximamo-nos da pergunta central no campo curricular — o que deve ser ensinado? (Corazza; Tadeu, 2003) — para analisar esse funcionamento.

A partir dessas compreensões, entendemos ser possível pensar que a pornografia é acionada como um meio de "[...] aprender novas técnicas sexuais, validar um senso de si mesmo, encontrar uma alternativa às práticas sexuais convencionais ou a um método, para apoiar as relações sociais e sexuais existentes" (Mowlabocus; Harbottle; Witzel, 2013, p. 530, tradução nossa[52]). Ela pode ensinar e instigar a produção de uma relação de um prazer outro, diferente da norma prevalente, constituído por relações de poder. Considerando que esse currículo só pode ser compreendido se olhado numa perspectiva histórica do presente,

---

[51] No original: *"The relationship between pornography and its audience's sexual activities therefore must be considerably more complex than a mimetic or behaviorist model allows"*.
[52] No original: *"Learning new sexual techniques, validating a sense of self, finding an alternative to conventional sexual practices or a method for supporting existing social and sexual relationships"*.

entende-se, do mesmo modo, que a pornografia como outras expressões da sexualidade, deve ser posta em seu contexto, vista através de filtros culturais, sociais, políticos e econômicos.

Se, ao analisar uma produção pornográfica, Dean afirmou que esta funciona como "[...] testemunho sexológico sobre os desejos, fantasias e prazeres de um *barebacker*" (Dean, 2009, p. 126, tradução nossa[53]), mais do que isso, no currículo analisado, pensamos que as produções mobilizadas funcionam como pedagogias que ensinam quais desejos, fantasias e prazeres constituem o *bareback*, instruindo sobre o que se pode e deve ser feito como *barebacker*. Elas ajudam a tornar visíveis quais verdades constituem a prática sexual objeto desta pesquisa.

Nesse sentido, reiteramos que ao longo do processo de análise é necessário ir lançando mão de estratégias metodológicas e analíticas que nos ajudem a ir produzindo nossa argumentação de forma coesa e coerente. Essas ações são fundamentadas, criadas, elaboradas a partir de nossos referenciais teóricos. Mas os referenciais não falam por si só. O processo analítico exige criatividade, como, ao nomear as pedagogias, ao escolher formas de elaborar tópicos no texto para as análises. Como se tratava de vídeos, escolhemos nomear os tópicos nessa parte da tese de *take*. Utilizamos a placa de cinema — *clapboard* — para formular as introduções. Mas tudo isso ainda não é suficiente para a construção de análises consistentes, densas e de qualidade teórica. As parcerias acadêmicas são fundamentais para um processo de pesquisa que nos fortaleça, anime-nos e inspire-nos para a realização de um trabalho de excelência, mas que também multiplique os sentidos que produzimos com e sobre o nosso objeto de pesquisa.

Já que com nossas investigações entramos na luta pela produção de verdades acerca do nosso objeto, é importante reconhecer que elas não são verdades absolutas, a única verdade. Por isso, é fundamental multiplicar os sentidos possíveis, ampliar as perspectivas analíticas. Todo o trabalho de construção da pesquisa foi desenvolvido, portanto, conjuntamente, com a colaboração de outros/as pesquisadores/as em processo de formação, por meio de reuniões quinzenais de orientação coletiva. Participam delas estudantes de graduação e pós-graduação que desenvolvem pesquisas sob a orientação da professora responsável, a qual se incumbe da coordenação das reuniões. Todas as produções do grupo, desde os projetos até os relatórios de pesquisa (monografias, dissertações e teses) são analisados e discutidos

---

[53] No original: *"Function as sexological testimony about one barebacker's desires, fantasies, and pleasures"*.

conjuntamente. Os resultados das pesquisas são permanentemente avaliados, em um processo incansável de inúmeras revisões. A escrita dos materiais é permanentemente refletida e aprimorada. Essa metodologia se configura como um intenso trabalho de reflexão, elaboração e reelaboração das análises. Essas reuniões funcionam de modo a complexificar nossas compreensões e multiplicar os sentidos construídos, além de verificar a assertividade das decisões, das escolhas teóricas-metodológicas, bem como da argumentação analítica desenvolvida.

A metodologia que desenvolvemos para realizar isso em nosso grupo é a leitura regular das produções e a discussão aprofundada entre todos/as componentes. Assim, todos os membros leem criticamente os textos uns/umas dos/as outros/as. Analisam, elaboram pareceres, sugerem reformulações, apresentam outras formas de ver as elaborações, apontam lacunas e também possibilidades de maior desenvolvimento. Todo o processo é desenvolvido em uma dinâmica de comprometimento coletivo com a produção do grupo, de forma responsável, solidária, afetiva e extremamente respeitosa. Assim, vamos fazendo composições entre o modo como vemos nosso objeto, com o modo que o/a outro/a o vê. Construindo, desconstruindo, reconstruindo e multiplicando percepções.

É preciso registrar como essa metodologia contribui para a construção de parcerias acadêmicas e laços afetivos entre os membros do grupo de pesquisa. Há um processo de engajamento com o trabalho do/a colega, rompendo com a solidão, por vezes, característica do processo de formação de pesquisadores/as. Isso produz mais confiança na assertividade do trabalho desenvolvido, além de preparar o grupo sobre como questionar as produções científicas, como também para elaborar respostas às mais diversas interrogações. Outro efeito importante é a consistente aprendizagem sobre os procedimentos necessários para analisar um projeto ou relatório de pesquisa e sobre como elaborar um parecer analítico. Por fim, essa metodologia ensina sobre como orientar estudantes em processo de formação em pesquisa. Essa é uma aprendizagem crucial, especialmente para os/as estudantes da pós-graduação, futuros/as coordenadores/as e orientadores/as de pesquisas.

Retomando a discussão específica acerca dos vídeos pornôs do 'currículo *bareback*', percebemos ao longo de produção das elaborações analíticas, permanentemente discutidas e refletidas nas reuniões de orientação coletiva, que era possível estabelecer ao menos três grandes agrupamentos para os vídeos. Isso foi feito levando em consideração que, no 'currículo *bareback*', já havia uma seleção prévia e um certo agrupamento dos vídeos a partir dos títulos e legendas que, mobilizados por esse currículo, designavam temáticas e qualificavam os filmes de modos bem específicos. Dessa forma, talvez pudessem ser nomeadas muitas outras pedagogias, além daquelas que discutimos na versão final da tese, da qual este artigo se origina. A partir da perspectiva teórica que adotamos, considerando ainda que essas eram as pedagogias mais proeminentes, por meio das cenas que se repetiam em diversos vídeos, entendemos ser importante analisar inicialmente três pedagogias mais detalhadamente: a pedagogia da 'masculinização', do 'fetiche' e da 'abjeção'. A seleção dos vídeos para comporem a argumentação analítica se pautou no critério de que houvesse mais elementos explícitos que evidenciam as pedagogias analisadas.

Assim, foi necessário assistir várias vezes a todos os vídeos, anotando detalhes, considerando as cenas com mais cuidado, observando atentamente todos os elementos que apareciam nessas cenas, os sons que lhes eram peculiares, os cortes e os ângulos específicos. Passamos a compreender que, dessa forma, poderíamos descrever determinadas técnicas curriculares mobilizadas para ensinar e autorizar condutas particulares. Por isso, fizemos uma descrição extremamente minuciosa de 14 vídeos selecionados por nós, de acordo com os elementos que mais associavam os vídeos com a prática *bareback*, a fim de produzir um consistente material para análise. Essa descrição gerou um apêndice com 21 páginas.

Ressaltamos que a escrita com a descrição minuciosa das cenas não foi fácil, passou por diversas versões até chegar à formulação final. Inicialmente, sabíamos que era necessário fazer isso, mas não conhecíamos a forma exata de como fazê-lo. Para enfrentar adequadamente esse desafio, pedimos ajuda a amigos/as e pesquisadores/as do grupo para que assistissem a algumas das cenas e a descrevessem com maior número de detalhes que conseguissem. Assim, fomos analisando informações de um/a e de outro/a, observando o que cada um/a julgava importante na descrição. Esse processo foi realizado de modo atento, altamente reflexivo e oportunizou produzir fecundas composições. Cada pessoa, ao assistir os vídeos, observa a partir da sua perspectiva, gostos, desenvoltura, destreza e experiências. Somar esforços nesse momento foi importante para produzir com mais detalhes a descrição das cenas. Então, foi dessa forma que construímos um modo de registrar as cenas observadas.

METODOLOGIAS DE PESQUISAS CIENTÍFICAS NO CIBERESPAÇO/CIBERCULTURA:
#NETNOGRAFIA #ETNOGRAFIADIGITAL #PESQUISAEMTELA #ENTREVISTAONLINE #ANÁLISECULTURAL
#ANÁLISEDODISCURSO_INSPIRADAEMFOUCAULT

Para classificar e agrupar os vídeos, primeiramente, escolhemos aqueles posts do 'currículo *bareback*' com legendas que mais atendiam ao objetivo da pesquisa. Nessa fase, escolhemos quatro postagens que foram organizadas em quatro grupos: 'Socar, socar até gozar! Gozada dentro sempre é mais gostoso (pelo menos eu acho) E você, como curte a gozada?' (Grupo 1); 'Vamos leitar os putos? Só na pele em fodas gangbang! Muito leite dentro!' (Grupo 2); 'Cafuçus fodem com força' (Grupo 3); 'Surubas *bareback*' (Grupo 4). Estabelecemos esse agrupamento, a fim de reunir os vídeos por temáticas porque cada postagem trazia um conjunto de vídeos, à exceção da postagem estabelecida como Grupo 1, que continha somente um vídeo.

Além da categorização por grupos, etiquetamos cada vídeo com as seguintes informações: referência, data da postagem, título, tempo total e identificação do vídeo. Essa identificação foi feita tomando como referência a ordem de divulgação dos vídeos em cada postagem. Como, no Grupo 1, havia apenas um vídeo, ele foi identificado como Vídeo Único (VU). Os vídeos do Grupo 2 foram nomeados de acordo com a seguinte descrição A1, B1, C1, D1. Isso significa que A1 é o primeiro vídeo do Grupo 2, B1 o segundo, C1 o terceiro e D1 o quarto. Essa mesma organização foi feita para os demais, alterando os números em cada grupo. Feito isso, ainda estabelecemos uma forma de dividir os momentos dos vídeos, em minutos e segundos, descrevendo as cenas de acordo com o tempo em que elas iam acontecendo. Dessa forma, seria possível levar para as análises o tempo específico que a cena descrita ocorria. Essa se constituiu, portanto, em uma outra estratégia metodológica. Ao construir as análises do material, utilizamos trechos das descrições devidamente nomeados — esses trechos são mobilizados a depender do interesse de análise e entre parênteses o tempo exato que podem ser encontradas as cenas em questão.

Como dissemos, a maioria dos vídeos não tinha diálogos, o que exigiu um esforço analítico para localizar e descrever as técnicas discursivas neles localizadas. E essas ações foram possíveis, pois estávamos olhando os vídeos pelas lentes analíticas de inspiração foucaultiana. Mesmo quase não havendo falas, os modos como as imagens eram mobilizadas divulgavam demandas por um certo tipo de subjetividade vinculada às normas de gênero e fabricavam a prática sexual *bareback* de modo específico — como uma prática transgressiva à norma prevalente do uso compulsório do preservativo.

Nesse sentido, foi necessário fazer um trabalho muito específico de escrita com as imagens e os sons dos vídeos. 1) Descrever com detalhes o que apareciam nessas imagens; 2) Como elas apareciam; 3) Como essas imagens eram produzidas; 4) Como eram os corpos que apareciam nessas imagens. Esses foram os procedimentos metodológicos utilizados ao longo das observações e dos processos de análise. A partir de agora mostraremos alguns trechos do que localizamos nos vídeos. Não iremos nos deter na análise desses trechos de forma minuciosa, pois o objetivo do presente artigo é detalhar como trabalhamos metodologicamente com os vídeos.

Passamos a observar, portanto, como os corpos apareciam nos vídeos. Descrevemos os corpos musculosos, os movimentos e gestos das mãos, dos braços e do andar e como esse modo de exibição servia para conformar aquilo que é prescrito para um corpo masculino. Percebemos que há um certo investimento para se adaptar e se ajustar ao discurso normativo de gênero, buscando estabilizar os corpos no território masculino, ampliando as possibilidades para que isso seja mostrado. O discurso de masculinidade é acionado expulsando qualquer referência a traços afeminados ou delicados, evidenciando, através dos corpos em cena, os atributos físicos de macho viril. A regularidade com que essas características são divulgadas em diversos vídeos pornôs no 'currículo *bareback*' evidencia uma série de requisitos que precisa ser atendida para ser considerado um homem *barebacker*. A 'pedagogia da masculinização' adota o que Miskolci (2017, p. 69) chamou de "[...] tecnologias generificadas, ou, mais claramente, masculinizantes [...]", disponibilizando, por meio da pornografia, "[...] modelos regulatórios sobre como ser, a quem desejar e o que fazer". Trata-se, assim, de uma prática discursiva dos vídeos pornôs que engendra um tipo específico de jovem homem *barebacker*.

No que se refere aos sons dos vídeos, consideramos a proposição de Galvão (2017), a qual argumenta que o plano sonoro é algo importante nos vídeos pornôs. Esses vídeos se apresentam como "[...] iconotextos [...]" que "[...] associam intimamente imagens, vídeos, sons e textos" (Galvão, 2017, p. 39). Assim como nos filmes pornôs observados por Galvão (2017), os sons dos filmes disponibilizados no 'currículo *bareback*' se constituem, predominantemente, de gemidos, interjeições e palavras de incentivo. Vinculados aos estudos de gênero, passamos a observar que os sons são também mobilizados para realçar a ativação de uma 'pedagogia da masculinização' nos vídeos pornôs do currículo investigado. Dessa forma, as vozes e os gemidos ouvidos nesses filmes são vozes graves e grossas, como é possível ver nos trechos de vídeos pornôs destacados a seguir:

> Ouvem-se muitos gemidos, como "ah!", prolongados e com voz masculina bem grave (Vídeo A1).

> O homem que está de pé pede para que o parceiro faça sexo oral nele (em inglês *"suck that, come on, suck it!"*), o homem que recebe as ordens geme de modo grave, demonstrando prazer através dos gemidos (algo como "hum") longos e bem sonoros e do modo como chupa insaciavelmente o pau do parceiro, que está sem preservativo (A3, 00 A 29 segundos). São vários gemidos agora ("ah!" combinado com "yeah!", repetidamente). Um dos componentes anuncia que vai gozar dentro do parceiro sem preservativo e começa a gemer de forma forte e grave (A3, 6 minutos e 12 segundos).

Além da sonoridade ser algo que marca a produção dos vídeos, e, portanto, precisa ser observada em um trabalho analítico, adicionamos a essa compreensão o entendimento de que a voz é um demarcador de gênero. Com características distintivas, atribuem-se a uma voz valores masculinos ou femininos. Inscritas nas normas de gênero, uma voz mais suave e fina é entendida como uma voz feminina, já uma voz mais grave e grossa, uma voz masculina. Em outras palavras, é possível afirmar que "[...] as vozes são organizadas a partir das matrizes gendradas [...]", utilizadas, assim, para caracterizar "[...] o que seria a voz de mulher e a voz de homem" (Camozzato, 2020, p. 253). Dessa forma, além de observar os usos das roupas, acessórios, exibição de corpos musculosos, mobilizados pelas técnicas da caracterização dos homens em cena e da exibição de corpos magros e 'sarados', consideramos que o tom de voz é algo que também constitui a masculinidade (Daniel; Filipe, 2010; Ribeiro, 2018; Silva; Tilio, 2018). Concebemos, assim, as vozes e os gemidos graves e grossos como elementos discursivos sonoros[54] em operação nos vídeos pornôs que colaboram na atuação da 'pedagogia da masculização' no 'currículo *bareback*'.

Referenciados/as pelos aportes das teorias pós-críticas e análises sobre currículos culturais não escolares, buscamos problematizar as práticas curriculares, e ao analisar os vídeos, mostramos como diálogos estabelecidos, lugares onde as cenas são filmadas, os objetos dispostos nessas cenas, roupas utilizadas, corpos e vozes dos personagens, assim como a ausência proeminente de carinho e sentimento, recursos utilizados e modo de exibição das cenas, constituíam-se como técnicas[55] que ensinam como os indivíduos devem se conduzir nas relações sexuais. Todos os procedimentos metodológicos aqui registrados foram, portanto, construídos em função do problema de pesquisa e fundamentados no referencial teórico.

---

[54] Sobre sons no pornô, ler Mitarca (2015) e Zeischegg (2015).
[55] Para conceito de técnicas, ver Foucault (2014b).

Considerações finais

Descrevemos, aqui, como realizamos uma pesquisa, na qual parte do trabalho analítico consistiu na investigação de vídeos divulgados em um currículo cultural não escolar, que nomeamos 'currículo *bareback*'. Trata-se de uma temática ainda em emergência no campo educacional e curricular. A forma como fazemos nossas pesquisas está vinculada a modos particulares e inventivos, o que exige abandonar prescrições e maneiras determinadas e decididas a priori de como iremos trabalhar do início ao fim do percurso metodológico. Esse percurso é um caminho sinuoso, cheio de armadilhas, bifurcações, o que exige de nós muita atenção, estar à espreita de novos achados e questionar nossas escolhas permanentemente. Assim, a descrição de como operamos com os vídeos pode ser uma inspiração, para que se multipliquem as ideias, maneiras e modos de fazer pesquisa com e partir de vídeos.

Especificamente, nesta pesquisa, o maior desafio foi mesmo operar com vídeos pornôs, em sua maioiria, com ausência de diálogos. Isso nos levou a buscar estratégias novas para não simplesmente abandonar a ideia de incluir os vídeos. Como dissemos, eles eram abundantes em nosso corpus analítico e não poderiam ser desconsiderados. A descrição das imagens, do que aparecia no plano sonoro, dos elementos presentes nos vídeos, daquilo que se repetia, dos ângulos, das sequências priorizadas foi decisiva para a construção da compreensão do currículo analisado. O trabalho coletivo, respaldado em um grupo de pesquisa, comprometido com a análise criteriosa dos trabalhos desenvolvidos é uma estratégia metodológica que amplia, densifica e aprimora a investigação científica. No entanto, essas não são as únicas formas possíveis para um trabalho analítico com vídeos, pois essas ideias podem ser pluralizadas, a depender também da questão de pesquisa e do referencial teórico no qual a pesquisa se subsidia. Essa conjunção de fatores demanda, sempre, do/a pesquisador/pesquisadora um esforço metodológico, criativo, inventivo e teoricamente fundamentado para expandir as possibilidades de como fazemos e podemos fazer pesquisa sobre currículos e sobre educação.

Referências

CAMOZZATO, N. M. Vozes dissonantes, gênero e heterotopias. **Porto das Letras**, v. 6, n. 1, p. 250-275, 2020.

CORAZZA, S.; TADEU, T. Dr. Nietzsche, curriculista – com uma pequena ajuda do professor Deleuze. *In*: CORAZZA, S. T.; TADEU, T. (org.). **Composições**. Belo Horizonte, MG: Autêntica, 2003. p. 35-58.

CUNHA, M. M. S. **Currículo, gênero e nordestinidade**: o que ensina o forró eletrônico? Tese (Doutorado em Educação) – Faculdade de Educação, Universidade Federal de Minas Gerais, Belo Horizonte, 2011.

DANIEL, F.; FILIPE, A. O corpo adolescente: contributos para a compreensão da sua representação. **Psychologica**, v. 1, n. 52-II, p. 71-90, 2010. Disponível em: https://doi.org/10.14195/1647-8606_52-2_4. Acesso em:14 mai 2024.

DEAN, T. Breeding culture: barebacking, buhchasing, giftgiving. **The Massachussets Review**, v. 49, n. 1/2, p. 80-94, 2008.

DEAN, T. **Unlimited intimacy**: reflection on the subculture of barebacking. London, UK: The University of Chicago Press, 2009.

ELLSWORTH, E. Modos de endereçamento: uma coisa de cinema; uma coisa de educação também. *In*: SILVA, T. T. (org.). **Nunca fomos humanos**: nos rastros do sujeito. Belo Horizonte, MG: Autêntica, 2001. p. 7-76.

EVANGELISTA, G. R. **#CurrículodoFacebook**: denúncia da crise e demanda pela reforma do ensino médio na linha do tempo da escola. Dissertação (Mestrado em Educação) – Faculdade de Educação, Universidade Federal de Minas Gerais, Belo Horizonte, 2016.

FISCHER, R. M. B. Foucault e a análise do discurso em educação. **Cadernos de Pesquisa**, v. 1, n. 114, p. 197-223, 2001. Disponível em: https://doi.org/10.1590/S0100-15742001000300009. Acesso em: 14 mai. 2024.

FISCHER, R. M. B. A paixão de trabalhar com Foucault. *In*: COSTA, M. V. (org.). **Caminhos investigativos I**: novos olhares na pesquisa em educação. Rio de Janeiro, RJ: Lamparina, 2007. p. 39-60.

FISCHER, R. M. B. Foucault. *In*: OLIVEIRA, L. A. (org.). **Estudos do discurso**: perspectivas teóricas. São Paulo: Parábola Editorial, 2013. p. 123-151.

FOUCAULT, M. **A ordem do discurso**. São Paulo: Loyola, 1996.

FOUCAULT, M. **A verdade e as formas jurídicas**. Rio de Janeiro: NAU, 2003.

FOUCAULT, M. **A arqueologia do saber**. Rio de Janeiro: Forense Universitária, 2008.

FOUCAULT, M. **História da sexualidade I**. A vontade de saber. São Paulo: Paz e Terra, 2014a.

FOUCAULT, M. **Ditos e escritos, IX**. Genealogia da ética, subjetividade e sexualidade. Rio de Janeiro: Forense Universitária, 2014b.

FRANZKE, A. S.; BECHMANN, A.; ZIMMER, M.; ESS, C. M.; ASSOCIATION OF INTERNET RESEARCHERS. **Internet research**: ethical guidelines 3.0. 2020. Disponível em: https://aoir.org/reports/ethics3.pdf. Acesso em: 14 mai. 2024.

FREITAS, D. A. S. **O discurso da educação escolar nas histórias em quadrinhos do Chico Bento**. Dissertação (Mestrado em Educação) – Faculdade de Educação, Universidade Federal de Minas Gerais, Belo Horizonte, 2008.

GALVÃO, T. E. L. **Subjetividade e pornô 'online'**: uma análise institucional do discurso. Dissertação (Mestrado em Psicologia) – Instituto de Psicologia, Universidade de São Paulo, São Paulo, 2017.

LARROSA, J. Tecnologias do eu e educação. *In*: SILVA, T. T. (org.). **O sujeito da educação**: estudos foucaultianos. Petrópolis, RJ: Vozes, 1994. p. 35-86.

MAKNAMARA, M.; PARAÍSO, M. A. Pesquisas pós-críticas em educação: notas metodológicas para investigações com currículos de gosto duvidoso. **Revista da FAEEBA** – Educação e Contemporaneidade, v. 22, n. 40, p. 41-53, 2013.

MEIRELES, G. S. **Tecnologia da formação docente no currículo dos blogs sobre alfabetização criados por professoras-alfabetizadoras**: saberes divulgados, relações de poder acionadas e sujeitos demandados. Tese (Doutorado em Educação) – Faculdade de Educação, Universidade Federal de Minas Gerais, Belo Horizonte, 2017.

MEYER, D. E. Abordagens pós-estruturalistas de pesquisa na interface educação, saúde e gênero: perspectiva metodológica. *In*: MEYER, D. E.; PARAÍSO, M. A. (org.). **Metodologias de pesquisa pós-críticas em educação**. Belo Horizonte: Mazza Edições, 2012. p. 47-62.

MEYER, D. E.; PARAÍSO, M. A. Metodologias de pesquisas pós-críticas ou sobre como fazemos nossas investigações. *In*: MEYER, D. E.; PARAÍSO, M. A. (org.). **Metodologias de pesquisa pós-críticas em educação**. Belo Horizonte: Mazza Edições, 2012. p. 15-22.

MIKOS, C. M. F. Corpos encenam, olhares em cena: Pornografia, pós-pornografia e a realização de um experimento fílmico. **Revista O Mosaico**, n. 14, p. 13-26, 2017.

MISKOLCI, R. **Desejos digitais**: uma análise sociológica da busca por parceiros on-line. Belo Horizonte: Autêntica Editora, 2017.

MOWLABOCUS, S. Cultura do gaydar: torcendo a história da mídia digital na Grã-Bretanha do Século XX. *In*: PELÚCIO, L.; PAIT, H.; SABATINE, T. (org.). **No emaranhado da rede**: gênero sexualidade e mídia: desafios teóricos e metodológicos do presente. São Paulo: Annablume, 2015. p. 49-80.

MOWLABOCUS, S.; HARBOTTLE, J.; WITZEL, C. Porn laid bare: gay men, pornography and bareback sex. **Sexualities**, v. 16, n. 5/6, p. 523-547, 2013. Disponível em: https://doi.org/10.1177/1363460713487370. Acesso em: 14 maio 2024.

MURARO, C. 22 milhões de brasileiros assumem consumir pornografia e 76% são homens, diz pesquisa, **G1**, 17 maio 2018. Disponível em: https://g1.globo.com/pop-arte/noticia/22-milhoes-de-brasileiros-assumem-consumir-pornografia-e--76-sao-homens-diz-pesquisa.ghtml. Acesso em: 14 maio 2024.

NOVELI, M. Do off-line para o online: a netnografia como um método de pesquisa ou o que pode acontecer quando tentamos levar a etnografia para a internet? **Organizações em Contexto**, v. 6, n. 12, p. 107-133, 2010. Disponível em: https://doi.org/10.15603/1982-8756/roc.v6n12p107-133. Acesso em: 14 maio 2024.

OLIVEIRA, T. R. M. Hardcore para um sonho: poética e política das performances pós-pornôs. **Repertório**, v. 1, n. 20, p. 235-252, 2013.

PARAÍSO, M. A. **Currículo e mídia educativa brasileira**: poder, saber e subjetivação. Chapecó, SC: Argos, 2007.

PARAÍSO, M. A. Currículo e formação profissional em lazer. *In*: ISAYAMA, H. F. (org.). **Lazer em estudo**: currículo e formação profissional. Campinas, SP: Papirus, 2010. p. 27-58.

PELÚCIO, L.; PAIT, H.; SABATINE, T. **No emaranhado da rede**: gênero, sexualidade e mídia, desafios teóricos e metodológicos do presente. São Paulo: Annablume Queer, 2015.

PORNHUB. The 2019 year in review. **Pornhub insights**, 11 Dec. 2019. Disponível em: https://www.pornhub.com/insights/2019-year-in-review. Acesso em: 14 maio 2024.

PRADO, J. 'O que é dito na Cabana, fica na Cabana': notas metodológicas sobre relações de gênero em pesquisa com comunidade online. *In*: PELÚCIO, L.; PAIT, H.; SABATINE, T. (org.). **No emaranhado da rede**: gênero, sexualidade e mídia, desafios teóricos e metodológicos do presente. São Paulo: Annablume Queer, 2015. p. 175-198.

RIBEIRO, J. S. **Filhos da princesa do sertão**: representações da masculinidade na imprensa em Caxias/MA durante a primeira república. Tese (Doutorado em História) – Instituto de Filosofia e Ciências Humanas, Universidade Federal do Pará, Belém, 2018.

SALES, S. R. **Orkut.com.escol@**: currículos e ciborguização juvenil. Tese (Doutorado em Educação) – Faculdade de Educação, Universidade Federal de Minas Gerais, Belo Horizonte, 2010.

SILVA, L. C. **Currículo da nudez**: relações de poder-saber na produção de sexualidade e gênero nas práticas ciberculturais de nude selfie. Dissertação (Mestrado em Educação) – Faculdade de Educação, Universidade Federal de Minas Gerais, Belo Horizonte, 2018.

SILVA, B. C. A.; TILIO, R. O Segredo de Brokeback Mountain e Boi Neon. **La Ventana**, v. 6, n. 48, p. 168-205, 2018.

ZAGO, L. F.; ATOLINI, T. G. Pedagogias da sexualidade na pornocultura: notas sobre as Milfs. **Interfaces Científicas**, v. 8, n. 2, p. 83-98, 2020. Disponível em: https://doi.org/10.17564/2316-3828.2020v8n2p83-98. Acesso em: 14 maio 2024.

CAPÍTULO 7

A PESQUISA NETNOGRÁFICA COMO UMA ESCAVAÇÃO DE BURACOS E TÚNEIS: O ENCONTRO COM A ANÁLISE DO DISCURSO NA PERSPECTIVA FOUCAULTIANA

Gabriela Silveira Meireles

Cavar um buraco ou dois, ver quais ferramentas preciso usar nessa ação. Achar uma pedra no meio da terra, pegá-la, senti-la. Usar a pedra para escavar esses buracos.
(MEIRELES, 2017)

A pesquisa que deu base para este capítulo fala do encontro de dois caminhos, "cavados" ardilosamente, na busca por uma escolha metodológica de pesquisa. Trata-se de uma pesquisa de doutorado, realizada junto ao Programa de Pós-Graduação da Universidade Federal de Minas Gerais, no período de 2013 a 2016, intitulada "Tecnologia da formação docente no currículo dos blogs sobre alfabetização criados por professoras- alfabetizadoras: saberes divulgados, relações de poder acionadas e saberes demandados". Um encontro potente, ocorrido em um grupo de pesquisa[56] interessado nas questões do currículo, da alfabetização e da aprendizagem nos meios tecnológicos digitais. Mas por que a comparação entre a escolha metodológica e a escavação de buracos e túneis? Pode-se dizer que, de antemão, uma imagem foi criada em minha mente — a de uma escavação comumente realizada na infância, na areia da praia ou da pracinha. A imagem de um castelo, com buracos nas duas extremidades, que se ligam em uma escavação relativamente simples. Dois buracos cavados com a intenção de fazê-los se encontrarem.

Dois buracos que formam um túnel, uma ponte, uma ligação entre os dois buracos. E que buracos são esses? São as construções que fiz para encontrar um jeito de fazer pesquisa que representasse o cenário tanto da imersão em campo (no caso, os blogs de alfabetização) quanto do mundo digital ou virtual. Cavar cada um desses buracos fez com que o meu olhar diante da pesquisa fosse construído de forma quase intuitiva, de modo que uma escolha indicava outro caminho e mais outro. Assim, o caminho foi sendo feito e refeito, cavado, implodido e cavado novamente, mas em outra direção. Esse movimento não linear de uma escavação praticamente infantil permitiu-me ver/sentir/analisar certas coisas, que, se feitas de outro modo, me levaria a outros resultados.

Esse é um dos encantamentos de uma pesquisa chamada de pós-crítica, que, segundo Foucault, em entrevista gravada em 1975, aproxima-se muito da tarefa do geólogo, como alguém que "olha as camadas do terreno, as dobras, as falhas" e analisa: "O que é fácil cavar? O que vai resistir?". Depois, o(a) pesquisador(a) "observa de que maneira as fortalezas estão implantadas", "perscruta os relevos que podem ser utilizados para esconder-se ou lançar-se de assalto". Quando tudo estiver por ora delimitado, ele vai "tatear", definir a "tática que será empregada" — "o ardil? o cerco?" (Pol-Droit, 1975, p. 69-70). Assim, aos poucos, foi se delineando a pesquisa em questão. Nas palavras de Paraíso (2012, p. 25), "modos específicos de interrogar como estratégias para descrever e analisar" os dados ou as evidências de uma pesquisa.

---

[56] Faço referência aqui ao Grupo de Estudos e Pesquisas em Currículos e Culturas, o GECC.

Cavar, na perspectiva aqui adotada, indica um movimento em direção ao objeto a ser investigado, construindo "um certo modo de perguntar, de interrogar, de formular questões" (Meyer; Paraíso, 2012, p. 16). Significa adotar "um conjunto de procedimentos" para "produzir as informações" necessárias. Utilizo aqui o termo "produção de informações" para destacar que não há na pesquisa aqui descrita nenhum "dado já posto", mas sim informações disponíveis e que somente assumirão certos significados na medida em que eu, enquanto pesquisadora, pude agir sobre essas informações. Vale destacar, ainda, que o termo "produção de informações" foi usado por Meyer e Paraíso (2012, p. 16) para se referir ao papel ativo que nós pesquisadores(as) temos na pesquisa. Afinal, ao selecionar, juntar, descartar, agrupar, separar e articular, estamos "produzindo informações" para nossas pesquisas. Assim, esta investigação está ancorada em uma perspectiva pós-crítica que permite criar "estratégias de descrição e análise", de modo que essas informações produzidas levem junto delas o seu modo de olhar (Meyer; Paraíso, 2012, p. 16).

Essa foi uma busca constante minha enquanto pesquisadora da tese de doutorado que deu base para este capítulo: compreender "os infinitos recortes e combinações" (Veiga-Neto, 2007, p. 36) que compõem o objeto de investigação desta tese — o currículo dos blogs sobre alfabetização criados por professoras-alfabetizadoras. Ao iniciar a pesquisa, realizei buscas por meio do site do Google, encontrando 193 blogs sobre alfabetização com o termo "blogs sobre alfabetização" e 180 blogs com o termo "blogs sobre alfabetização criado por professora alfabetizadora". Após acessar todos esses blogs, escolhi 39, dos quais três estavam repetidos nas duas buscas e dois haviam saído do ar. Os demais blogs encontrados foram descartados da pesquisa porque, embora dissessem tratar de alfabetização, o foco eram outras áreas (Letras, Artes, Educação Infantil, EJA). Por isso, selecionei 31 blogs para investigar, utilizando como critério o fato de serem blogs sobre alfabetização criados por professoras-alfabetizadoras.

O objetivo da pesquisa foi o de mapear e analisar os saberes produzidos e divulgados, as posições de sujeito demandadas nos blogs sobre alfabetização criados por professoras-alfabetizadoras, bem como as relações de poder envolvidas nesse processo. Nesse sentido, é importante destacar que as buscas em cada blog foram feitas em função dos links disponibilizados, ou seja, das temáticas divulgadas e também das datas das publicações. Aquelas mais recentes eram priorizadas, embora esse não tenha sido um critério constante, já que, dependendo da temática pesquisada, poderiam também aparecer somente links antigos. Outro elemento motivador das escavações e buscas por esses blogs foi o meu tema de interesse, que, em geral, estava articulado à temática do capítulo que estava sendo escrito para a tese. Todos os blogs investigados foram escritos por professoras que atuavam nas séries iniciais do ensino fundamental e que afirmavam trabalhar com a alfabetização. Essas professoras apresentavam, em seus blogs, relatórios de atividades já realizadas com seus/suas alunos/as, divulgavam atividades ou materiais a serem reproduzidos por outras professoras e também textos de teóricos ou especialistas relacionados à alfabetização.

A minha ação no decorrer da investigação aqui detalhada, ao basear-me nas teorizações foucaultianas, assemelhou-se à tarefa do(a) geólogo(a), que atua não para destruir, mas para que "se possa avançar", para que se possa "passar" ou "fazer caírem os muros" (Pol-Droit, 1975, p. 69). Como uma suposta geóloga, Foucault inspirou-me a olhar "as camadas do terreno, as dobras, as falhas", a perceber "de que maneira as fortalezas são implantadas (Pol-Droit, 1975, p. 69). O geólogo de que fala Foucault é aquele que "perscruta os relevos que podem ser utilizados", que experimenta vários caminhos, que tateia e escolhe as táticas que serão empregadas para a "definição do método", que acaba sendo uma "estratégia possível" (Pol-Droit, 1975, p. 69-70). Esse modo de pesquisar, com base nas pesquisas pós-críticas, de um modo geral, fez-me movimentar de diversas maneiras e em diferentes direções: "para lá e para cá, de um lado para o outro, dos lados para o centro, fazendo contornos, curvas, afastando-nos e aproximando-nos" (Meyer; Paraíso, 2012, p. 16).

Dentro dessa perspectiva de pesquisa, afastei-me de tudo o que era "rígido, das essências, das convicções, dos universais, da tarefa de prescrever e de todos os conceitos e pensamentos que não ajudam a construir imagens de pensamentos potentes para interrogar e descrever-analisar nosso objeto" (Meyer; Paraíso, 2012, p. 17). Segura desse caminho, que acabou sendo mais um descaminho, um caminho pouco traçado ou planejado, sem rota única, fiquei bastante confortável para arriscar a cavar buracos até mesmo desconhecidos para mim. Se por um lado, eu conhecia um pouco sobre os rumos (ou não rumos) da análise do discurso e dos estudos foucaultianos, por outro lado ainda tateava de forma primária nos caminhos da netnografia. Como então arriscar-me nesse novo caminho? Um primeiro movimento necessário foi o de perceber que elementos compunham esse "território desconhecido", ou seja, que outras pesquisas já haviam sido feitas nessa direção.

Uma dessas pesquisas havia sido a de Marlucy Paraíso, em sua pesquisa de doutorado intitulada "Currículo e mídia educativa: práticas de produção e tecnologias de subjetivação do discurso da mídia educativa sobre educação escolar", defendida em 2002. Outras pesquisas como a de Costa (2004) e Balestrin e Soares (2012) também foram referências importantes em minhas escolhas. Essas autoras já haviam desenvolvido diferentes estratégias metodológicas para investigar os currículos das mídias, seja a partir da "análise do discurso de inspiração foucaultiana" ou da "etnografia de tela". Outra inspiração veio da trajetória do próprio Grupo de Estudos e Pesquisas em Currículos e Culturas (GECC), coordenado pela professora Marlucy Paraíso e do qual também fiz parte, visto que diversas pesquisas já haviam sido concluídas no sentido de analisar os diferentes "currículos culturais", "artefatos culturais", "currículos midiáticos" ou "currículos digitais", tais como: Histórias em Quadrinhos (Freitas, 2008); Filmes de Animação (Silva, M. C. da, 2008); Forró Eletrônico (Cunha, 2011); Orkut (Sales, 2010); Literatura Infantojuvenil (Freitas, 2014), dentre outras.

Seguindo na atividade de escavação, uma segunda busca que fiz foi no sentido de perceber em que contexto a "netnografia" ou "etnografia de tela" teria surgido e como estavam sendo efetivadas as análises nas pesquisas realizadas em contexto digital, de modo que elas pudessem me auxiliar a compreender o meu objeto de pesquisa, as novidades que a "netnografia" trazia e os desconfortos ou lacunas ela indicava também. Como um buraco permanentemente cavado, desmanchado e refeito, a "netnografia" surgiu na década de 80 como uma vertente metodológica que buscou novas formas de pesquisar e compreender as redes digitais. Esses estudos concluíram que a "netnografia" poderia servir para o "monitoramento de comunidades on-line" (Rocha; Montardo, 2005, p. 13), para "observar com detalhe as formas em que se experimenta o uso de uma tecnologia" (Hine, 2004, p. 12), para "abarcar outros tipos de dados que podem permitir uma maior riqueza de detalhes em estudos que considerem os ambientes online" (Noveli, 2010, p. 108).

Cavando um buraco: encontrando vestígios sobre a pesquisa netnográfica

Cavando o buraco da netnografia, foi possível notar que ela assumia um contorno próprio no modo de investigar, com algumas características específicas. A primeira delas é que ela foi construída como uma metodologia própria para "estudos na internet" (Amaral; Natal; Viana, 2008, p. 34), modificando de imediato a relação entre pesquisador(a) e pesquisados(as), principalmente no que se refere à "noção de tempo-espaço" (Amaral; Natal; Viana, 2008, p. 34). Um dos aspectos modificados refere-se à facilidade no encontro entre o(a) pesquisador(a) e as informações: ele(a) "levanta, mas se encontra em sua casa, liga o computador, digita o endereço da comunidade virtual no browser e já está no campo" (Noveli, 2010, p. 108). Outra característica da "netnografia" é que ela trata os ambientes de pesquisa na internet não mais como "não lugares" ou opondo-os às investigações que ocorrem em espaços "reais", ou seja, não virtuais (Polianov, 2013, p. 61). Nesse sentido, Rocha e Montardo (2005, p. 15) defendem que há uma especificidade nas "experiências sociais on-line", o que exige também uma forma "significativamente diferente" de as estudar.

Estudar a "netnografia" como um buraco implica também em encontrar algumas dificuldades durante a escavação. Uma das dificuldades encontradas foi a do excesso de informações divulgadas nos blogs investigados, o que, muitas vezes, dificultava a categorização das informações. Assim, era impossível pesquisar fazendo uma única visita aos blogs. Muitas vezes era necessário visitar todos os blogs em um mesmo dia para não perder uma possível forma de "arquivar informações", de reuni-las com base em algum critério. Ao visitar esses blogs com uma intenção específica, como ver o que eles divulgavam sobre gênero, por exemplo, ia me permitindo criar categorizações temáticas, sempre provisórias, que me auxiliassem em uma futura escrita e análise das informações encontradas. O fato é que toda a construção analítica era apenas uma análise possível, dentre várias outras que eu poderia fazer, em uma vastidão infinita. Assim, a cada novo tema a ser desenvolvido na tese, fazia-se também necessário revisitar cada um dos blogs com aquela finalidade específica. Por isso, não houve, na investigação aqui apresentada, um período definido para a "produção de informações", mas sim um constante movimento de "visitas" e "re-visitas" aos blogs, o que se aproxima da própria realidade virtual, onde há constantes atualizações dos materiais a serem investigados e sempre novas conexões sendo estabelecidas.

Com relação às facilidades, é possível dizer que o fato de a pesquisa ter sido realizada sem que houvesse a necessidade de a pesquisadora se deslocar em direção a um campo específico a ser observado foi um grande facilitador, uma vez que a pesquisadora podia estar em qualquer lugar, desde que estivesse com acesso a um computador e à internet, estando, inclusive, ora em uma cidade, ora em outra. Tal mobilidade se fez possível com todos os recursos que a própria era digital propicia: a facilidade de enviar ou transportar dados, seja pela internet ou por pen drives e HD's Externos. Isso implicou também em uma delimitação não muito clara quanto à hora de trabalhar/pesquisar e a hora de descansar. Muitas vezes, a pesquisa transcorria no período de um dia inteiro, às vezes totalizando oito ou nove horas de investigação por dia. Isso somente se fez possível porque a minha dispersão da atenção era muito pequena, ou seja, com uma característica individual, que era ter uma "facilidade para o hiperfoco", uma raridade no mundo virtual. Geralmente esta configura-se como uma das dificuldades mais comuns da "pesquisa em tela", que é a de o(a) pesquisador(a) manter o foco na pesquisa, sem abrir novas "abas", "páginas" ou criar novos focos. Além disso, houve uma delimitação da própria pesquisadora de que, quando fosse realizar as investigações nos blogs, nenhuma outra atividade fosse realizada na internet, mesmo que concomitantemente. Em função disso, muitos(as) colegas do próprio grupo de pesquisa disseram: *"Não sei como você consegue"*; *"Eu jamais poderia fazer uma pesquisa dessas"*; *"Só você mesmo para se concentrar tanto tempo assim"*.

Uma outra característica é que esse tipo de "escavação" aponta para a fuga de um modelo de pesquisa que se baseia apenas "na análise de dados textuais extraídos do 'campo'", passando a englobar "outros tipos de dados que podem permitir uma maior riqueza de detalhes em estudos que considerem os ambientes online" (Noveli, 2010, p. 108). Nos blogs investigados, todos os tipos de informação disponíveis foram considerados, desde os textos escritos pelas professoras-alfabetizadoras-blogueiras, passando pelos textos de teóricos(as) da alfabetização, pelos comentários postados pelos(as) visitantes dos blogs, pelas imagens, pelas músicas e pelos vídeos disponibilizados, até chegar a outros sites ou downloads através da indicação de links de acesso, o que reforçava a ideia de uma comunicação mais veloz e capilar, ou seja, com um fluxo intenso e contínuo de cunho hipertextual, onde uma coisa leva a outra coisa e a outra coisa e a outra coisa...

Outro aspecto evidente nesse tipo de pesquisa ou escavação é o "anonimato do(a) pesquisador(a)", o que me permitiu "espreitar o ambiente" (Noveli, 2010, p. 122) à vontade, sem nenhuma restrição por parte dos sujeitos investigados. O fato de ter optado por não estabelecer contato direto com as professoras-alfabetizadoras-blogueiras investigadas me deixou insegura no começo, mas a concepção de discurso adotada na tese me ajudou a manter essa escolha. Trabalhei, pois, com a ideia de que as falas das professoras-blogueiras não seriam analisadas em si mesmas, mas em relação a toda a produção discursiva divulgada nos blogs sobre alfabetização escritos por elas. Assim, esse "possível anonimato" (já que não fiz nenhum comentário nos posts que vi) permitiu-me fazer uma "observação mais livre" e "mais ampla", já que não havia barreiras interpostas nessa relação pesquisadora e pesquisadas.

A "escavação netnográfica", nomeada por mim como um caminho possível para esta pesquisa, é impossível de ser copiada em uma outra pesquisa semelhante, já que a mesma se baseia em uma "lógica antirreprodutivista", bastante comum nas metodologias de pesquisa mais tradicionais, que têm, inclusive, um passo a passo até bastante rígido a ser seguido. As pesquisas nos meios digitais são sempre únicas, se entendemos que nunca haverá o mesmo percurso ou busca feita por pesquisadores(as) diferentes, ainda que busquem o mesmo tema ou assunto. Isso torna ainda mais peculiar esse tipo de investigação, visto que aquilo que nos direciona e os discursos que nos compõem subjetivamente também acabam orientando os rumos das nossas pesquisas. No buraco da netnografia, outra especificidade apareceu — na tela se pode "observar com detalhe as formas em que se experimenta o uso de uma tecnologia" (Hine, 2004, p. 13). Na "pesquisa em tela", o que está em jogo são as "formas atuais de organização social" e as diferentes formas de apresentação dos saberes, considerando que estamos em uma "sociedade da informação" (Hine, 2004, p. 14).

Desse modo, as pesquisas na internet atuam aumentando as "possibilidades de reestruturação" das relações entre as pessoas e destas com o conhecimento (Hine, 2004, p. 15). Assim, a "netnografia" contribui para uma produção mais ampliada dos "significados que vão adquirindo a tecnologia nas culturas" (Hine, 2004, p. 17). Concebida como um artefato cultural, a internet é "um produto da cultura", que foi "gerada por pessoas concretas, com objetivos e prioridades contextualmente situados e definidos" (Hine, 2004, p. 19). Além disso, o tempo das tecnologias digitais não se relaciona à ideia de "continuidade, em sua abordagem sequencial", já que a narrativa digitalizada não conhece "uma ordem sistematizadamente cronológica" — "o link desconhece o antes e o depois" (Dias, 2006, p. 98). Há, pois, "um continuum" em que "o tempo se formata na digitalidade como um eterno presente", já que "enquanto o link estiver lá, o presente estará manifestado" (Dias, 2006, p. 98).

O "tempo na internet" pode ser caracterizado por uma "onipresença, cuja capacidade de alcance cultural se inscreveria em todo o tempo" (Dias, 2006, p. 97). Nessa perspectiva, a internet se inscreveria em "um novo paradigma temporal" que inclui a "intensificação da comunicação" e aumenta a "circulação de informação" (Dias, 2006, p. 97-98). Ela proporciona às relações uma "instantaneidade" que exige que os/as seus/suas usuários(as) utilizem "diversos quadros de acesso: novas linguagens (como a denominada 'linguagem de chat'), novas regras de comportamento (a netiqueta[57]), novas expressões de afetividade (como os emotions)" (Dias, 2006, p. 98). A "netnografia" lida permanentemente com a "constituição de fronteiras e de conexões" (Hine, 2004, p. 60), o que permite a não fixação dos lugares ocupados pelos sujeitos e uma mudança constante dos saberes divulgados em um ambiente virtual. Há também, na internet, "um envolvimento intenso" com as práticas de linguagem, por meio das quais vão sendo produzidas as posições-de-sujeito (Hine, 2004, p. 60).

Na "netnografia", tanto a observação quanto a "produção de informações" assumem um "caráter parcial" (Hine, 2004, p. 60). Nesse sentido, o registro das informações produzidas nesta pesquisa foi feito por meio da criação de arquivos e pastas no computador, conforme as temáticas de interesse para futuras análises que foram sendo efetuadas a cada novo capítulo da tese que foi escrito. Assim, os posts eram selecionados segundo um tema ou categoria criados por mim (exemplos: Disciplinas Escolares, Alfabetização, Saberes etc.). Não havia uma sequência cronológica nesses arquivos, ainda que, muitas vezes, fossem nomeados com a data de sua criação. Ao contrário, eles eram constantemente atualizados, deletados, refeitos, recriados, conforme a necessidade da própria escrita e análise das informações.

Nesse buraco, foram aparecendo outros elementos. A presença da pesquisadora passou a ser desenvolvida em um "campo de relações" (Hine, 2004, p. 80), construído e mantido por pessoas que acessavam a internet e que passavam a integrar um contexto cultural com "novas formas de sociabilidade" (Murillo, 2006, p. 11). Na "etnografia virtual", não há fixação de "lugares e culturas delimitadas no espaço e no tempo" (Hine, 2004, p. 19). Além disso, há uma "ampla disponibilidade de discursos em vários formatos amplamente distribuídos na Internet", o que produzia às vezes uma falsa sensação de que as informações já estariam prontas e de que não haveria nada para se produzir (Neve, 2006, p. 80). Ao contrário, diante do que fui experimentando, cada vez mais se intensificava o meu trabalho de recorte/seleção e organização das informações enquanto pesquisadora.

---

[57] A "Netiquette" é um conjunto de regras informais que orientam o comportamento apropriado na utilização da internet. No que se refere aos blogs, a "netiquette" consiste no uso adequado dessa tecnologia, no engajamento on-line ao fornecer conteúdo e links. Tem a ver também com as convenções criadas para aumentar a popularidade dos blogs (hits, cliques e visualizações) com base no valor social que apresentam. Disponível em: https://officialnetiquette.blogspot.com/. Acesso em: 19 jul. 2016.

METODOLOGIAS DE PESQUISAS CIENTÍFICAS NO CIBERESPAÇO/CIBERCULTURA:
#NETNOGRAFIA #ETNOGRAFIADIGITAL #PESQUISAEMTELA #ENTREVISTAONLINE #ANÁLISECULTURAL
#ANÁLISEDODISCURSO_INSPIRADAEMFOUCAULT

A fluidez e o constante fluxo de informações e de pessoas na internet são comparados por alguns pesquisadores ao movimento e à dinâmica das grandes cidades, o que fez com que eu pensasse em uma outra lógica de observação, que fosse "compatível com o movimento incessante, a circulação incontrolável e o anonimato" (Pétonnet, 2008, p. 99). A autora denomina esse processo de "observação flutuante", que consiste em "permanecer vago e disponível em toda a circunstância, em não mobilizar a atenção sobre um objeto preciso, mas em deixá-la 'flutuar' de modo que as informações o penetrem sem filtro, sem a priori, até o momento em que pontos de referência, de convergências, apareçam", até chegar a "descobrir as regras subjacentes" (Pétonnet, 2008, p. 102). Outro aspecto da observação flutuante é o fato de que "ela não tem endereço, ela não se destina, ela não conhece, nem partilha nada antecipadamente" (Pétonnet, 2008, p. 195). Por isso, ela é considerada "um tipo de observação 'desendereçada' – mas não desinteressada" (Pétonnet, 2008, p. 195).

Cavando mais um buraco, encontrando um túnel

Como já dito, na investigação aqui descrita, foram cavados dois buracos — o da netnografia e o da análise do discurso de inspiração foucaultiana —, para em seguida fazê-los encontrar em um caminho metodológico possível, unindo as duas perspectivas teóricas. A seguir, abordarei um pouco sobre a escavação desse segundo buraco, o da análise de discurso foucaultiana, que surgiu da necessidade de analisar as informações produzidas no decorrer da pesquisa. Assim, a análise do discurso de inspiração foucaultiana surgiu como possibilidade de analisar "como se instaura certo discurso, quais suas condições de emergência ou suas condições de produção" (Fischer, 2001, p. 216). Ao propor a análise dessas informações, assumi uma noção de discurso que é muito mais do que um "fenômeno de expressão", constituindo-se como um "espaço de exterioridade em que se desenvolve uma rede de lugares distintos" (Foucault, 2005, p. 61). Os discursos como sendo mais do que "conjuntos de signos (elementos significantes que remetem a conteúdos ou a representações)", mas como "práticas que formam sistematicamente os objetos de que falam" (Foucault, 2005, p. 55). O discurso, nessa perspectiva, é também um lugar onde se exercem poderes, onde se traduz "aquilo por que, pelo que se luta" (Foucault, 2006a, p. 10).

Nesse sentido, a análise do discurso "não consiste em analisar as relações entre o autor e o que ele disse (ou quis dizer, ou disse sem querer), mas em determinar qual é a posição que pode e deve ocupar todo indivíduo" para ser sujeito de um discurso (Foucault, 2005, p. 108). A intenção é "multiplicar também o sujeito", indagando sobre "o lugar de onde fala, o lugar específico no interior de uma dada instituição, a fonte do discurso daquele falante, e sobre a sua efetiva posição de sujeito suas ações concretas, basicamente como sujeito incitador e produtor de saberes" (Fischer, 2001, p. 208). Na medida em que "um único e mesmo indivíduo pode ocupar [...] diferentes posições" (Foucault, 2005, p. 105), deve-se considerar que essas posições se definem pela "situação que lhe é possível ocupar em relação aos diversos domínios ou grupos de objetos", bem como em relação a uma "rede de informações" disponíveis para ele num dado momento (Foucault, 2005, p. 58). Em termos metodológicos, isso significa que o sujeito não deve ser investigado como unidade compacta e indivisível, mas compreendido a partir das diferentes posições discursivas que vai ocupando em variados momentos.

A análise do discurso, enquanto um buraco a ser explorado, remete a uma relação de "coexistência, dispersão, recorte, acumulação, seleção de elementos materiais" (Foucault, 2006a, p. 75). Nessa perspectiva, foi necessário compor uma "teia de significações", a partir dos discursos divulgados, destacando aqueles que eram autorizados e interditos, os "efeitos diferentes segundo quem fala", sua "posição de poder" (Foucault, 2006a, p. 111). Esse tipo de análise atentou-se para: a atuação das relações de poder, ao instituir aqueles objetos que podiam ou não ser divulgados por determinados discursos; as tecnologias, as estratégias e as técnicas que fazem um determinado discurso funcionar; a descontinuidade dos discursos, compostos por "segmentos descontínuos"; a "multiplicidade de elementos discursivos que podem entrar em estratégias diferentes"; a dimensão instável do discurso, que pode se apresentar ao mesmo tempo como "instrumento e efeito de poder"; a possibilidade de se organizar em "blocos táticos"; e os diferentes efeitos que pode produzir (Foucault, 2006a, p. 110-113).

Em uma análise do tipo "escavação", a busca é pela "multiplicação das coisas ditas e da dispersão dos sujeitos" (Fischer, 2013, p. 135). Busquei também descrever as "regras" e as "relações" que se dão no interior de cada discurso. Além disso, procurei analisar de que modo os discursos se relacionavam entre si e em conformidade com quais "configurações de saber" (Fischer, 2013, p. 143). Estive atenta, ainda, às relações de poder, pois é o poder que determina se alguns discursos são considerados "verdadeiros ou falsos em uma época" (Silva, 2013, p. 160). Assim, as análises focalizaram "as práticas de poder e seus efeitos na construção da subjetividade" (Silva,

2013, p. 160). Parti do pressuposto de que o poder não é possível de ser localizado, mas algo "multidirectional, espalhado como micro-poderes" (Silva, 2013, p. 160).

Com isso, pude perceber que uma das tarefas do(a) "pesquisador(a) de tela" ou "netnógtrafo(a)" é a de investigar o funcionamento do discurso, para "compreender a formação discursiva" que possibilitou o aparecimento de certos discursos e não outros (Silva, 2013, p. 161). Ao descrever os materiais e como eles apareciam nos blogs investigados, tornou-se possível analisar "como o saber vai se constituindo a partir das práticas discursivas, como elas engendram os saberes e como cada formação discursiva constrói os objetos de que fala" (Silva, 2013, p. 161). Esse tipo de análise buscou identificar a que formações discursivas cada discurso estava vinculado, para "fixar seus limites" e "estabelecer suas correlações" com outros discursos (Foucault, 2005, p. 31).

Analisar discursos em uma "perspectiva escavacionista" significa, pois, "dar conta de relações históricas, de práticas muito concretas, que estão 'vivas' nos discursos" (Fischer, 2013, p. 151). Implica "operar com as modalidades de existência desses mesmos discursos – pensar como eles circulam, como lhes é atribuído este e não aquele valor de verdade, de que modo os diferentes grupos e culturas deles se apropriam, e especialmente como se dão as rupturas nas 'coisas ditas'" (Fischer, 2013, p. 151). Nas análises realizadas, os discursos dos blogs sobre alfabetização investigados foram considerados em sua "produtividade tática" — nos "efeitos recíprocos de poder e saber" que proporcionam — e em sua "integração estratégica" — "em que conjuntura e que correlação de forças torna necessária sua utilização" nos diversos confrontos produzidos (Foucault, 2006a, p. 113).

Com base nessas orientações, focalizei as "coisas ditas" (Foucault, 2006a) durante as análises, ou seja, naquilo que os próprios blogs ofereciam como material de análise. Procurei registrar "as lutas em torno das imposições de sentido" (Fischer, 2007, p. 56). Dessa maneira, o meu trabalho analítico foi o de considerar que os discursos nos blogs são mesmo dispersos e que seria necessário fazer "múltiplas tentativas" para "constituir unidades a partir dessa dispersão", mostrando como determinados discursos apareciam e se distribuíam "no interior de um certo conjunto" (Fischer, 2001, p. 206). Assim, esse buraco cavado foi crucial enquanto escolha ou estratégia metodológica, visto que suas premissas teóricas básicas foram ao encontro do primeiro buraco cavado, o da "netnografia". Isso porque, na perspectiva aqui adotada, não me interessou "determinar o que compõe a origem de um discurso, mas o que faz com que algo apareça como verdadeiro quando este é manifestado" (Vandresen, s/d, p. 5). Assim, ao analisar os blogs sobre alfabetização criados por professoras-alfabetizadoras não busquei os motivos que levaram essas professoras a escreverem um blog, tampouco o sentido que cada uma quis atribuir àquilo que estava postando. Busquei trabalhar com o que estava dito/escrito e com os efeitos produzidos pelos discursos em termos da produção de "posições de sujeito" (Foucault, 2006a).

Ao se fazer encontrar os dois buracos aqui cavados — o da netnografia e o da análise do discurso de inspiração foucaultiana —, cavei um túnel, peculiarmente feito e refeito, com algumas facilidades, como a de não haver a necessidade de que os dados fossem "transcritos para posterior análise" e algumas dificuldades, como a de organizar a quantidade de informações disponíveis e de acompanhar as novas informações postadas continuamente nos blogs. Além disso, entrei em contato com uma variedade de elementos discursivos se apresentando de forma interposta, o que reafirmou para mim a necessidade colocada pela análise do discurso de inspiração foucaultiana de compreender todo e qualquer tipo de elemento — a fala, a escrita, a imagem, o vídeo e o áudio — como elementos discursivos. Cabe destacar, ainda, que a "pesquisa netnográfica", ao investigar um ambiente virtual, entende que aquilo que é observado é apenas um recorte, produzido a partir de um levantamento efetuado em um dado período específico, disponibilizado em apenas um dos sites de busca existentes e subjetivado pelo meu olhar enquanto pesquisadora.

Operação escavação, dando forma aos buracos cavados

De forma mais esquemática, apontarei aqui o meu "roteiro de escavação" ou "procedimentos metodológicos da pesquisa", os quais foram úteis na construção desse "túnel" que buscou unir os dois "buracos" aqui cavados. Foram eles: 1) A observação flutuante nos blogs educativos sobre alfabetização; 2) O arquivamento de posts considerados relevantes para a pesquisa, conforme categorias criadas durante a pesquisa; 3) A análise do material encontrado nos blogs com base na análise do discurso de inspiração foucaultiana. Descreverei a seguir cada uma dessas "etapas" ou "momentos da escavação". O primeiro momento foi o da "observação", aqui caracterizada como "flutuante", porque não teve de antemão um foco específico, mas teve seu início antes mesmo do começo formal do curso de doutorado ao qual esta pesquisa se vincula. Devido ao meu interesse enquanto pesquisadora, o levantamento inicial dos blogs que seriam investigados, a criação de um critério de seleção desses blogs, o acesso contínuo aos blogs considerados educativos e sobre alfabetização, foram realizados no período que foi de janeiro a março de 2013. A partir desses primeiros acessos, foi possível delimitar o tipo de blogs a serem pesquisados — os blogs educativos sobre alfabetização criados por professoras-alfabetizadoras.

Após essa primeira delimitação, foram feitas duas buscas no Google com os seguintes termos: "blog educativo sobre alfabetização" e "blog educativo sobre alfabetização criados por professoras-alfabetizadoras". Em seguida, foram feitas outras visitas aos blogs já listados (180 blogs), para buscar identificar quem eram aquelas professoras-blogueiras e que blogs eram aqueles encontrados nas buscas feitas pelo Google. Assim, foram escolhidos somente aqueles blogs que eram sobre alfabetização e que haviam sido criados por professoras-alfabetizadoras, perfazendo um total de 31 blogs investigados. Desde então, as visitas passaram a ser constantes. Em muitos períodos, ela ocorria todos os dias, ainda que nem sempre com a intenção formal de produzir informações para um capítulo da tese. Geralmente, essas visitas faziam com que a pesquisadora se aproximasse do que ali estava sendo dito e, ainda, serviam para o recolhimento de fragmentos de textos, imagens, atividades e músicas, que pudessem ser úteis para alguma análise posterior. Desse modo, os registros iam sendo feitos, mas sem nenhuma garantia ou necessidade de que fossem utilizados. Muitas vezes, tais informações deixavam de ser úteis, por não mais corresponderem às atualizações realizadas nos blogs ou mesmo por não terem sido realizadas para um fim específico.

Na medida em que a escrita da tese se iniciou, o olhar sobre essas informações foi sendo apurado, o que fez com que muitas das informações até então obtidas fossem reorganizadas ou refeitas. Busquei, então, ver quais saberes e posições de sujeito estavam sendo demandados pelos blogs. Para tanto, foram feitas sempre novas visitas, constantes observações e algumas seleções das informações obtidas. Comecei a mapear, organizar e selecionar esses saberes, bem como as posições de sujeito demandadas nos blogs sobre alfabetização. O intuito era sempre o de estabelecer aproximações e distanciamentos entre os elementos disponibilizados, para tornar possível as análises das informações e a escrita da tese. Assim, atuei como "catadora de fragmentos" que fossem interessantes para a compreensão do currículo ali produzido e divulgado. Cabe ressaltar, ainda, que o meu olhar atuou de forma a direcionar e também selecionar o que valeria a pena ou não ser analisado.

Nessa perspectiva, tudo o que foi visto nesses blogs teve uma condição de possibilidade que envolveu a minha disposição enquanto pesquisadora e o foco das minhas buscas a cada vez que a tela de um blog se abria.

A análise do material encontrado foi feita como que numa busca de "começos inumeráveis", de modo a produzir uma "proliferação dos acontecimentos" (Foucault, 2006b, p. 20). Procurei, assim, fazer uma "descrição minuciosa" dos discursos encontrados, das tecnologias e técnicas "postas em funcionamento", dos mecanismos de poder acionados e dos "efeitos de poder" produzidos, para "compreender os modos de subjetivação acionados" por esse discurso. Para realizar tal análise, foi necessário "estar atenta às minúcias do discurso". Assim, a articulação entre as duas abordagens metodológicas aqui propostas exigiu de mim abertura, disposição para ir e vir, fazer e refazer permanentemente, sempre tendo em vista a questão de investigação.

Vale destacar, ainda, que os aspectos éticos da "pesquisa netnográfica" ou da "etnografia de tela" não estavam postos de forma transparente para mim, visto que a legislação relativa às pesquisas on-line ainda existia, configurando-se como um "assunto relativamente novo", como "um caminho por ser construído" (Mendes, 2009, p. 5). Diante disso, tive, enquanto pesquisadora em ambiente virtual, que escolher entre me comunicar ou não com as professoras-alfabetizadoras-blogueiras, sobre entrevistá-las ou não, sobre lidar com as informações como estando disponíveis a todos(as) e, portanto, não necessitando de autorização prévia para acessá-las, dentre outras escolhas. Em se tratando de observações baseadas no já dito/já escrito, optei por não comunicar às blogueiras que seus blogs estariam sendo utilizados para esta pesquisa, uma vez que consideramos que "as informações publicadas na internet são de ordem pública e podem ser acessadas por qualquer pessoa conectada à internet" (Friedrichs, 2009, p. 51). Isso significa que o comprometimento ético não diz respeito ao sujeito investigado, mas sim às informações produzidas e divulgadas nos blogs. Nesse sentido, considero que a ética na pesquisa on-line pode se traduzir em uma preocupação constante com a "autenticidade" e com a "fidedignidade" das informações produzidas (Santos; Silva, s/d, p. 9). Isso não exclui o meu compromisso de impedir qualquer tipo de prejuízo ou constrangimento a todos os indivíduos envolvidos na investigação, o que incluiu o fato de não tratarmos de forma pejorativa as informações encontradas nos blogs sobre alfabetização, de não realizar juízo de valor em relação aos conteúdos das postagens ou às próprias blogueiras e de utilizar as informações produzidas na pesquisa exclusivamente para fins de divulgação científica. Esses foram alguns dos cuidados que tive. Essas foram as buscas e as escavações que me conduziram durante toda a pesquisa. Se um, dois ou mais buracos foram abertos, não sei dizer ao certo, mas muitas tentativas foram feitas no sentido de construir um caminho para o levantamento e as análises das informações encontradas nos mais diferentes percursos.

Referências

AMARAL, Adriana; NATAL, Geórgia; VIANA, Lucina. Netnografia como aporte metodológico da pesquisa em comunicação digital. **Cadernos da Escola de Comunicação**, Curitiba, v. 6, n. 1, p. 1-12, 2008.

BALESTRIN, Patrícia Abel; SOARES, Rosêngela. "Etnografia de tela": uma aposta metodológica. *In*: MEYER, Dagmar Estermann; PARAÍSO, Marlucy Alves (org.). **Metodologias de pesquisa pós-críticas em educação**. Belo Horizonte: Mazza Edições, 2012. p. 87-110.

COSTA, Marisa Vorraber. Estudos sobre mídia e educação. *In*: COSTA, Marisa Vorraber; VEIGA-NETO, Alfredo *et al*. **Estudos culturais em educação**: mídia, arquitetura, brinquedo, biologia, literatura, cinema... 2. ed. Porto Alegre: Editora UFRGS, 2004.

CUNHA, Marlécio Maknamara. **Currículo, música e gênero**: o que ensina o forró eletrônico?. Tese (Doutorado em Educação) – Universidade Federal de Minas Gerais, Faculdade de Educação, Belo Horizonte, 2011.

DIAS, Adriana. Ciberacismo: entre o ódio e militância: uma análise etnográfica digital. III Congresso Online – Observatorio para la Cibersociedad. **Revista Eletrônica de recursos em internet sobre Geografía y Ciencias Sociales**, Universidad de Barcelona, n. 87, v. 1, sept. 2006.

FISCHER, Rosa Maria Bueno. Foucault e a análise do discurso em educação. **Cadernos de Pesquisa**, n. 114, p. 197-223, nov. 2001.

FISCHER, Rosa Maria Bueno. A paixão de trabalhar com Foucault. *In:* COSTA, Marisa Vorraber (org.). **Caminhos Investigativos I**: novos olhares na pesquisa em educação. 3. ed. Rio de Janeiro: Lamparina, 2007.

FISCHER, Rosa Maria Bueno. Foucault. *In*: OLIVEIRA, Luciano Amaral (org.). **Estudos do discurso**: perspectivas teóricas. São Paulo: Parábola Editorial, 2013.

FREITAS, Daniela Amaral Silva. **O discurso da educação escolar nas histórias em quadrinhos do Chico Bento**. 2008. 146 f. Dissertação (Mestrado em Educação) – Universidade Federal de Minas Gerais, Faculdade de Educação, Belo Horizonte, 2008.

FREITAS, Daniela Amaral da Silva. **Literatura infantil dos kits de literatura afrobrasileira da PBH**: um currículo envolvido em lutas culturais para uma ressignificação das relações étnico-raciais. 2014. 280 f. Tese (Doutorado em Educação) – Universidade Federal de Minas Gerais, Faculdade de Educação, Belo Horizonte, 2014.

FRIEDRICHS, Marta Cristina. **Mulheres "on line" e seus diários virtuais**: corpos escritos em blogs. 2009. 156 f. Dissertação (Mestrado em Educação) – Programa de Pós-Graduação, Universidade Federal do Rio Grande do Sul, Porto Alegre, 2009.

FOUCAULT, Michel. **A arqueologia do saber**. 7. ed. Rio de Janeiro: Forense Universitária, 2005.

FOUCAULT, Michel. **História da sexualidade I**: a vontade de saber. 17. ed. São Paulo: Graal, 2006a.

FOUCAULT, Michel. **Microfísica do poder**. 22. ed. Rio de Janeiro: Graal, 2006b.

HINE, Christine. **Etnografía virtual**. Barcelona: UOC, 2004.

MENDES, Conrado Moreira. A pesquisa on-line: potencialidades da pesquisa qualitativa no ambiente virtual. **Hipertextus Revista Digital**, n. 2, jan. 2009.

MEYER, Dagmar Estermann; PARAÍSO, Marlucy Alves. Metodologias de pesquisas póscríticas ou Sobre como fazemos nossas investigações. *In*: MEYER, Dagmar Estermann; PARAÍSO, Marlucy Alves (org.). **Metodologias de pesquisa pós-críticas em educação**. Belo Horizonte: Mazza Edições, 2012.

MURILLO, Luis Felipe Rosado. Linguagem, Política e Virtualidade: a proposição de um modelo para análise de comunidades de software livre e código aberto. III Congresso Online – Observatorio para la Cibersociedad. **Revista Eletrônica de recursos em internet sobre Geografía y Ciencias Sociales**, Universidad de Barcelona, n. 87, 1 sept. 2006.

NEVE, Eduardo. Exploración del espacios y lugares digitales a través de la observación flotante: uma propuesta metodológica. III Congresso Online – Observatorio para la Cibersociedad. **Revista Eletrônica de recursos em internet sobre Geografía y Ciencias Sociales**, Universidad de Barcelona, n. 87, 1 sept. 2006.

NOVELI, Marcio. Do off-line para o online: a netnografia como um método de pesquisa ou o que pode acontecer quando tentamos levar a etnografia para a internet?. **Revista Organizações em contexto**, ano 6, n. 12, jul.-dez. 2010.

PARAÍSO, Marlucy Alves. Metodologias de pesquisas pós-críticas em educação e currículo: trajetórias, pressupostos, procedimentos e estratégias analíticas. In: MEYER, Dagmar Estermann; PARAÍSO, Marlucy Alves (orgs.). **Metodologias de pesquisa pós-críticas em educação**. Belo Horizonte: Mazza Edições, 2012. p. 23-46.

PÉTONNET, Colette. Observação flutuante: o exemplo de um cemitério parisiense. **Revista Antropolítica**, Niterói, n. 25, p. 99-111, 2. Sem. 2008.

POL-DROIT, Roger. "Eu sou um pirotécnico": sobre o método e a trajetória de Michel Foucault. *In*: POL-DROIT, Roger. **Michel Foucault**: entrevistas. São Paulo: Graal, 1975.

POLIANOV, Beatriz. Etnografia virtual, netnografia ou apenas etnografia?: implicações dos conceitos. **Revista Esferas**, ano 2, n. 3, jul.-dez. 2013.

ROCHA, Paula Jung; MONTARDO, Sandra Portella. Netnografia: incursões metodológicas na cibercultura. **Revista da Associação Nacional dos Programas de Pós-Graduação em Comunicação**, dez. 2005.

SALES, Shirlei Rezende. **Orkut.com.escol@**: currículos e ciborguização juvenil. 2010. 230 f. Tese (Doutorado em Educação) – Universidade Federal de Minas Gerais, Faculdade de Educação, Belo Horizonte, 2010.

SANTOS, Adriana Paula Nogueira dos; SILVA, Jacqueline Felix da. **Ética na pesquisa online**: as concepções de alunos de mestrado em educação, s/d. Disponível em: http://dmd2.webfactional.com/media/anais/ETICA-NA-PESQUISA-ONLINE-ASCONCEPCOES-DE-ALUNOS-DE-MESTRADO-EM-EDUCACAO.pdf. Acesso em: 10 mar. 2017.

SILVA, Maria Carolina da. **A infância no currículo de filmes de animação**: poder, governo e subjetivação dos/as infantis. Dissertação (Mestrado em Educação) – Universidade Federal de Minas Gerais, Faculdade de Educação, Belo Horizonte, 2008.

SILVA, Tomaz Tadeu da. **Documentos de identidade**: uma introdução às teorias do currículo. 3. ed. Belo Horizonte: Autêntica, 2013.

VANDRESEN, Daniel Salésio. **O discurso na arqueologia e genealogia de Michel Foucault**. s/d. Disponível em: http://www.educadores.diaadia.pr.gov.br/arquivos/File/2010/artigos_teses/FILOSOFIA/Artigos/Daniel_Salesio_Vandresen.pdf. Acesso em: 9 maio 2023.

VEIGA-NETO, Alfredo. Olhares... *In*: COSTA, Marisa Vorraber (org.). **Caminhos investigativos I**: novos olhares na pesquisa em educação. 3. ed. Rio de Janeiro: Lamparina, 2007.

CAPÍTULO 8

CRIAÇÕES METODOLÓGICAS COM INVESTIGAÇÕES EM COMUNIDADES SECRETAS ON-LINE: NETNOGRAFIA E ANÁLISE DO DISCURSO

Luíza Cristina Silva-Silva
Shirlei Sales

Perguntar, Interrogar, Questionar

Metodologia de pesquisa é compreendida, neste capítulo, como um modo de formular questões, perguntar e interrogar que está articulado com um conjunto de escolhas, criações e lapidações procedimentais. A perspectiva adotada entende que a metodologia se faz necessária aproximar-se "daqueles pensamentos que nos movem, colocam em xeque nossas verdades e nos auxiliam a encontrar caminhos para responder nossas interrogações" (Meyer; Paraíso, 2012, p. 17). Por sim, o caminho percorrido para a realização deste capítulo teve características próprias e autênticas, com "gana de viver" e "abertura às transformações do próprio pensamento" (Fischer, 2007, p. 40). Tudo isso com o objetivo de investigar os modos de atuação do currículo da nudez, na produção de relações de sexualidade e gênero na cibercultura.

Nomeamos de currículo da nudez as produções discursivas de três grupos secretos do Facebook destinados ao compartilhamento de *nude selfie*. Isso foi feito por meio da concepção de currículo como um artefato cultural que produz sistemas de significados sociais. Os caminhos próprios desta pesquisa englobaram os métodos da netnografia e da análise do discurso de inspiração foucaultiana. A partir dessas escolhas, compreendo que "toda produção de conhecimento [...] se dá a partir de uma tomada de posições que nos implica politicamente" (Passos; Barros, 2009, p. 150). Desse modo, foi necessário refletir permanentemente sobre as escolhas adotadas ao longo do caminho percorrido na investigação. Nesse viés, não estabeleci "metas pré-fixadas", com "regras prontas" de modo prescritivo (Passos; Barros, 2009, p. 17). Mas me orientei no percurso da pesquisa de acordo com as demandas do processo, "dando primado ao caminho que [foi] sendo traçado" (Passos; Barros, 2009, p. 30). Portanto, não busquei um caminho linear para atingir um fim imaginado anteriormente, mas estive atenta ao processo da investigação.

Nesta pesquisa, "não há uma coleta de dados, mas, desde início, uma produção dos dados da pesquisa" (Passos; Barros, 2009, p. 33). Essa mudança não é apenas para "evitar um vocabulário tradicional", mas para evidenciar as escolhas políticas e conceituais da perspectiva pós-estruturalista de pesquisa. A produção das informações da pesquisa se fez de modo inventivo e de acordo com o problema em questão. Para investigar a produção de relações de sexualidade e gênero na cibercultura, na perspectiva pós-crítica, foi necessária a compreensão de que essa pesquisa emerge em um "tempo que gostamos de chamar de 'pós-moderno'" (Paraíso, 2012, p. 26). Pós-moderno porque "produz descontinuidades com muitas das crias, criações e criaturas da modernidade" (Paraíso, 2012, p. 26).

Tecnologias Digitais e as Criações Metodológicas: Netnografia + Observação Participante + Entrevista

Na pós-modernidade, as tecnologias digitais são artefatos culturais de intensa fusão com a produção dos modos de vida, desejos, anseios e prazeres. Para Sales (2012, p. 111), "o tempo presente é composto por elementos diversos, advindos de diferentes matrizes, em que a cibercultura produzida no ciberespaço exerce papel importante na constituição de modos de existência". A partir desse entendimento, escolhi como um dos componentes metodológicos da pesquisa a netnografia. Advinda da etnografia, a netnografia também pode ser denominada de "etnografia da e na internet" e "etnografia virtual", "etnografia digital". Neste trabalho, a opção é pelo termo netnografia. Segundo Noveli (2010, p. 115), "o termo netnografia, como a própria denominação demonstra, obviamente mantém relação com o método etnográfico, intuitivamente, por tentar estudar grupos ou culturas, no caso da netnografia, grupos ou culturas *online*".

De acordo com Kozinets, "a netnografia é uma abordagem da pesquisa online de observação participante" (2014, p. 72). Para Amaral, Natal e Viana (2008), a netnografia é uma "metodologia para estudos na internet". Nesse viés, é um método interpretativo que investiga o comportamento cultural de comunidades on-line (Kozinets, 2014). Essa metodologia é realizada considerando as características sociais e culturais do ciberespaço. Assim, "a netnografia é uma das possíveis respostas qualitativas para pesquisas mediadas por computador" (Amaral; Natal; Viana, 2008, p. 34). Essas possíveis respostas estão centradas na investigação no ciberespaço, mas a netnografia parte da compreensão de que "as interações nesse espaço [ciberespaço] afetam os comportamentos fora dele" (Noveli, 2010, p. 114).

Nesse sentido, nesta pesquisa foi realizada a investigação netnográfica de práticas ciberculturais nos grupos do Facebook. Segundo Evangelista (2016, p. 29), o Facebook pode ser considerado um "texto cultural produzido pelas postagens que se desenham na linha do tempo". Essa rede social produz narrativas, estabelece relações, vincula enunciações e, assim, constitui-se "como o próprio discurso" (Evangelista, 2016, p. 29). No Facebook, as informações adquirem um caráter fluido, tudo está em processo e em transformação. Sendo assim, foi analisado "o que é efetivamente dito na internet" (Sales, 2012, p. 120). De acordo com Leal (2017, p. 39), a dimensão pós-estruturalista da netnografia "refere-se à produção de informações que prima pelos discursos e pelas práticas linguísticas" que emergiram especificamente no ciberespaço. Para produzir as informações sobre os ditos nos grupos do Facebook, foi necessário lançar mão também da observação participante.

A observação participante é o envolvimento e a imersão no campo selecionado para investigação, ficando atenta ao comportamento das colaboradoras da pesquisa, à linguagem utilizada no ciberespaço, às práticas dos grupos do Facebook e aos códigos sociais acionados na cibercultura (Kozinets, 2014). Ao tratar-se da metodologia netnográfica, o espaço de investigação foi o ciberespaço e as ferramentas utilizadas foram próprias da cibercultura, ou seja, a observação participante não ocorreu face a face e não necessitou de transporte físico para a realização da pesquisa. Assim, envolveu a captura de imagens, frases e vídeos. Para Sales (2012, p. 115), a observação participante "possibilita a apreensão da linguagem, dos sentidos construídos, das relações de poder existentes".

Na observação participante da netnografia pós-estruturalista, é importante ressaltar as especificidades da linguagem no ciberespaço. Assim, estive atenta aos símbolos ciberculturais constituintes do currículo da nudez, como *emojis, hashtags, memes* e o "internetês". De acordo com Sales (2012, p. 117), a linguagem está constituída de elementos da cibercultura, como o "internetês", que agrega tanto estratégias de "codificação para garantir a privacidade" quanto estratégias para "agilizar a comunicação". As emoções são expressas por meio de *emojis*, "ícones que tentam traduzir expressões e sentimentos como riso, vergonha, ciúmes, amor" (Sales, 2012, p. 117). As *hashtags* são palavras-chaves antecedidas por cerquilha (#), usadas para agrupar assuntos e conteúdos compartilhados na cibercultura. Os *memes* são "imagens, frases, fotomontagens, vídeos, referindo-se ao fenômeno de 'viralização' de uma informação" (Evangelista, 2016, p. 43). Esses diferentes símbolos da cibercultura desenvolveram "a criação e a invenção de novas linguagens" que misturam "diversificados elementos gráficos, fonéticos, estéticos" (Sales, 2012, p. 118). A partir desse entendimento, estive atenta ao uso desses símbolos pelas ciborgues nos três grupos pesquisados.

Para compreender as invenções da linguagem na cibercultura, tornou-se necessário entender as ferramentas de curtir, comentar, compartilhar e mensagens *inbox*, próprias do funcionamento do Facebook. A ferramenta "curtir" é utilizada para alguém demonstrar que gostou de uma publicação. Além do curtir, há o "amei" (emoji coração), "haha" (emoji risada), "uau" (emoji surpresa), "triste" (emoji com lágrima) e "grr"(emoji raiva). Essas opções são muito utilizadas para demonstrar emoções nos grupos investigados. A opção de comentar possibilita a postagem de um texto referente ao conteúdo de certa publicação. E a ferramenta "compartilhar" permite a replicação de um conteúdo. O compartilhar é muito utilizado nos grupos, principalmente publicações de modo públicas de páginas ou perfis pessoais. Ao compartilhar uma publicação no grupo do Facebook, as participantes podem discutir e comentar sobre o conteúdo de maneira restrita. Por fim, as mensagens *inbox* são a ferramenta da rede social que possibilita conversas reservadas, disponíveis para uma pessoa ou um grupo determinado. Compreender o funcionamento dessas ferramentas possibilitou o entendimento específico "dos discursos produzidos e veiculados no Facebook" em conjunto com "símbolos diversos que fazem parte do mundo cibernético" (Evangelista, 2016, p. 42).

Para produzir essas informações, foi necessário lançar mão da observação participante. Essa etapa refere-se à observação de diferentes práticas de comunicação e interações no ciberespaço. Produção de informações em netnografia significa comunicar-se com membros de uma cultura ou comunidade on-line. O procedimento de análise e produção das informações envolve a utilização de recursos das tecnologias digitais, como as capturas de tela, criação de arquivos eletrônicos, textos baixados na comunidade e entrevistas on-line. A produção das informações na netnografia abarca o exame minucioso do material produzido no ciberespaço, assim como o detalhamento do material em suas partes constituintes, comparando-as de diversas formas.

Outro elemento importante é a ética na pesquisa netnográfica, que exige uma atenção da pesquisadora para saber compreender o uso consensual de informações e, ainda, discernir as informações que são públicas e as que são privadas no ciberespaço. O caminho eticamente recomendado para netnógrafos/as é a exposição dos interesses científicos para o grupo em que a pesquisa será realizada, pedindo a permissão necessária para o uso das informações contidas nas postagens e nas conversas nos grupos e fóruns. Ainda, é preciso garantir confiabilidade e anonimato das informantes (Kozinets, 2014). Após análise das informações produzidas, Kozinets (2014) recomenda a checagem com a comunidade pesquisada. No caso da presente investigação, a checagem da informação foi realizada durante a produção dos dados netnográficos. Esse processo também ocorreu através do que chamei de entrevista on-line colaborativa.

A entrevista on-line colaborativa é uma ferramenta metodológica constitutiva da netnografia. Essa ferramenta foi utilizada para atender as especificidades do problema de pesquisa proposto e não apenas para a checagem das informações dos grupos. Além disso, foi imprescindível para ampliar a compreensão dos fenômenos analisados a partir da colaboração das próprias participantes. Assim, elas produziram informações sobre as relações de sexualidade e gênero na cibercultura a partir de conversas sobre nudez, *nude selfie*, modos de se fotografar, dentre outros assuntos. Utilizei a entrevista on-line colaborativa como um instrumento que possibilitou a investigação minuciosa e pormenorizada de algumas questões importantes para a pesquisa.

Para essa entrevista, elaborei um roteiro constituído por eixos temáticos que foram importantes para o direcionamento de cada conversa. Assim, dialogávamos sobre os temas que estavam no roteiro e também sobre temas, postagens e comentários que estavam sendo produzidos nos grupos. Sobre entrevista, Teixeira (2006, s/p) explica que as respostas são "invenções de si e do outro", que são "revividos" e "resignificados" [sic] no decorrer do diálogo. Nesse sentido, estive atenta ao modo que as participantes elaboravam os relatos sobre si mesmas e como atribuíam significados às relações de sexualidade e gênero. Busquei nas conversas saber como elas percebiam suas vivências no ciberespaço no que tange às relações de sexualidade e de gênero, buscando detalhes a partir da caracterização de acontecimentos e fatos. Procurei compreender os sentidos que construíam de si mesmas, das outras e das relações sociais.

Nas entrevistas, não segui o esquema pergunta e resposta, isso possibilitou que elas falassem de maneira mais livre sobre gênero, sexualidade, nudez e autorretrato nu. Por se tratar de uma pesquisa sobre nudez, a busca por informações específicas se deu de maneira que propiciasse acolhimento sobre os assuntos abordados. Como prenuncia Teixeira (2006, s/p), foi preciso "interrogar sem invadir", "solicitar sem violentar, tendo em vista os princípios éticos da pesquisa social". Por isso, nas entrevistas, busquei estabelecer trocas respeitosas em um processo que se estabeleceu "como algum campo de trocas" (Teixeira, 2006, s/p). Nesse viés, a entrevista on-line colaborativa constituiu a metodologia desta pesquisa por ser imprescindível na compreensão dos modos de atuação do currículo da nudez na produção de relações de sexualidade e gênero na cibercultura.

Ainda, para compreender a produção do campo discursivo de poder e saber que constitui o currículo da nudez, foi necessário utilizar a análise do discurso de inspiração foucaultiana. A força analítica dessa perspectiva de criação das informações parte da compreensão de que "não se pode falar qualquer coisa em qualquer época" (Fischer, 2001, p. 221). Desse modo, essa abordagem metodológica trouxe a possibilidade de perguntar: "por que isso é dito aqui, desse modo, nesta situação, e não em outro tempo e lugar, de forma diferente?" (Fischer, 2001, p. 205). Assim, nesta pesquisa, a análise do discurso interroga sobre as invenções, sobre as condições de possibilidade para que um discurso apareça em um contexto histórico-social específico. Nesse viés, é possível criar informações sobre os modos de produzir sujeitos, saberes autorizados, verdades e subjetividades próprias da micropolítica na qual os discursos emergem.

Análise do Discurso para investigar comunidades secretas on-line

Os discursos são "práticas que formam sistematicamente os objetos de que falam" (Foucault, 2008b, p. 55). Assim, existem "práticas muito concretas, que estão 'vivas' no discurso" (Fischer, 2013, p. 151). A prática viva no discurso "veicula e produz poder; reforça-o mas também o mina, expõe, debilita e permite barrá-lo" (Foucault, 2014a, p. 110). Desse modo, "o discurso não é simplesmente aquilo que traduz as lutas ou os sistemas de dominação, mas é aquilo pelo qual e com o qual se luta" (Foucault, 2010b, p. 9). O discurso é produtivo, positivo e está em disputa constante, apresentando regularidades e irregularidades. Nesse sentido, é constituído por um "jogo complexo e instável em que pode ser, ao mesmo tempo, instrumento e efeito de poder, e também obstáculo, escora, ponto de resistência e ponto de partida de uma estratégia oposta" (Foucault, 2014a, p. 110).

O discurso é uma "luta", uma "batalha" "e não um 'reflexo' ou 'expressão' de algo" (Fischer, 2013, p. 125). Assim, ele é instável e está em constante transformação. Nesse sentido, "pode ser, ao mesmo tempo, instrumento e efeito de poder" (Foucault, 2014a, p. 110). "O discurso sempre se" produz "em razão das relações de poder" (Fischer, 2001, p. 199). Desse modo, o/a analista do discurso precisa "investigar como, através de mecanismos de poder e saber, são formuladas, perpetuadas e transformadas as políticas de verdade" (Ribas, 2016, p. 131).

Os discursos são constituídos por relações de poder, eles apresentam uma "vontade que os conduz" (Foucault, 2014a, p. 13), que "produz uma transformação técnica dos sujeitos" (Fischer, 2007, p. 47). Além disso, possuem "regularidades intrínsecas" (Fischer, 2001, p. 200) e "intenção estratégica que os sustenta" (Foucault, 2014a, p. 13), constituídas por técnicas, tecnologias, estratégias de poder. Essas regularidades se impõem àqueles que falam a partir de um campo discursivo (Foucault, 2008b). Por isso, estive atenta ao caráter produtivo da discursividade contemporânea sob "as formas de racionalidade que nossa sociedade veio construindo" e que, nesse processo, "os sujeitos tomaram para si mesmos" (Fischer, 2013, p. 150), de modo a se produzir como sujeitos de discursos.

Ainda, para Foucault (2008b), o discurso é prática, assim, na análise do discurso "é preciso ficar (ou tentar ficar) simplesmente no nível das palavras, das coisas ditas" (Fischer, 2001, p. 198). Dessa forma, "é preciso trabalhar arduamente com o próprio discurso" (Fischer, 2001, p. 198) e compreender que "não há nada por trás das cortinas" (Fischer, 2001, p. 198). Assim, é importante interrogar o discurso no nível dos "elementos que funcionam ao lado de (com e em relação a) coisas ditas nas estratégias de conjunto" (Foucault, 2014a, p. 30). Foucault (2014a) ressalta que "não se deve fazer divisão binária entre o que se diz e o que não se diz", o/a analista do discurso precisa saber "determinar as diferentes maneiras de não dizer, como são distribuídos os que podem e os que não podem falar" (Foucault, 2014a, p. 30).

Então, na análise do discurso, foi necessário interrogar os discursos em dois níveis, um da "produtividade tática (que efeitos recíprocos de poder e saber proporcionam)" e o segundo da "interrogação estratégica (que conjuntura e que correlação de forças tornam necessária sua utilização em tal ou qual episódio dos diversos confrontos produzidos)" (Foucault, 2014a, p. 111). Nesse sentido, um campo de discursividade é produzido por estratégias e técnicas que estão intrínsecas a uma racionalidade do poder. Por isso, foi importante estar atenta aos "mecanismos positivos, produtores de saber, multiplicadores de discursos, indutores de prazer e geradores de poder" (Foucault, 2014a, p. 30). A relação produtiva do discurso se "exerce nas práticas sociais, na produção de verdades" (Paraíso, 2007, p. 68) e na constituição de sujeitos de certo tipo.

O discurso produz sujeito e "posições que tornam possíveis nomeá-lo, categorizá-lo, atribuir-lhe uma função, restringir e incentivar suas práticas, seus discursos e suas ações" (Paraíso, 2007, p. 68). Isso não significa compreendê-lo como único, linear, compacto e fixo, mas sim como um sujeito constituído a partir das "diferentes posições discursivas que vai ocupando em vários momentos" (Meireles, 2017, p. 35). Além disso, "o sujeito do discurso não é uma pessoa, alguém que diz alguma coisa; trata-se de uma posição que alguém assume, diante de um certo discurso" (Fischer, 2013, p. 134). Assim, a ciborgue e a *fruta-de-sermos-nós-mesmas* são produções discursivas do sujeito pelo próprio discurso. Ademais, essa produção do sujeito de certo tipo no currículo da nudez se dá de modo múltiplo e cheio de possibilidades, assim, a posição de sujeito é provisória. Por isso, foi preciso interrogar o discurso também sobre o "lugar de onde fala", "a fonte de discurso" do sujeito, e sobre as ações concretas como "sujeito incitador e produtor de saberes" (Fischer, 2001, p. 208).

Assim sendo, discursividades históricas apresentam uma "positividade concreta" (Fischer, 2013, p. 55) que constitui "sujeitos de verdades". Esses não se cansam de "buscar discursos verdadeiros" (Fischer, 2013, p. 40) que os produzam a partir da "incitação a voltar-se para si mesmo" (p. 47). Isso é a positividade concreta da produção de si mesmo "que se apodera cada vez mais de uma suposta verdade do sujeito" (Fischer, 2007, p. 57). Todo esse processo de práticas de si é constituído por lutas, resistências e reinvenções. Assim, a produção do sujeito por ele mesmo é um lugar de "afirmação de si" (Fischer, 2007, p. 59) também como a possibilidade de se reinventar e existir de outro modo.

Para analisar as lutas travadas no e pelo discurso, foi preciso estar atenta para não "imaginar um mundo do discurso dividido entre o discurso admitido e o discurso excluído, ou entre o discurso dominante e o dominado" (Foucault, 2014a, p. 110). Estive atenta à "multiplicidade de elementos discursivos", descrevendo "que tipo de discurso é autorizado ou que forma de discrição é exigida a uns e outros" (Foucault, 2014a, p. 30). Isso porque a multiplicidade de discursos pode "entrar em estratégias diferentes" (Foucault, 2014a, p. 110). Assim, um campo discursivo apresenta regularidades, irregularidades, não linearidade de uma teia de significações múltiplas, tudo isso intrínseco às relações de poder e saber.

Portanto, ao produzir este trabalho de acordo com a análise do discurso, estive atenta àquilo que o "discurso produz e objetiva" e à noção de que este "nos impele a sonhar, a pensar, a fazer e a ser" (Paraíso, 2007, p. 23). Inspirada em Paraíso (2007), interroguei-me: quais discursos sobre nudez, corpo, gênero, sexualidade, *nude selfie*, cibercultura o currículo da nudez produz e faz circular? Quais mecanismos, técnicas e estratégias de poder são acionados nesse currículo? Quais as práticas discursivas que aparecem no currículo da nudez? Assim, estive atenta ao que estava dito e aos efeitos produtivos do discurso nesse currículo. Os ditos analisados estão nos textos, *memes*, vídeos, imagens, fotos, *gifs*[58]. A produção de informações da pesquisa corresponde a uma análise específica dos grupos pesquisados e a um período histórico delimitado.

Ao extrair, recortar e me apropriar dos recursos utilizados em cada estratégia metodológica, criei meu próprio modo de realizar a pesquisa. Isso porque cada problema científico apresenta seus próprios modos de realização metodológica. Assim, o processo foi laborioso, precisei repensar estratégias, criar o meu próprio modo de agrupar e desorganizar as informações produzidas para depois reorganizá-las. Assim, nada foi fácil, linear e progressivo. No entanto, os percalços transformaram-se em motor de força de criação para a realização de uma pesquisa viva.

Processos nas Investigação em Comunidades on-line

Neste tópico, explicarei os procedimentos metodológicos utilizados na realização desta pesquisa. Os procedimentos, assim como a perspectiva metodológica, foram escolhidos de acordo com a questão-problema da investigação: quais os modos de atuação do currículo da nudez na produção de relações de sexualidade e gênero na cibercultura? Nesse sentido, esses procedimentos estiveram associados às especificidades da cibercultura e do ciberespaço. Para compreender essas especificidades, foi importante conhecer os modos de funcionamento dos grupos privados na rede social Facebook. E compreender como a comunicação se estabelecia nos grupos através não só de texto como também de vídeos, imagens, fotos, *memes*, arquivos de áudio, músicas (Evangelista, 2016).

O Facebook apresenta três possibilidades de configuração de privacidade em grupos na rede social: grupos públicos, fechados e secretos. Os grupos públicos são abertos, qualquer usuário/a pode entrar e ver as publicações, comentários e curtidas. Os grupos fechados são visualizados por qualquer usuário/a no sistema de busca da rede social e qualquer um pode solicitar entrada ou ser adicionado por um dos membros. Mas o conteúdo só fica disponível para membros. Os grupos secretos, como os investigados neste trabalho, são ocultos, ou seja, não ficam disponíveis no sistema de

---

[58] "GIF (*Graphics Interchange Format*, que se pode traduzir como 'formato para intercâmbio de gráficos') é um formato de imagem de mapa de bits muito usado na world wide web, quer para imagens fixas, quer para animações". GIFs animados são compostos de várias imagens do formato GIF, compactadas em um só arquivo. Essa variante é utilizada para compactar objetos em jogos eletrônicos, para usar como *emoticon* em mensageiros instantâneos e para enfeitar sites na internet. Disponível em: http://www.techtudo.com.br/artigos/noticia/2012/04/o-que-e-gif.html. Acesso em: 7 out. 2017.

busca da rede social. Só pode tornar-se membro quem for adicionado ou convidado. Ainda, somente participantes conseguem ter acesso ao conteúdo e às informações de outros/as participantes que também estão no grupo. Segundo informações da rede social, o "padrão da comunidade" continua valendo mesmo em grupos secretos e um desses padrões é a proibição de divulgação de imagens de nudez. No entanto, nos três grupos investigados, *Somente Libidinosas*, *Gostosuras* e *As Minas*, contrariando a política de uso do Facebook, são postados quase de hora em hora autorretratos nus, imagens de nudez e vídeos de práticas sexuais. Algumas postagens são denunciadas pelas próprias participantes, as publicações são censuradas e, em alguns casos, as usuárias sofrem sanções da rede social. Mas a maioria das publicações não é denunciada, o que torna possível a existência dos grupos com objetivo de troca de autorretrato nu no Facebook.

Para compreender o funcionamento dos grupos, simulei a criação de um grupo teste:

Figura 1 – Processo para criar um grupo no Facebook

Fonte: Facebook (2016)[59]

---

[59] Disponível em: https://www.facebook.com/groups/. Acesso em: 14 dez. 2016.

Desse modo, ao atribuir um nome, adicionar as participantes e selecionar o nível de privacidade, a rede social direciona um próximo passo em que é necessário escolher um *emoji* para caracterizar o grupo. Em seguida, este é criado, com opção de escolher também a imagem que irá personalizá-lo. Ao lado esquerdo, ficam disponíveis as opções: sobre o grupo; discussão; membros; eventos e também o sistema de busca próprio. Na parte da direita, fica a descrição, abaixo ficam as *tags*, ou seja, palavras-chave sobre a descrição do grupo, e também a opção de localização. A rede social também oferece diferentes opções de notificação acerca das publicações no grupo, em que é possível receber alertas de todas as postagens, ou apenas da postagem de amigos (usuários que estão conectados a partir de uma solicitação de amizade), ou ainda a opção de não receber notificações.

Figura 2 – Grupo Teste

Fonte: Facebook (2016)[60]

Figura 3 – Descrição, TAGS, Locais dos Grupos Facebook

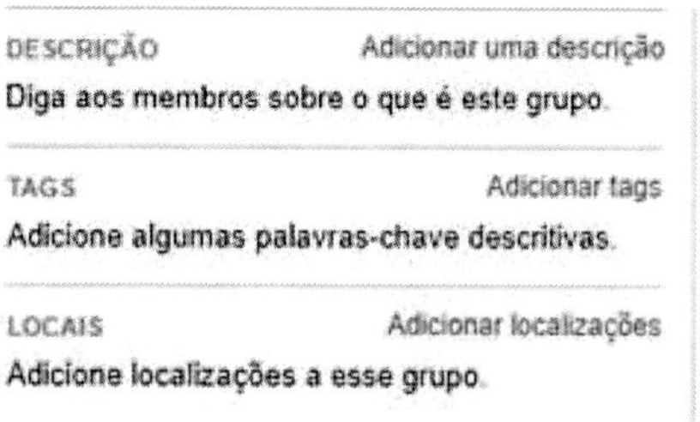

Fonte: Facebook (2016)[61]

---
[60] Disponível em: https://www.facebook.com/groups/. Acesso em: 14 dez. 2016.
[61] Disponível em: https://www.facebook.com/groups/. Acesso em: 14 dez. 2016.

Sendo assim, para compreender o funcionamento dos grupos secretos, desenvolvi critérios de escolha a partir de uma investigação exploratória. Nessa primeira etapa de pesquisa exploratória, estive à espreita das potencialidades que os ditos acionados nos grupos apresentavam para se compreender a produção das relações de sexualidade e gênero na cibercultura. Um dos critérios de escolha era que, na descrição, estivesse explícito o foco do grupo em relação a postagens sobre sexualidade e troca de autorretrato nu. Outro critério de escolha era o foco do grupo em sexualidades "não hegemônicas", ou seja, práticas dissidentes da norma heterossexual e com a presença exclusiva de mulheres, sujeitos não binários e pessoas trans. Vale ressaltar que, antes de iniciar esta pesquisa de mestrado, eu participava desses grupos, assim, já estava inserida e não precisei me preocupar com o processo de entrada. O fato de já participar desses espaços foi um passo importante, mas na mesma medida foi desafiador, pois com a pesquisa, precisei acionar um olhar de estranhamento em relação à dinâmica do grupo, às discussões e aos participantes, para conseguir perceber questões que antes não eram analíticas.

Após a pesquisa exploratória, selecionei os três grupos que tinham como objetivo principal discutir sexualidade, gênero, corpo e prazer. Para cada um deles atribuí nomes fictícios, tais como *Somente Libidinosas, Gostosuras e As Minas*. Assim, o currículo que nomeei de currículo da nudez é constituído dos ditos, discursos e relações de poder desses três grupos. Uma característica importante deles é que apresentam moderadoras. A moderação é composta por usuárias que são designadas para gerir, organizar e zelar pelo grupo. Nos grupos secretos que não permitem a entrada de homens cisgênero, como os pesquisados neste capítulo, a moderação tem o papel crucial de checar possíveis perfis falsos, banir publicações ofensivas e preconceituosas e promover os objetivos de cada grupo. Portanto, as moderadoras gerenciam o que pode ser publicado, de acordo com as regras estabelecidas por todas as participantes.

Ao selecionar esses três grupos e compreender as potencialidades deles para responder o problema de pesquisa deste trabalho, também se tornou necessário apresentar-me como pesquisadora. Desse modo, fiz uma publicação em cada grupo explicando a proposta da investigação e perguntando se elas aprovavam a realização da pesquisa naquele espaço. Na publicação, expliquei que nenhum autorretrato nu seria publicado, nem os nomes ou informações que tornem possível uma identificação. Expliquei que trabalharia com informações que não as identificassem. No grupo *Somente Libidinosas*, uma das ressalvas feitas à minha pesquisa era sobre os desabafos ou relatos de experiência. As integrantes solicitaram que eles não fossem publicados na íntegra, sugeriram a possibilidade de cortar trechos das histórias e, por vezes, fundir duas histórias diferentes em uma só. No *Gostosuras*, minha publicação teve poucos comentários, fato que tornou necessária uma conversa com as moderadoras do grupo, que também ressaltaram o sigilo de algumas informações e interditaram a publicação de qualquer foto. O grupo *As Minas* foi o último em que fiz a solicitação de pesquisa, de modo que, na publicação, já incorporei todas as recomendações dos grupos anteriores. Provavelmente por isso não ocorreu nenhum comentário com ressalvas quanto à realização da pesquisa.

Depois de apresentar-me como pesquisadora e explicar os objetivos da investigação, realizei uma segunda publicação em cada grupo perguntando se elas gostariam de ser "colaboradoras" da pesquisa. Isso significava que elas seriam entrevistadas de forma on-line por mim e que manteríamos contato por um tempo para que eu ouvisse as percepções delas sobre gênero, sexualidade, autorretrato nu, corpo e prazer e também sobre algumas publicações específicas dos grupos. No total, mantive contato com 10 integrantes, que assinaram o termo de consentimento livre e esclarecido, seguindo os procedimentos éticos da pesquisa. Pela efemeridade do ciberespaço, não mantive contato com elas por muito tempo. Foram apenas alguns dias de trocas de informações, percepções e opiniões. Nas entrevistas on-line, segui um roteiro com eixos temáticos sem um elenco de perguntas estruturado.

Durante esse processo, realizei a observação participante. Acionei algumas ferramentas disponíveis na plataforma da rede social Facebook para receber as notificações quando uma publicação era postada e também coloquei em destaque no meu *feed* de notícias as publicações dos grupos pesquisados. Assim, estive atenta de maneira intensa, pois recebia as notificações também através do meu smartphone. Durante seis meses (setembro de 2016 até março de 2017), estive imersa nos três grupos pesquisados, lendo cada publicação e fazendo capturas de tela, tanto pelo smartphone quanto pelo computador, das postagens em que via as potencialidades de criação analítica a partir do problema de pesquisa proposto. Realizei capturas de tela também de postagens de modo público que ocorriam no Facebook e que apareciam no meu *feed* de notícias.

Por conseguinte, categorizei mais de 2 mil capturas de tela que havia realizado. Agrupei essas imagens em 20 categorias, são elas: fortalecimento de mulheres; amor próprio; autoestima; superação; tecnologias; arte; *memes*; trans;

questões raciais; brincadeiras; aplicativos; corpos escritos; movimento feminista; denúncias; ação política, subversão; manda nudes; sexualidade; ciborgue; tecnologias. Junto com as imagens capturadas e agrupadas em cada uma das 20 categorias, também inseri meus comentários em cada pasta. Esse processo foi importante para pensar na organização de cada capítulo analítico e em como essas categorias também se relacionavam umas com as outras. A categorização não teve um papel de restringir ou limitar e, sim, de organizar as imagens, vídeos, *memes*, relatos e comentários. Além disso, serviu para multiplicar as forças da pesquisa a fim de, depois, analisar as categorias. As conversas com as ciborgues colaboradoras também foram organizadas da mesma forma. Os comentários delas sobre algumas publicações dos grupos foram agrupados junto aos meus.

Os procedimentos metodológicos, no que concernem à análise do discurso de inspiração foucaultiana, foram imprescindíveis no processo de compreensão da constituição de saberes, relações de poder, discursos, domínio dos objetos e da multiplicidade de táticas produtivas (Foucault, 2011) no currículo investigado. Desse modo, essa linha teórica da análise do discurso possibilitou a busca por produções, incitações e positividades do poder, ou seja, o olhar para aquilo que se afirma mais do que se proíbe. Por isso, busquei perceber as diferentes formas que o poder estrategicamente assume na produção de saberes e verdades autorizadas, assim como procurei perceber as instabilidades do currículo, ou seja, os inúmeros pontos de luta, escapatórias e resistências das relações de poder.

Nesse sentido, procurei perceber as singularidades dos acontecimentos, espreitando os sentimentos, desejos e paixões divulgados no currículo da nudez. Nesse processo, fiquei atenta às microrrelações, ou seja, pequenas astúcias, minuciosas táticas do poder. E todo esse processo teve como cerne a compreensão das condições históricas, geográficas e culturais para que os acontecimentos, ditos e resistências fossem possíveis de emergir nesse currículo. Portanto, investiguei o que o currículo divulga, que tipo de sujeito é demandado e produzido, quais as verdades autorizadas, quais saberes e relações de poder constituídas. Assim, durante o processo de observação netnográfica e análise do discurso de inspiração foucaultiana, foi possível a construção argumentativa do trabalho.

Referências

AMARAL, Adriana; NATAL, Geórgia; VIANA, Lucina. Netnografia como aporte metodológico da pesquisa em comunicação digital. **Farmecos/PUCRS**, Porto Alegre, n. 20, p. 34-40, dez. 2008.

EVANGELISTA, Gislene Rangel. **#CurrículodoFacebook**: denúncia da crise e demanda pela reforma do Ensino Médio na linha do tempo da escola. 2016. 188 f. Dissertação (Mestrado em Educação) – Pós-graduação em Educação: conhecimento e Inclusão Social, Universidade Federal de Minas Gerais, Belo Horizonte, 2016.

FISCHER, Rosa Maria Bueno. Foucault e a Análise do Discurso em Educação. **Cadernos de Pesquisa**, n. 114, p. 197-223, 2001.

FISCHER, Rosa Maria Bueno. A Paixão de Trabalhar com Foucault. *In*: COSTA, Marisa Vorraber (org.). **Caminhos Investigativos I**: novos olhares na pesquisa em educação. Rio de Janeiro: Lamparina, 2007. p. 39-61.

FISCHER, Rosa Maria Bueno. Foucault. *In*: OLIVEIRA, Luciano Amaral (org.). **Estudos do Discurso**: perspectivas teóricas. São Paulo: Parábola, 2013. p. 123-153.

FOUCAULT, Michel. **A ordem do Discurso**. 20. ed. São Paulo: Loyola, 2010b.

FOUCAULT, Michel. **Microfísica do Poder**. São Paulo: Edições Graal, 2011.

FOUCAULT, Michel. **História da Sexualidade I**: a vontade de saber. Tradução de Maria Thereza da Costa Albuquerque e J. A. Guilhon Albuquerque. 1. ed. São Paulo: Edição Paz e Terra, 2014a.

FOUCAULT, Michel. O sujeito e o Poder. *In*: FOUCAULT, Michel. **Ditos e Escritos**, IX. Genealogia da Ética, Subjetividade e Sexualidade. Rio de Janeiro: Forense Universitária, 2014b. p. 118-141.

KOZINETS, Robert. **Netnografia**: realizando pesquisa etnográfica online. Tradução de Daniel Bueno. Porto Alegre: Penso, 2014.

LEAL, Rafaela. **Dispositivo de Inovação no Ensino Superior**: produção do docentisinovatus e do discipulusiacto. 2017. 171 f. Dissertação (Mestrado em Educação) – Pós-graduação em Educação: Conhecimento e Inclusão Social, Universidade Federal de Minas Gerais, Belo Horizonte, 2017.

MEIRELES, Gabriela Silveira. **Tecnologia da Formação Docente no Currículo dos Blogs sobre Alfabetização criados por Professoras-alfabetizadoras**: saberes divulgados, relações de poder acionadas e sujeitos demandados. 2017. 256 f. Tese (Doutorado em Educação) – Pós-graduação em Educação: Conhecimento e Inclusão Social, Universidade Federal de Minas Gerais, Belo Horizonte, 2017.

MEYER, Dagmar; PARAÍSO, Marlucy (org.). **Metodologia de Pesquisa pós-crítica em educação**. Belo Horizonte: Mazza Edições, 2012.

NOVELI, Márcio. Do Off-line para o Online: a netnografia como um método de pesquisa ou o que tentamos levar a etnografia para internet? **Organização em textos**, ano 6, n. 12, jul./dez. 2010.

PARAÍSO, Marlucy. **Currículo e Mídia Educativa Brasileira**: poder, saber e subjetivação. Chapecó: Argos, 2007.

PARAÍSO, Marlucy. Metodologias de pesquisa em educação e currículo: trajetórias, pressupostos, procedimentos e estratégias analíticas. *In*: MEYER, Dagmar; PARAÍSO, Marlucy (org.). **Metodologia de Pesquisa pós-crítica em educação**. Belo Horizonte: Mazza Edições, 2012.

PASSOS, Eduardo; BARROS, Regina Benevides de. A Cartografia como Método de Pesquisa-Intervenção. *In*: PASSOS, Eduardo; KASTRUP, Virgínia; ESCÓSSIA, Liliana da (org). **Pistas para o Método Cartográfico**: pesquisa-interveção e produção de subjetividade. Porto Alegre: Sulinas, 2009. p. 17-31.

RIBAS, Thiago Fortes. **Saber, Verdade e Política no Pensamento de Michel Foucault**. 2016. 165 f. Tese (Doutorado em Filosofia) – Pós-Graduação em Filosofia do Setor de Ciências Humanas, Letras e Artes, Universidade Federal do Paraná, Curitiba, 2016.

TEIXEIRA, Inês A. C.; PADUA, Karla C. Virtualidades e alcance das entrevistas. **Anais** [...]. Salvador: [*s. n.*], 2006. CD-ROM.

SALES, Shirlei Rezende. Etnografia+netnografia+análise do discurso: articulações metodológicas para pesquisar em educação. *In:* MEYER, Dagmar; PARAÍSO, Marlucy (org.). **Metodologia de Pesquisa pós-crítica em educação**. Belo Horizonte: Mazza Edições, 2012. p. 111-133.

CAPÍTULO 9

ENTREVISTAS SEMI-ESTRUTURADAS ON-LINE + ANÁLISE DO DISCURSO DE INSPIRAÇÃO FOUCAULTIANA: UMA BRICOLAGEM METAMORFOSEANTE EM TEMPOS DE PANDEMIA

Paula Myrrha Ferreira Lança

Eu prefiro ser essa metamorfose ambulante
Do que ter aquela velha opinião formada sobre tudo [...]
Sobre o que é o amor
Sobre o que eu nem sei quem sou
Se hoje sou estrela
Amanhã já se apagou [...]
É chato chegar a um objetivo num instante
Eu quero viver nessa metamorfose ambulante[62]

---

[62] Trecho da música *Metamorfose Ambulante*, de Raul Seixas (1º lançamento em 1973).

Tudo é movimento. Tudo é metamorfose. Como já diria Heráclito, na famosa declaração atribuída a ele: *"panta rei"* — tudo flui, nada permanece. Não se pode entrar no mesmo rio duas vezes, pois o seu fluxo o modifica incessantemente e aleatoriamente e, cada vez que entramos nele, ele é outro. Assim é com nossas pesquisas e seus caminhos. São cambiantes, reinventam-se continuamente, de acordo com a aleatoriedade dos acontecimentos à nossa volta e das demandas trazidas pelo objeto de pesquisa. E o/a pesquisador/a não apenas repensa os caminhos da investigação, mas é também afetado/a e reinventado/a por eles. Pesquisar é viver nessa metamorfose ambulante, passando por um longo processo de reinvenções até chegar ao objetivo.

Assim foi comigo e com minha pesquisa de mestrado, que foi realizada entre 2019 e 2021, e que tinha como objetivo compreender os efeitos de verdade da ofensiva antigênero na produção de subjetividades docentes de uma Escola Municipal de Educação Infantil (Emei) em Belo Horizonte. Os percursos para a sua realização foram modificados constantemente de acordo com o que o material empírico demandava, em articulação com a teoria, e os resultados foram sendo constantemente reinventados por mim. Isso, porque, conforme Marlucy Paraíso (2014), a pesquisa realizada insere-se nas metodologias pós-críticas em educação, em que os percursos são inventados "com base nas necessidades trazidas pelo problema de pesquisa que formulamos" (p. 44) e nas teorizações escolhidas para a compreensão do objeto.

Partiu-se do entendimento de que é "preciso traçar linhas que fujam da fixidez, interrogar o que já conhecemos, estarmos abertas[/os] a rever, recomeçar, ressignificar ou incluir novos pontos de vista" (Paraíso, 2014, p. 44) e de que "o desenho metodológico de uma pesquisa não está (e nem poderia estar) fechado e decidido a priori" (Meyer; Paraíso, 2014, p. 22). Como nos apontam Maria Carolina Caldeira e Marlucy Paraíso (2016), cada "pesquisador/a precisa construir o seu caminho metodológico, articulando-o às suas questões de pesquisa" (p. 1501). Para Shirlei Sales (2014a), a metodologia deve estar sempre em processo de análise, sendo minuciosamente descrita e revista ao longo do processo de investigação. Desse modo, na medida em que meu olhar interessado e baseado em formulações das teorias pós-estruturalistas do campo curricular pós-crítico me indicava novos caminhos a serem percorridos e permitia outras formulações analíticas, a metodologia de pesquisa foi se metamorfoseando.

E essa metamorfose foi necessária também em meio a um cenário mundial de absoluta mudança na vida de todos nós. A pandemia causada pelo novo coronavírus, anunciada em março de 2020 pela Organização

Mundial da Saúde (OMS) e o decorrente fechamento das escolas em Belo Horizonte demandou que o caminho metodológico desenhado para a pesquisa fosse transformado, já que no projeto de pesquisa aprovado ao final do ano de 2019 havia a previsão de que a pesquisa se daria por meio da articulação entre a análise do discurso de inspiração foucaultiana, observações participantes nas turmas de duas professoras em uma Emei em Belo Horizonte e entrevistas com essas mesmas professoras. No entanto, as idas à instituição selecionada, que se iniciaram na primeira semana de março de 2020, ficaram inviabilizadas com o fechamento das escolas na terceira semana desse mesmo mês, por meio do Decreto nº 17.304, de 18 de março de 2020[63], da prefeitura de Belo Horizonte.

Assim, a pesquisa que se daria de maneira presencial foi modificada, optando-se por caminhos metodológicos que utilizassem as mídias digitais, de maneira remota, mantendo-se o objetivo inicial. É importante destacar que, na contemporaneidade, a demanda pela incorporação das tecnologias digitais nas tarefas mais cotidianas é algo generalizado, conforme nos explica Shirlei Sales (2014b), e o caso da minha pesquisa se insere nesse cenário, assim como as pesquisas que deram origem aos demais capítulos deste livro.

Porém as tecnologias digitais não se constituem apenas como novas ferramentas para pesquisar, mas demandam "outros modos de planejar e outras formas de organizar os saberes, afinal, produzem outras formas de conhecer e outros tipos de conhecimento" (Sales, 2014b, p. 231). Nesse sentido, a incorporação delas em minha pesquisa, mais do que simplesmente fazer com que outras ferramentas fossem utilizadas, fez com que uma nova pesquisa surgisse, com certeza com resultados diferentes dos que seriam encontrados caso a investigação se desse pelos meios desenhados inicialmente.

A pesquisa foi, então, realizada por meio da bricolagem *entrevistas semiestruturadas on-line + análise do discurso de inspiração foucaultiana*. De acordo com Paraíso (2014), nas metodologias pós-críticas em educação, um dos procedimentos que fazemos são as bricolagens metodológicas, porque "não temos uma única teoria a subsidiar nossos trabalhos e porque não temos um método a adotar" (Paraíso, 2014, p. 35), por entendermos os caminhos metodológicos para uma investigação como invenções (Meyer; Paraíso, 2014). Ao fazer a bricolagem, elementos de metodologias distintas se articulam e são ressignificados (Caldeira; Paraíso, 2016; Paraíso, 2014).

---

[63] Informações disponíveis em: https://prefeitura.pbh.gov.br/educacao/conselho/educacao-em-tempos-de-pandemia. Acesso em: 6 jan. 2021.

METODOLOGIAS DE PESQUISAS CIENTÍFICAS NO CIBERESPAÇO/CIBERCULTURA:
#NETNOGRAFIA #ETNOGRAFIADIGITAL #PESQUISAEMTELA #ENTREVISTAONLINE #ANÁLISECULTURAL
#ANÁLISEDODISCURSO_INSPIRADAEMFOUCAULT

Este capítulo, portanto, tem como objetivo relatar os caminhos metodológicos trilhados na pesquisa em questão, descrevendo os procedimentos metodológicos na utilização de cada ferramenta, isto é, nas entrevistas semiestruturadas on-line e na análise do discurso de inspiração foucaultiana, e explicando como se deu a articulação entre ambas. Também procurei dar visibilidade aos desafios vividos na realização de uma investigação on-line e remota, em um cenário de pandemia. Tendo isso em vista, na próxima sessão deste capítulo, irei explicar os princípios da análise do discurso de inspiração foucaultiana utilizados, e no que consistem as entrevistas semiestruturadas on-line, bem como os desafios éticos encontrados em sua utilização. Em seguida, relatarei os procedimentos metodológicos de maneira detalhada, visando expor o passo a passo realizado na utilização dessas ferramentas e em sua articulação. Por fim, explanarei algumas considerações finais, jogando luz sobre desafios pessoais na condução da pesquisa com metodologias on-line.

A análise do discurso de inspiração foucaultiana e entrevistas semiestruturadas on-line

Elementos da análise do discurso de inspiração foucaultiana foram acionados em articulação com as entrevistas semiestruturadas on-line, que se deram com cinco professoras da Emei selecionada. Para a análise do discurso, Michel Foucault (1996) propõe alguns princípios. O primeiro é o princípio da *inversão*, o que significa que devemos olhar para os discursos entendendo que eles não surgem como uma simples descoberta. Pelo contrário, "é preciso reconhecer [...] o jogo negativo de um recorte e de uma rarefação do discurso" (Foucault, 1996, p. 52), entendendo que, para que ele exista, lutas foram travadas e relações de poder o constituem, criando condições para que ele se coloque como verdade.

O segundo deles é o princípio de *descontinuidade*, que compreende que os discursos "devem ser tratados como práticas descontínuas, que se cruzam por vezes, mas também se ignoram e por vezes se excluem" (p. 52-53). Isso significa que os discursos devem ser tratados como acontecimentos aleatórios, sem uma continuidade e linearidade.

O terceiro princípio seria o da *especificidade*, que compreende que o mundo não nos apresenta "uma face legível que teríamos de decifrar apenas" (p. 53), mas que os discursos fabricam as coisas do mundo. O discurso deve ser visto não como o simples resultado daquilo que se pensa, mas como um acontecimento que produz, como uma prática que fere o mundo (Foucault, 1996). Em último lugar, o quarto princípio para a análise do discurso de inspiração foucaultiana é o da *exterioridade*. Tal princípio consiste na noção de que não se deve buscar pelos significados por trás dos discursos e que se manifestariam por meio deles. Não existe uma essência, um não dito por trás deles. Assim, deve-se analisar, na superfície do próprio discurso, seu funcionamento (Foucault, 1996).

Dessa maneira, ao investigar sobre os efeitos de verdade da ofensiva antigênero na produção de subjetividades docentes de uma escola de educação infantil em Belo Horizonte, tive em mente todos esses princípios. Ou seja, parti da compreensão de que aquilo que adquire caráter de verdade nos ditos das professoras entrevistadas é autorizado como verdade por causa de relações de poder. Foi preciso, assim, procurar compreender tais relações, jogos de poder, para analisar o funcionamento dos discursos, que atravessam e compõem tais ditos (princípio da inversão). Junto a isso, investiguei tais discursos em sua produtividade, entendendo que eles não são apenas produzidos, mas também produzem efeitos (princípio da especificidade). Também realizei as análises entendendo que os discursos não possuem uma linearidade, uma continuidade e nem uma essência. Pelo contrário, eles foram analisados em sua aleatoriedade e superfície (princípios da descontinuidade e da exterioridade).

Tais elementos da análise do discurso de inspiração foucaultiana se articularam com as entrevistas semiestruturadas on-line. Segundo João Amado e Sônia Ferreira (2017), entrevistas consistem em conversas com intenção de recolha de informação para objetivos específicos. Para Raymond Quivy e Luc Van Campenhoudt (1998), elas são adequadas para a "análise do sentido que [as/]os [atrizes/]atores dão às suas práticas" e aos acontecimentos que os/as interpelam (p. 193), que foi o que se buscou na pesquisa em questão. Nesse mesmo sentido, elas são adequadas para, segundo Uwe Flick (2008), "reconstruir a teoria subjetiva do entrevistado sobre o assunto em estudo" (p. 149).

Dentro das possibilidades dos tipos de entrevista, optou-se pela semiestruturada. Esse tipo de entrevista pressupõe que o/a entrevistador/a possui um plano prévio de questões que precisam ser abordadas, em uma ordem lógica, mas não se limita a elas, fazendo novas perguntas de acordo com as necessidades que observar a partir das respostas do/a entrevistado/a (Amado; Ferreira, 2017). Nesse tipo de entrevista, conforme explica Jorge Duarte (2006, p. 3), o "roteiro exige poucas questões, mas suficientemente amplas para serem discutidas" de maneira satisfatória e a "entrevista é conduzida, em grande medida, pel[a/]o entrevistad[a/]o, valorizando seu conhecimento, mas ajustada ao roteiro d[a/]o pesquisador[a/or]" (Duarte, 2005, p. 3).

Tal abordagem viabiliza "a flexibilidade de permitir [à/]ao informante definir os termos da resposta e [à/]ao entrevistador[a/or] ajustar livremente as perguntas" (Duarte, 2005, p. 1). Sendo assim, no momento das entrevistas, as perguntas foram sendo reformuladas na medida em que as respostas das professoras demandavam outras perguntas. Junto a isso, também houve essa reformulação entre uma entrevista e outra, já que várias das perguntas planejadas inicialmente se mostraram inadequadas ou ineficazes para atender ao objetivo proposto.

Tais entrevistas semiestruturadas se deram de maneira on-line, por meio de duas plataformas de conversas — o WhatsApp[64] e o Zoom[65] — conforme será mais bem detalhado no tópico a seguir. De acordo com Flick (2008), entrevistas on-line consistem na realização de entrevistas pela internet, dando-se de maneira síncrona, isto é, quando o/a entrevistado/a e o/a entrevistador/a se encontram ao mesmo tempo em salas de bate-papo virtual, ou seja, estando ambos/as on-line; ou de modo assíncrono, que é quando o/a pesquisador/a envia as perguntas ao/à informante, que lhe responde quando melhor lhe convém.

No caso da pesquisa em questão, as entrevistas deram-se de modo síncrono. Com quatro das cinco professoras entrevistadas, elas aconteceram por conversa com áudio e vídeo, pela plataforma Zoom. Com uma das professoras, porém, a entrevista foi realizada com mensagens instantâneas por meio do aplicativo WhatsApp, também de maneira síncrona, já que combinamos uma data para conversarmos e estávamos on-line simultaneamente no momento das conversas.

É importante discutir aqui alguns alertas no que diz respeito a cuidados éticos no momento das entrevistas, a fim de evitar constranger os/as entrevistados/as, assumindo uma postura de respeito frente a eles/as. Pierre Bourdieu (2008), nesse sentido, alerta-nos para a necessidade de

---

[64] WhatsApp é um aplicativo de mensagens instantâneas, criado especialmente para o envio de mensagens de texto, voz ou vídeo. Desde 2014, pertence à empresa Facebook. Mais informações disponíveis no site oficial do aplicativo: https://www.whatsapp.com/about/. Acesso em: 12 jan. 2021.

[65] A plataforma Zoom é desenhada para possibilitar reuniões e conferências por vídeo, com formato disponível para celular, computador e tablet. Mais informações em: https://zoom.us/pt-pt/meetings.html. Acesso em: 12 jan. 2021.

que o/a pesquisador/a tenha uma "disponibilidade total em relação à pessoa interrogada, [...] [de modo a] adotar sua linguagem e a entrar em seus pontos de vistas" (p. 695), o que exige uma escuta atenta por parte do/a entrevistador/a e um exercício para impedir qualquer juízo de valor e/ou preconceitos de sua parte (Bourdieu, 2008).

É necessário, assim, que as pessoas que participam das entrevistas sejam compreendidas em sua singularidade e em seus próprios pontos de vista (Bourdieu, 2008) e que o/a pesquisador/a possua conhecimento teórico sobre o grupo social a que fazem parte os/as entrevistados/as, como nos alerta Rosália Duarte (2004). A fim de evitar constrangimentos por parte de quem é entrevistado/a, Bourdieu (2008), ainda, sugere que, ao longo da entrevista, o/a investigador/a dê respostas verbais e não verbais às perguntas trazidas pelo/a entrevistado/a, demonstrando seu interesse nas questões trazidas por ele/a e, ainda, de modo a não objetificá-lo/a, trazendo pessoalidade à conversa.

Procedimentos metodológicos

Em março de 2020, ficando inviabilizadas as observações na escola escolhida, defini, juntamente com minha orientadora, que as entrevistas, que se dariam de maneira presencial, seriam realizadas de modo on-line. Inicialmente, elas seriam realizadas apenas com as duas professoras que seriam observadas na escola, mas, nesse momento, optamos por entrevistar todas as professoras da Emei que tivessem interesse em participar da investigação, uma vez que precisaríamos de um volume maior de dados coletados nelas, já que eu não realizaria mais observações em sala de aula. Assim, entrei em contato com a diretora da escola via telefone, e ela fez o convite para as professoras, a partir de um texto explicativo elaborado por mim sobre a pesquisa. De 15 professoras que trabalham na Emei como professoras referência, sete delas demonstraram interesse em participar, e a diretora, devidamente autorizada pelas docentes, enviou-me seus contatos de WhatsApp.

Após entrar em contato com cada uma delas via mensagem de texto pelo aplicativo no dia 9 de abril de 2020 agradecendo sua disponibilidade e explicando os objetivos da pesquisa, apenas seis das sete professoras responderam. Uma dessas seis docentes que a princípio demonstraram interesse em participar do estudo, em determinado momento de nossa conversa via WhatsApp, desistiu da participação. Essa decisão foi tratada com respeito por mim, uma vez que, nos comprometimentos éticos da pesquisa, comprometi-me a respeitar a desistência das participantes a qualquer momento da investigação.

Nas mensagens de texto com as professoras, ressaltei que as entrevistas se dariam ao longo do mês de maio de 2020 de modo on-line, devido à impossibilidade de um encontro presencial em decorrência da pandemia causada pelo novo coronavírus e a necessária medida de isolamento social. Posteriormente, enviei um Termo de Consentimento Livre e Esclarecido (TCLE) para cada uma das docentes. Esse documento é exigido pelo Comitê de Ética em Pesquisa (Coep) da UFMG, no caso de pesquisas com seres humanos. Ele contém a declaração de concordância em participar do estudo, uma explicação mais detalhada dos objetivos e metodologia de pesquisa, bem como os comprometimentos éticos assumidos por mim na condução da investigação. Dentre eles, está o compromisso de não divulgar os nomes dos/as participantes, respeitar suas posições e opiniões durante a pesquisa, sem emitir juízos de valor, e respeitar a decisão de desistir da participação no estudo se assim desejassem.

Com os documentos devidamente assinados de maneira digital, combinei as datas de realização das entrevistas com cada uma das professoras, visando ter um espaçamento de pelo menos dois dias entre cada uma delas, a fim de ter um dia para sua realização e um ou dois para a transcrição. Para Rosália Duarte (2004), a transcrição das entrevistas logo após sua realização é importante para reelaborar o roteiro de acordo com questões que se mostrarem inadequadas, insuficientes e/ou mal elaboradas. Aqui, destaco que as datas foram sugeridas por mim com flexibilidade, sendo que tanto os horários foram definidos de acordo com a disponibilidade das docentes, quanto as datas foram repensadas de acordo com as suas demandas.

Também propus para cada uma delas que as entrevistas se dessem por meio da plataforma Zoom. Optei por essa plataforma, uma vez que é um aplicativo gratuito[66] de conversas por vídeo, e que, assim, possibilitou-me ver as expressões faciais e corporais das participantes, bem como tornou possível que elas próprias vissem minhas respostas não verbais aos seus posicionamentos, tais como sorrisos, acenos com a cabeça indicando compreensão, risos em momentos de brincadeiras por parte delas, dentre outros gestos e expressões faciais. Para Bourdieu (2008), conforme já indicado no início deste capítulo, tais comportamentos são importantes para dar mais

---

[66] Existem versões pagas do aplicativo, que oferecem recursos melhores, mas utilizei a versão gratuita, com recursos que, apesar de limitados, atendiam às necessidades trazidas pela pesquisa.

pessoalidade às entrevistas. Também optei por essa plataforma, pois ela possui um recurso de gravação de áudio e de vídeo, o que posteriormente facilitou a transcrição das entrevistas.

Quatro das cinco professoras concordaram em realizar a entrevista por meio dessa plataforma, sendo que algumas delas já haviam realizado reuniões nesse ambiente virtual. Uma delas, no entanto, demonstrou dificuldades em realizar entrevistas por vídeo e, após negociarmos o modo de sua realização, optamos por conversar por WhatsApp, por meio de mensagens de texto e voz, também de modo síncrono.

Assim, combinadas as datas e o modo de realização das entrevistas, elaborei um roteiro com questões-chave e tópicos estruturantes abaixo de cada questão, contendo aspectos que precisariam ser abordados. Essa é uma estratégia sugerida por Duarte (2006) para que o/a entrevistador/a não se perca na realização de uma entrevista semiestruturada, abordando os pontos mais importantes de acordo com seus objetivos. Nesse roteiro, previ iniciar as entrevistas sempre apresentando os objetivos da pesquisa, explicando novamente alguns compromissos éticos, prevendo o tempo de realização da entrevista e perguntando, no caso das entrevistas por Zoom, se a participante se sentia confortável com a gravação de vídeo e de voz para posterior transcrição. Tais combinados são importantes, de acordo com Duarte (2006), para que os/as participantes se sintam mais confortáveis, com o estabelecimento de uma confiança mútua entre o/a entrevistado/a e o/a pesquisador/a. Em seguida, fiz perguntas relacionadas ao perfil das participantes e conduzi as perguntas tendo em foco os objetivos da pesquisa, partindo de perguntas mais gerais em direção a questões mais específicas, conforme sugere Duarte (2006).

Antes da realização das entrevistas com as professoras da Emei, fiz uma entrevista teste com uma amiga, Nayara Luiza Leite[67], também professora na Educação Infantil na rede pública (ela, porém, faz parte da rede municipal da cidade de Contagem, na região metropolitana de Belo Horizonte). Duarte (2006) compreende que a realização de uma entrevista teste com uma pessoa conhecida e que se assemelhe com o grupo que será entrevistado é importante a fim de verificar se o roteiro está bem construído e para aperfeiçoá-lo para o momento de realização das entrevistas. Desse modo, tal entrevista foi fundamental para que eu pudesse rever algumas perguntas e modos de condução das questões. Nayara foi muito solícita e

---

[67] O nome é aqui divulgado com sua autorização prévia e como forma de demonstrar gratidão por sua ajuda na pesquisa.

me ajudou a pensar nos problemas do roteiro e das questões, dando-me sugestões de como modificá-las. Tal teste também foi valioso para que eu pudesse prever um tempo médio de realização das entrevistas, bem como eventuais problemas advindos do modo on-line (alguns desses problemas vividos serão discutidos mais à frente).

Após a realização da entrevista teste, iniciei as entrevistas com as professoras. No caso de uma delas, como a professora utilizou o celular para conversarmos pela plataforma Zoom, houve o descarregamento da bateria do aparelho no momento de realização da entrevista, o que fez com que ela fosse interrompida. Isso demandou a marcação de uma nova data para seu término. Assim, percebi que uma desvantagem das entrevistas on-line por vídeo é a dependência do bom funcionamento dos aparelhos tecnológicos utilizados para sua realização, bem como a imprevisibilidade de uma boa conexão com a internet, o que por vezes provoca interrupções na condução da entrevista.

Há de se lembrar que a utilização de entrevistas on-line "é limitada às pessoas aptas e dispostas a usar a comunicação mediada pelo computador ou esse tipo de tecnologia e de comunicação em geral" (Flick, 2008, p. 243), sendo que a qualidade do acesso à internet, muitas vezes limitada por classe social e região, pode ser um dificultador da utilização do método. No caso da pesquisa em questão, muitas vezes aconteciam cortes nas entrevistas realizadas por vídeo, devido a falhas na conexão com a internet, bem como atrasos e ecos na transmissão das falas tanto das entrevistadas quanto da entrevistadora, o que por vezes dificultava a compreensão de ambas as partes.

Com a professora que demandou a realização da entrevista por WhatsApp, após termos conversado por chat inicialmente, no momento de análise dos dados, percebi que os dados coletados seriam insuficientes, o que demandou que eu entrasse em contato com a docente para marcarmos outra data para conversar. Assim, fiz algumas outras perguntas à professora, que se mostrou bastante solícita em respondê-las. É importante ressaltar que, no caso da entrevista com Telma, como a entrevista foi por meio de um *chat* no WhatsApp, a temporalidade foi diferente do que nas entrevistas realizadas ao vivo com as demais professoras. Primeiramente, destaca-se que, nesse tipo de entrevista por *chat*, "há um tempo maior entre uma questão e outra, possibilitando que o/a pesquisador/a tenha maiores condições de já iniciar um processo de análise das respostas, o qual oriente a formulação de novas questões" (Sales, 2014a, p. 125).

Em segundo lugar, a entrevista foi realizada ao longo de várias horas, uma vez que ela permitia a flexibilidade da professora entrevistada em realizar outros afazeres e responder somente quando estivesse disponível. Por um lado, isso fez com que a entrevista demorasse mais e demandou que eu estivesse bastante atenta ao celular, a fim de ler as respostas tão logo elas fossem enviadas; por outro, permitiu que a entrevistada tivesse mais flexibilidade em responder quando pudesse.

É importante ressaltar que tal professora tem uma filha criança que não estava frequentando a escola devido à pandemia, o que talvez tenha feito com que os afazeres domésticos se tornassem mais pesados. Isso, porque as "mulheres realizam, historicamente, a maior parte do trabalho doméstico e de cuidados", como aponta Maria Barajas (2016, p. 21), o que tem importantes implicações no uso de seu tempo (Barajas, 2016), algo que se encontrava agravado em tempos de pandemia, conforme nos aponta Thays Monticelli (2021). Conforme nos mostra a autora, as mulheres que estavam trabalhando em home office foram ainda mais responsabilizadas pelo trabalho doméstico e precisaram dedicar ainda mais tempo às/aos suas/seus filhas/os, sem falar do risco em perder seus empregos, já que o desemprego foi maior entre mulheres no período (Monticelli, 2021). Nesse cenário, é possível que a docente em questão tenha sofrido com a sobrecarga de trabalho, mas, mesmo assim, ela prontamente participou do estudo.

Com relação a essa entrevista, uma desvantagem em sua realização foi que, como a entrevistada respondeu por mensagem de texto, muitas vezes as respostas eram curtas e insuficientes, sem que a professora discorresse mais longamente sobre o assunto, como aconteceu nas entrevistas por vídeo. Junto a isso, não foi possível visualizar as expressões faciais da professora, tampouco seu tom de voz. Para Flick (2008), em entrevistas on-line realizadas por texto, as "partes não-verbais ou paralinguísticas da comunicação são difíceis de transportar e de integrar", e isso também se colocou como um dificultador das análises no caso da entrevista em questão.

Uma das vantagens, no entanto, é que não houve necessidade de transcrição da entrevista (com todas as dificuldades de se manter fiel ao que é efetivamente dito), já que bastava copiar e colar os ditos em um documento de notas no computador. Outro benefício é que, como as perguntas foram sendo enviadas para a entrevistada na medida em que ela respondia, o que é diferente de um questionário fechado, houve a possibilidade de reformulação das perguntas ao longo da conversa.

Para transcrever as outras entrevistas, que foram feitas utilizando o aplicativo Zoom, utilizei as gravações possibilitadas pela própria plataforma. No momento de transcrição, lancei mão de um recurso de transcrição de voz do aplicativo Google Documentos[68], no computador, que possui uma ferramenta de captação de voz e transcrição automática das falas captadas. Assim, ouvia as gravações de voz das entrevistas em um fone de ouvido, pausava a gravação e repetia verbalmente a frase ouvida a fim de que o programa a transcrevesse. Durante cada transcrição, foi necessário parar diversas vezes para acrescentar pontuações ao texto (uma vez que a ferramenta utilizada não coloca pontuações automaticamente) e para corrigir eventuais erros dessa transcrição automática.

É importante destacar que o fato de os vídeos das entrevistas também serem gravados se mostrou vantajoso, no sentido de que, ao longo das transcrições, por vezes eu assistia aos vídeos a fim de captar expressões faciais e corporais, como expressões de espanto, indignação, ironia, etc., e até mesmo gestos que fazem parte de uma comunicação não verbal, como o movimento de "aspas" com os dedos. A possibilidade de realização de entrevistas por vídeo fez com que esse tipo de comunicação fosse possível para a pesquisa, algo que não acontecia em entrevistas on-line, já que essas eram realizadas via *chat* ou e-mail (Flick, 2009), antes da criação e difusão de plataformas diversas de conversas síncronas por vídeo e voz, tais como a Zoom. No caso da pesquisa em questão, foi possível descrever essas expressões na transcrição em texto e elas se mostraram valiosas para as análises.

Tendo feito a transcrição das entrevistas, fiz diversas e demoradas leituras do material empírico produzido, com diferentes olhares para seus ditos, a partir do referencial teórico adotado e do olhar metodológico da análise do discurso de inspiração foucaultiana. Analisei, a partir daquilo que foi dito nas entrevistas, em sua superfície, como as docentes se conduzem a partir de certos saberes, sem interessar-me pelos porquês e por descobrir uma suposta essência que explicasse tais condutas, uma vez que devemos abrir "mão da preocupação de localizar relações de causa e efeito, origens e processos de evolução" (Meyer, 2014, p. 59). Desse modo, localizei, em

---

[68] Mais informações sobre o aplicativo em: https://workspace.google.com/intl/pt-BR/products/docs/?utm_source=google&utm_medium=cpc&utm_campaign=latam-BR-all-pt-dr-bkws-all-all-trial-e-dr-1009897-LUAC0011906&utm_content=text-ad-none-any-DEV_c-CRE_470571214218-ADGP_BKWS%20%7C%20Multi%20~%20Documentos-KWID_43700057676888798-kwd-325381552759&utm_term=KW_google%20documentos-ST_google%20documentos&gclid=Cj0KCQiA0fr_BRDaARIsAABw4EtprKQN6cWFkJ6QBY8KRXro_aQbSBqxTKC48F-b-WtHNBiM96SncmgaAt4UEALw_wcB&gclsrc=aw.ds. Acesso em: 13 jan. 2021.

um processo de invenção dos resultados da pesquisa, a existência de certos discursos atuando na produção de subjetividades docentes, isto é, na produção de certos modos de ser professora.

Também procurei compreender as lutas travadas, as relações de poder colocadas em funcionamento discursivamente — sendo esse um elemento da análise do discurso de inspiração foucaultiana — para a produção de professoras de determinados tipos. O olhar teórico-metodológico focou na produtividade dos discursos, a partir da compreensão de seu funcionamento, conforme nos ensina Foucault (1996).

Considerações finais

> *Metamorfose no planeta. Metamorfose na universidade. Metamorfose na pesquisa. Metamorfose na pesquisadora.*

Ao fazer o giro metamorfoseante na realização da pesquisa, eu também me metamorfoseei, criando novos modos de ser pesquisadora em tempos de pandemia, uma vez que ela trouxe dificuldades não apenas no plano acadêmico, mas demandou mudanças na organização de nossas vidas, de maneira ampla, o que produz efeitos na maneira de pesquisar. Isso, porque as diversas subjetividades assumidas pela Paula não vão embora quando a subjetividade pesquisadora entra, mas a investigadora carrega consigo todas as dificuldades e alegrias da vida ao longo da investigação. Na perspectiva aqui adotada, a posicionalidade da pesquisadora, mais que afetar a pesquisa, é parte integrante dela, definindo seus rumos e resultados (Meyer; Paraíso, 2014).

Assim como aponta Guacira Lopes Louro (2018) acerca do sujeito pós--moderno, vi-me em constante "formação e transformação, [...] num processo que [...] provoca desarranjos e desajustes" (p. 13). Dessa forma, ao longo do ano de 2020, em decorrência da pandemia, foram demandadas reinvenções não apenas nos modos de pesquisar, mas em nossas vidas de maneira mais ampla, em meio a processos que afetaram a produção dos resultados da pesquisa realizada, que poderiam ser outros, dependendo também dos próprios processos vividos pela investigadora. E a mudança na metodologia da pesquisa, que seria presencial e passou a ser on-line, também demandou reinvenções constantes em mim, marcando-me e ensinando-me com todas as suas facilidades e, sobretudo, com suas dificuldades. Exponho, de maneira breve, algumas delas a seguir.

Em quarentena, juntamente com meu marido, que também trabalhou em casa, tivemos que nos organizar para dividir o espaço de um apartamento pequeno e compartilhar a internet, que por vezes falhava com o uso intenso de duas pessoas, o que demandou que nos organizássemos para fazer reuniões on-line em horários alternados, a fim de evitar a sobrecarga no uso da internet e as consequentes falhas na rede. Junto a isso, o tempo maior em casa demandou mais realizações de tarefas domésticas, o que fez com que novos acordos no cuidado com a casa precisassem ser realizados. Isso se deu em um cenário em que, conforme Monticelli (2021), grande parte das mulheres heterossexuais casadas brasileiras precisou "gerenciar e negociar aspectos da vida cotidiana com seus parceiros" (p. 84-85).

O cuidado com pessoas idosas da família também se fez necessário nesse momento. Tudo isso demandou reorganizações na rotina e mudanças constantes na organização do cronograma de pesquisa. Somam-se a isso as tristezas vividas em meio a um cenário de tantas mortes, pessoas adoecidas e decisões políticas genocidas e irresponsáveis. Foi necessário, assim, pensar em alternativas e respeitar meus próprios processos de adaptação e luto em um mundo completamente transformado.

De todo modo, é sempre necessário jogar luz sobre os processos vividos na árdua e transformadora tarefa de pesquisar, seja de modo on-line ou off-line. Conforme a proposta deste livro, em um mundo cada vez mais conectado, é preciso compreender os desafios e facilidades de pesquisadores/as diversos/as que se aventuraram no universo que é o ciberespaço, ao realizarem suas pesquisas nele e por meio dele.

Mais que isso, acredito que, assim como eu, nessa aventura, esses/as pesquisadores/as também se metamorfosearam. Compreendo que, assim como as tecnologias digitais, a educação, e as metodologias de pesquisa, estamos em processo de metamorfose. Isso, já que a vida é um constante metamorfosear. Espero, assim, que nós e nossas pesquisas sejamos sempre muitas borboletas, com múltiplas cores, com as múltiplas subjetividades que assumimos dentro ou fora do ciberespaço. Como diz Ryane Leão (2019, p. 151):

> não é para mim esse negócio
> de ser imutável
> eu quero é transitar
> entre meus descaminhos
> me transformar
> reconhecer meus instintos
> tô me desconstruindo
>
> eu sou um universo
> se expandindo

Referências

AMADO, João; FERREIRA, Sônia. A entrevista na investigação qualitativa. *In*: AMADO, João (org.). **Manual de investigação qualitativa em educação**. 3. ed. Coimbra: Imprensa da Universidade de Coimbra, 2017. p. 209-227.

BARAJAS, Maria de la Paz López. Avanços na América Latina na medição e valoração do trabalho não remunerado realizado pelas mulheres. *In*: FOUTOURA, Natália; ARAÚJO, Clara (org.). **Uso do tempo e gênero**. Rio de Janeiro: Uerj, 2016. p. 21-42.

BOURDIEU, Pierre. Compreender. *In*: BOURDIEU, Pierre et al. **A miséria do mundo**. 7. ed. Rio de Janeiro: Vozes, 2008. p. 693-732.

CALDEIRA, Maria Carolina da Silva; PARAÍSO, Marlucy Alves. Etnografia educacional e análise de discurso: uma bricolagem metodológica para pesquisar currículos. **Revista e-curriculum**, São Paulo, v. 14, n. 4, p. 1499-1526, out./dez. 2016.

DUARTE, Jorge. Entrevista em profundidade. *In*: DUARTE, Jorge; BARROS, Antonio. **Métodos e técnicas de pesquisa em comunicação**. São Paulo: Atlas, 2006. Disponível em: https://d1wqtxts1xzle7.cloudfront.net/60586395/Entrevista_em_profundidade20190913-12365-1kjb1f2.pdf?1568407900=&response-content disposition=inline%3B+filename%3DEntrevista_em_profundidade.pdf&Expires=161 130744&Signature=exuKhEMDQYBrmVdbivYcZNgOOuYakv3MKSQRpl2wMCBngfCYnMRdviGhEYkuZwOsQji2Al65kgJUUG-etUK3ynwn1P7ci39H-F-ueH12cyIb34nEten27ENP8szboRNCjhXPmcdas-LtUd1rn-ntLJKV~EC15bB-q1AwVjIjjewowNLuEKCvBExBUdKWzumDwp~hzk0gAPUl95tBsykjiHaMgy-37Gr4LZJ1zInr2H1fboffQM~P-qjVkf-I0H~LHQMVjkIaF8M~GBb9neyHE7azl-FV2mShLlaVBnVWQZwEs3Xb8op8Y3UsXARg2G2~qr-Q2DjJV4dszGICUI4n-lYVuEg__&Key-Pair-Id=APKAJLOHF5GGSLRBV4ZA. Acesso em: 21 abr. 2020.

DUARTE, Rosália. Entrevistas em pesquisas qualitativas. **Educar**, Curitiba, n. 24, p. 213-225, 2004.

FLICK, Uwe. **Introdução à pesquisa qualitativa**. Porto Alegre: Artmed, 2008.

FOUCAULT, Michel. **A ordem do discurso**: aula inaugural no Collège de France, pronunciada em 2 de dezembro de 1970. 3. ed. Tradução de Laura Fraga de Almeida Sampaio. São Paulo: Edições Loyola, 1996.

LEÃO, Ryane. **Tudo nela brilha e queima**: poemas de luta e de amor. 19. ed. São Paulo: Planeta, 2019.

LOURO, Guacira Lopes. **Um corpo estranho**: ensaios sobre sexualidade e teoria queer. Belo Horizonte: Autêntica, 2018.

MEYER, Dagmar Estermann. Abordagens pós-estruturalistas de pesquisa na interface educação, saúde e gênero: perspectiva metodológica. *In*: MEYER, Dagmar Estermann; PARAÍSO, Marlucy Alves (org.). **Metodologias de pesquisas pós-críticas em educação**. Belo Horizonte: Mazza Edições, 2014. p. 49-63.

MEYER, Dagmar Estermann; PARAÍSO, Marlucy Alves (org.). **Metodologias de pesquisas pós-críticas em educação**. Belo Horizonte: Mazza Edições, 2014.

MONTICELLI, Thays. Divisão sexual do trabalho, classe e pandemia: novas percepções? **Revista Sociedade e Estado**, Brasília, v. 36, n. 1, jan./abr. 2021.

PARAÍSO, Marlucy Alves. Metodologias de pesquisas pós-críticas em educação e currículo: trajetórias, pressupostos, procedimentos e estratégias analíticas. *In*: PARAÍSO, Marlucy Paraíso; MEYER, Dagmar Estermann (org.). **Metodologias de pesquisas pós-críticas em educação**. Belo Horizonte: Mazza Edições, 2014. p. 23-46.

QUIVY, Raymond; CAMPENHOUDT, Luc Van. **Manual de Investigação em Ciências Sociais**. Lisboa: Gradiva, 1998.

SALES, Shirlei Rezende. Etnografia + netnografia + análise do discurso: articulações metodológicas para pesquisar em Educação. *In*: PARAÍSO, Marlucy Paraíso; MEYER, Dagmar Estermann (org.). **Metodologias de pesquisas pós-críticas em educação**. Belo Horizonte: Mazza Edições, 2014a.

SALES, Shirlei Rezende. Tecnologias digitais e juventude ciborgue: alguns desafios para o currículo do ensino médio. *In*: DAYRELL, Juarez; CARRANO, Paulo; MAIA, Carla Linhares (org.). **Juventude e ensino médio**. Belo Horizonte: Editora UFMG, 2014b.

CAPÍTULO 10

OS USOS DE QUESTIONÁRIO E ENTREVISTAS ON-LINE: REFLEXÕES DE UMA PESQUISA EM EDUCAÇÃO COM GÊNERO E SEXUALIDADE

Adjefferson Silva
Jeane Felix

Introdução - (re)aprendendo a navegar com técnicas consagradas na pesquisa educacional

As reflexões que apresentamos aqui, acerca do uso de estratégias on-line para a produção de material empírico de pesquisa, fazem parte de nossos processos formativos, como pesquisadora e pesquisador, há mais de uma década. Foram iniciadas em 2010, quando uma de nós construía a pesquisa de doutoramento em Educação, a partir da realização de entrevistas narrativas on-line e, depois, quando o segundo de nós realizou pesquisa de mestrado por meio de fontes documentais digitais exclusivas no campo da História.

É sabido que com a ampliação do uso da internet, diversas atividades humanas foram modificadas e ganharam novos contornos. Os modos de fazer pesquisa nesse contexto também precisaram ser modificados, ampliando o cardápio de possibilidades metodológicas e demandando de pesquisadores e pesquisadoras outras formas de construção dos conhecimentos. Em 2020, com a pandemia de Covid-19, assistimos ao aprofundamento do uso das tecnologias digitais, inclusive nas pesquisas, provocando a adaptação de planos de pesquisa ao novo contexto de isolamento físico que impedia os encontros presenciais. Desse modo, as reflexões aqui sistematizadas constituem um aprofundamento de nossas experiências e, sobretudo, um desafio tendo em conta o contexto no qual a pesquisa foi realizada.

No espaço deste texto apresentamos uma síntese das principais decisões metodológicas tomadas ao longo do processo de pesquisa que resultou na tese de doutorado apresentada junto ao Programa de Pós-Graduação em Educação da Universidade Federal da Paraíba, realizada pelo professor Adjefferson Silva e orientada pela professora Jeane Félix. A pesquisa tomou como objeto de reflexão o currículo em sua intersecção com gênero e sexualidade. É evidente que essa afirmação possui uma amplitude que não se sustentava no tempo e espaço de uma tese. Por isso, o mais adequado foi apontar que o objeto de pesquisa consistiu na intersecção dos currículos do Ensino Fundamental, em seus anos finais, com gêneros e sexualidades em escolas estaduais na Paraíba.

Considerando esse objeto, bem como a escolha de métodos, foi então lançada uma pergunta orientadora: se e como as relações de gêneros e as sexualidades são abordadas nos currículos do Ensino Fundamental nos seus anos finais em Escolas Cidadãs Integrais (ECI) pertencentes à 3ª Gerência Regional de Ensino (GRE) e localizadas em Campina Grande (PB)?

Desse modo, o objetivo geral que conduziu a pesquisa consistiu em analisar, a partir de fontes documentais e da perspectiva de professoras e professores, a abordagem das questões de gênero e sexualidade nos currículos do Ensino Fundamental, anos finais, em Escolas Cidadãs Integrais (ECI) no município de Campina Grande (PB). A seleção 'objetiva' das professoras e professores, as razões para que estas/es e não outras/os, as formas de contato para produção do material empírico são, assim, o objeto das reflexões que empreendemos a seguir.

Caminhos Metodológicos de uma pesquisa contextual

Ao longo deste tópico reservado à metodologia apresentamos os caminhos investigativos que percorremos no processo de construção da pesquisa, em síntese, o método. Como apontou Mario Bunge (1980, p. 19), "um método é um procedimento regular, explícito e passível de ser repetido para conseguir-se alguma coisa, seja material ou conceitual". Foi nessa direção que tomamos a dimensão protocolar do método, ou seja, apontar o passo a passo das decisões, dos procedimentos técnicos e instrumentais para construção do material empírico, mas também os desafios e percalços.

No espaço deste texto nos concentramos na descrição e reflexão quanto às técnicas e aos instrumentos utilizados para produção/seleção do material empírico — documentos oficiais, a construção e aplicação de questionários on-line, realização de entrevistas episódicas, destacadamente os dois últimos. Cabe destacar que, ao longo de nossas reflexões, assumimos que a 'Ciência' é um campo de poder no qual as trilhas percorridas são rigorosamente avaliadas. A pesquisa constitui, assim, "uma relação social de 'conversa' carregada de poder" (Haraway, 1995, p. 37) e, por isso, quanto mais nítido, aparentemente 'limpo' e bem-sinalizado for o trajeto, mais firme poderá ser a chancela por pares.

Nesse sentido, fomos buscando afirmar que a pesquisa desenvolvida assumia, desde sua formulação inicial, um lugar marcado, interessado e contextual quanto às questões formuladas e localizadas quanto aos resultados (Haraway, 1995). Colocamos em movimento uma objetividade específica, ou como diz Donna Haraway (1995, p. 21), uma "visão objetiva", porque assume uma "perspectiva parcial" que, na pesquisa, produz "modos específicos de ver", "modos de vida". O instrumental teórico-metodológico, nessa filiação, traduz "modos" como enxergamos e/ou desejamos a vida. No caso específico do nosso trabalho: um modo de ver, sentir e pensar a vida sob as lentes feministas que um professor-pesquisador, homem, cis, negro, gay, nordestino e uma professora-pesquisadora, mulher, cis, heterossexual e também nordestina conseguem agenciar/experienciar. Dessa forma, as técnicas e os conceitos-ferramentas operacionalizados funcionam como 'lentes' para definir/aumentar a nitidez e o colorido da experiência socioeducacional observada.

Ao apontar uma prática de pesquisa localizável, de uma objetividade parcial, visamos evidenciar "uma condição *sine qua non* para o rigor de qualquer estudo qualitativo: a subordinação do método a uma perspectiva teórica explícita" (Gastaldo, 2014, p. 11) e, no caso em tela, "uma certa forma de interrogação e um conjunto de estratégias analíticas de descrição" (Larrosa, 2011, p. 37) com vistas a analisar a abordagem das questões de gênero e de sexualidades nos currículos dos anos finais do Ensino Fundamental.

Em diálogo com Üwe Flick (2009), afirmamos que "a subjetividade do pesquisador[a], bem como daqueles[as] que estão sendo estudados[as], tornam-se parte do processo de pesquisa" (Flick, 2009, p. 25) configuram o caráter qualitativo da pesquisa. Assumindo o caráter contextual, localizado e implicado do conhecimento produzido sob a rubrica dos Estudos Culturais — com a qual nos filiamos, é coerente que se tenha nítida essa postura. De acordo com Félix (2019), são características dos Estudos Culturais: a localidade (ao invés da universalidade); a implicação e não o afastamento do/a pesquisador/a com a sua pesquisa; a provisoriedade dos conhecimentos produzidos; e as relações de poder que constituem todas as relações humanas.

É de Flick, também, que assumimos o caráter não unificado quanto aos usos dos métodos e conceitos. Produzimos ao longo do trabalho uma articulação entre os Estudos Curriculares, Estudos Culturais, os Estudos de Gênero e Sexualidade, sendo estes últimos apontados pelo autor como algumas das escolas que proporcionaram avanços significativos ao campo da pesquisa qualitativa (Flick, 2009). Em outros termos, que a análise de um mesmo objeto pode produzir resultados diferentes a depender das condições de possibilidades a ele conectadas, assim como dos sujeitos/colaboradores, das perspectivas teóricas e das ferramentas acionadas.

Configurando-se como uma pesquisa dos campos social e educacional, em que a cultura possui um lugar de destaque, podemos afirmar que a pesquisa qualitativa traz para o primeiro plano a relação entre sujeitos — pesquisador/a e colaboradores/as — e não o distanciamento presumido da tradicional relação sujeito-objeto (Flick, 2013). Na pesquisa qualitativa, o problema é selecionado de forma "intencional de acordo com a [sua] fecundidade", além de que a produção do material empírico ocorre de forma mais "aberta", permitindo que sejam analisados interpretativamente (Flick, 2013, p. 24). Foi com esses elementos em conta que se deu o processo de delimitação do campo de pesquisa e seleção das escolas e sujeitos.

Acionamos um duplo recorte para tornar exequível a pesquisa (e cabe indicar que este recorte foi definido antes do enfrentamento à pandemia do SARS-Cov-2, o que implicou em outros redimensionamentos), a saber:

1. **Recorte espaço institucional e geográfico**: a pesquisa foi desenvolvida em escolas pertencentes à Rede Estadual de Ensino, especificamente Escolas Cidadãs Integrais (ECI)[69] com anos finais do Ensino Fundamental em funcionamento desde 2018. Ainda quanto a este recorte, por questões de 'economia do tempo e do acesso', em termos geográficos o recorte se deu por ECI situadas em Campina Grande, cidade sede da 3ª Gerência Regional de Ensino (GRE)[70].

2. **Recorte documental-empírico**: esse se justificava a partir dos objetivos específicos da pesquisa. O primeiro deles nos conduziu até os documentos da política curricular com o objetivo de "perscrutar elementos" que indicassem "abertura para a abordagem de gênero e sexualidade"; o outro, por sua vez, conduziu-nos a "problematizar as representações de gênero e sexualidades acionadas por professores e professoras", o que para tal feito se fazia necessária a produção de um material empírico para compor as análises. Em que pese a natureza qualitativa da pesquisa, recorremos às técnicas do questionário e da entrevista episódica para essa produção (Flick, 2009, 2013).

Tendo em conta as duas pistas/hipóteses do trabalho, procedemos na análise da política curricular materializada nos seguintes documentos oficiais: Lei de Diretrizes e Bases da Educação Nacional (Lei 9394/1996); Diretrizes Curriculares Nacionais para o Ensino Fundamental de 9 anos

---

[69] Escolas Integrais constituem uma política pública educacional em plena expansão na Rede Estadual de Ensino, com vistas a cumprir a meta 6 do Plano Nacional de Educação 2014-2024 (Brasil, 2015) de: "oferecer educação em tempo integral em, no mínimo, 50% das escolas públicas, de forma a atender, pelo menos, 25% dos(as) alunos (as) da educação básica". Escolas Integrais me possibilitariam, em tese, um acesso mais facilitado aos/às docentes colaboradores/as para pesquisa, tendo em conta que estão submetidos/as ao sistema de trabalho integral, em que entram na unidade escolar às 7h30 e saem por volta das 17h, de segunda à sexta-feira.

[70] Os 223 municípios que integram a Rede estadual de ensino da Paraíba estão agrupados em 14 Gerências Regionais de Ensino. A cidade de Campina Grande é a sede da 3ª GRE que congrega 41 municípios.

(Resolução nº 7, de 2010, da Câmara de Educação Básica do Conselho Nacional de Educação); Base Nacional Comum Curricular (2018) instituída pela Resolução do Conselho Nacional de Educação nº 2 de 2017; Proposta Curricular da Paraíba (2018); Diretrizes Operacionais das escolas da Rede Estadual de Ensino da Paraíba instituídas por meio da Portaria nº 1330/2019, de dezembro de 2019.

Além destes, foram selecionados os documentos da interpretação curricular (Sacristán, 2013) — especificamente os Projetos Político Pedagógicos (PPP) — produzidos no âmbito das quatro unidades de ensino que aceitaram, por meio de sua equipe gestora, participar da pesquisa. Esses blocos de fontes nos permitiram perseguir a primeira pista/hipótese, que os documentos da política curricular — em âmbito nacional e em âmbito estadual — possibilitam a abordagem/problematização das questões de gênero e sexualidades, mesmo que por meio de percursos alternativos/não explícitos. No segundo movimento analítico de fontes, tem-se a análise da perspectiva de professoras e professores materializada em questionário on-line e entrevistas episódicas por meio das quais buscamos evidenciar a abordagem de currículos com gêneros e sexualidades nos anos finais do Ensino Fundamental.

O recorte institucional e geográfico se justifica na medida em que a Rede Estadual possui presença em todos os municípios do estado da Paraíba, o que nos permite atestar que uma orientação pedagógica é repassada para todas as Gerências Regionais de Ensino e destas para as unidades escolares. Essa constatação é possível porque um dos autores é professor da rede estadual de ensino. Ao restringir a pesquisa às ECI, reduzimos o universo populacional desta, em termos de unidades escolares, isso porque, das 652 escolas estaduais em funcionamento em 2018, 100 funcionavam na modalidade integral[71].

Para desenvolvermos a pesquisa, em julho de 2019, enviamos à 3ª GRE da Secretaria de Estado da Educação Ciência e Tecnologia da Paraíba (SEECT-PB)[72] requerimento de informações, a fim de obter uma lista com o nome e a localidade de todas as escolas que funcionassem na modalidade integral com oferta dos anos finais do ensino fundamental desde 2018. Destacamos

---

[71] Ver: http://auniao.pb.gov.br/servicos/arquivo-digital/jornal-a-uniao/2017/novembro/a-uniao-19-11-2017. Em 2020, o número de escolas integrais saltou para 229 unidades: https://paraiba.pb.gov.br/diretas/secretaria-da-educacao-e-da-ciencia-e-tecnologia/noticias/secretaria- divulga-lista-das-76-escolas-da-rede-estadual-que-serao-cidadas-integrais-em-2020.

[72] Hoje a SEECT encontra-se reorganizada e é apenas Secretaria de Estado da Educação (SEE).

que o ano de 2018 foi utilizado como marco temporal de funcionamento das escolas como modo a garantir a estabilidade do campo de pesquisa. Ao receber o retorno do requerimento com as informações, constatamos que, em 2018, havia 10 ECI com oferta dos anos finais do Ensino Fundamental, pertencentes à 3ª GRE, sendo sete unidades situadas em Campina Grande e outras três unidades em três cidades distintas[73].

Tormentas burocráticas do pesquisar com/em escolas

Definidos o campo de pesquisa e as unidades escolares, solicitamos anuência da Gerência de Ensino para o desenvolvimento da pesquisa junto às escolas, obtendo o aval em fevereiro de 2020. A anuência permitiu o envio do projeto e abertura de processo junto ao Comitê de Ética em Pesquisa do Centro de Ciências da Saúde da Universidade Federal da Paraíba (CEP/CCS/UFPB), ainda no mês de fevereiro de 2020.

O projeto enviado ao CEP foi aprovado e recebeu parecer favorável ao prosseguimento da pesquisa[74] no mês de fevereiro de 2020. Essa aprovação autorizava o processo de contato e reconhecimento das unidades escolares, assim como a busca ativa por colaboradores/as já no mês de março (1º semestre de 2020, como previa o cronograma reformulado em 2019). Todavia, a pandemia do SARS- CoV-2 (Covid-19) acionou uma série de protocolos sanitários, entre os quais, o fechamento das escolas em todo sistema estadual de ensino, dando início às atividades remotas, o que nos demandou reorganizar o plano de trabalho de campo. Essa situação ilustra que os caminhos de uma pesquisa podem ser atravessados por situações inesperadas, obrigando os/as pesquisadores/as a modificarem algumas das escolhas metodológicas traçadas inicialmente. O referido fechamento das unidades de ensino inviabilizou a "observação participante", uma das estratégias previstas no plano de pesquisa inicial e, ao mesmo passo, impossibilitou o acesso aos/às docentes de forma presencial e com mais tempo — uma das razões objetivas para a concentração da pesquisa em ECI.

Faz-se importante dizer que, no contexto de nossa pesquisa, outras barreiras foram enfrentadas, estas de natureza burocrática. Destacamos, primeiro, o processo de solicitação de anuência para acesso ao campo, pro-

---

[73] Outros elementos são apontados no relatório de pesquisa como critérios para a produção do recorte espaço-temporal. Elementos políticos e pessoais.

[74] Aprovado em 21 de fevereiro de 2020 com o Parecer nº 3.853.433 pelo Comitê de Ética em Pesquisa (CEP) da UFPB.

tocolado em julho de 2019 junto à SEECT-PB, junto à Secretaria Executiva de Gestão Pedagógica. Inúmeros pedidos de anuência estavam esbarrando nesse setor, uma vez que se tratava de uma nova gestão e esta, por sua vez, instituiu novos protocolos para emissão de anuência de pesquisas, entre estes a exigência do "certificado de aprovação junto ao CEP". Ocorre que a Carta anuência do órgão concedente é um dos documentos listados pelo Comitê de Ética em Pesquisa para avaliação da viabilidade e aprovação do projeto. Ou seja, um órgão demandava o documento emitido pelo outro, resultando em um impasse e atraso no início de nosso trabalho de campo.

Nesse vai e vem de e-mails, o acesso às escolas ficou travado por sete meses, tempo valioso para a realização de uma pesquisa. Apenas em abril de 2020, o Diário Oficial do Estado, nº 17.099 - Suplemento trouxe a instituição da "comissão multidisciplinar de avaliação de protocolos de pesquisa e extensão". Como não sabíamos o tempo que duraria o impasse e precisávamos desenvolver o trabalho de campo, o que pode ser constatado na periodização dos documentos, recorremos à 3ª GRE, unidade administrativa a qual as escolas estão diretamente subordinadas antes da publicação da mencionada Portaria. Cabe ressaltar que consideramos esse elemento como uma violação da autonomia administrativa e pedagógica das gestoras e gestores para receber e chancelar (ou não) as pesquisas, como lhes outorgou a Lei 9.394/1996 (LDBEN).

Passado o desafio inicial com a anuência e o CEP, tendo em conta o necessário isolamento físico imposto pela pandemia da Covid-19, que se espalhou e aprofundou ao longo do ano de 2020, vimo-nos impedidos de acessar, pessoal e fisicamente, as escolas listadas pela gerência de ensino. Nesse sentido, mais uma vez, foram necessários ajustes no processo de contato com as equipes das escolas para o processo de produção do material empírico.

Para iniciar os contatos e superar os 'entraves' do isolamento físico, buscamos acesso junto às gestoras e ao gestor de forma digital. Percebemos que todas as escolas possuíam página oficial na rede social Instagram[75], na qual as escolas postam suas ações e interagem com discentes e comunidade escolar, além de demais internautas. Então, enviamos mensagem privada aos perfis das sete escolas solicitando o contato pessoal da gestora ou gestor da unidade escolar informando o teor do nosso contato.

---

[75] Segundo Carla Demezio e colaboradores (2016, p. 3), o Instagram constitui uma mídia social on-line que emergiu "[...] em outubro de 2010, criada pelo americano Kevin Systrom e o brasileiro Mike Krieger, seu objetivo centra-se no compartilhamento de fotos e vídeos entre amigos, colegas e familiares". Ver mais detalhes em: O Instagram como ferramenta de aproximação entre Marca e Consumidor (2016).

Entre os dias 30 de abril e 10 de maio obtivemos contato com as sete unidades de ensino, sendo seis delas via Instagram e uma via WhatsApp[76]. As escolas Magistério, Devoção e Literatura[77] não retornaram nosso contato com indicação de aceite, o que inviabilizou o prosseguimento da pesquisa junto a essas unidades — tendo em conta que o não aceite por parte da equipe gestora constituía elemento de exclusão da pesquisa. Com os contatos em mãos, percebemos que apenas uma das unidades era dirigida por um homem. Redigimos um pequeno texto de apresentação da pesquisa, do objetivo geral e do perfil do pesquisador. Em 20 de agosto de 2020, enviamos mensagem para as gestoras e o gestor, via aplicativo de mensagens instantâneas WhatsApp, recebendo retorno e aceite oficial da pesquisa nas ECI Educação, Comunicação, Geografia e Política.

A partir do retorno das mensagens e do aceite ao desenvolvimento da pesquisa, passamos então ao processo de produção do material empírico em três fases, quais sejam:

Fase 1: consistiu na requisição do Projeto Político-Pedagógico junto às equipes gestoras dessas unidades. Esses documentos foram encaminhados via e-mail institucional ou via WhatsApp. Tais documentos nos permitiram acessar as informações sociodemográficas das unidades de ensino, além da composição da equipe gestora e docente. Outras informações podem ser extraídas desses documentos de interpretação curricular produzidos, em tese, coletivamente. Nessa fase também incluímos o acesso aos documentos oficiais da política curricular já mencionados.

Fase 2: deu-se a partir da produção e envio de um questionário on-line, por meio do qual esperava-se ter acesso aos/às docentes e a construção dos perfis daqueles/as que, pelos elementos de inclusão e exclusão, poderiam vir a participar da fase 3. O link do questionário foi enviado via WhatsApp para o membro da equipe gestora que mediava nosso contato com os/as docentes. O questionário foi direcionado a todo corpo docente, pois por experiência é possível que docentes atuem tanto no Ensino Médio quanto na etapa do Ensino Fundamental em seus anos finais, desse modo a seleção daqueles/as atuantes na etapa de interesse ocorreria na fase seguinte.

---

[76] Segundo Juliana Lopes de Almeida Souza, Daniel Costa de Araújo e Diego Alves de Paula, o WhatsApp [..] é um aplicativo de mensagens multiplataforma que permite trocar mensagens pelo celular sem pagar por SMS. Para um maior detalhamento ver: Mídia Social *WhatsApp*: Uma Análise Sobre As Interações Sociais (2015).

[77] Os nomes das escolas são adaptações levando em conta seus nomes oficiais.

Fase 3: consistiu na realização de entrevistas episódicas com as/os docentes que aceitaram o convite, em algum dos contatos realizados, para colaborar com a pesquisa e assinaram o Termo de Consentimento Livre e Esclarecido (TCLE) — sendo a não assinatura deste um critério de exclusão da pesquisa.

Quadro 1 – Fases de produção do material empírico

SÍNTESE DAS FASES DE PRODUÇÃO DO MATERIAL EMPÍRICO		
FASE 1	FASE 2	FASE 3
Acesso aos documentos da Política Curricular (LDBEN, DCN, BNCC, PCPB) e documentos curriculares das Unidades de Ensino (PPP)	Produçãoe Aplicação de questionário on-line	Produção de Entrevistas Episódicas com docentes

Fonte: produção da pesquisa (2021)

Navegando em blocos: da sistematização do material empírico

Como alerta Flick, os/as colaboradoras/es da (construção coletiva) de uma pesquisa qualitativa "são selecionadas segundo sua relevância para o tópico da pesquisa" (Flick, 2013, p. 62). Estes/as colaboradores/as não são 'meros objetos' de um percurso de pesquisa, não constituem apenas uma parte "do processo de conhecimento para os pesquisadores", são antes, como afirma Flick, parte do "processo de conhecimento, aprendizagem e mudança para os dois lados" (Flick, 2013, p. 19).

Ao lançar mão do termo colaborador/colaboradora, buscamos nos afastar de uma perspectiva que pensa a produção do conhecimento na relação "sujeito-objeto", em que um dos polos exerce poder de comando, direção, constituindo-se em um polo ativo e, do outro lado, um polo que "sofre a ação", que é guiado, conduzido. Aqui, temos em mente a reflexão da professora Rosa Maria Hessel Silveira, que problematiza "os jogos de poder e controle nas situações de entrevista" (Silveira, 2002, p. 125). A autora chama a atenção para uma ampliação das posições nas situações de entrevista buscando romper com a semântica "consagrada" no Ocidente para esse encontro, sem desconsiderar as relações de poder em constante tensão no encontro. Segundo Silveira, "o uso do sufixo–or em *entrevistador* (indicativo de agente) e do particípio passado *entrevistado*, sempre indicando "quem sofre a ação", [...] etiqueta (ainda que não de forma definitiva) os papéis que a dupla envolvida deveria assumir" (Silveira, 2002, p. 125, grifos da autora).

O objeto desta pesquisa — como já informamos, as abordagens de gênero e sexualidade nos currículos do Ensino Fundamental, anos finais —, em que pesem as exigências de rigor e densidade analítica de um texto de tese, impõe que a temática seja abordada por várias frentes e, logo, que se produza material empírico que permita a problematização a partir de múltiplos pontos — no caso de nossa pesquisa, quer a frente documental que possibilita e fundamenta a abordagem, quer a frente empírica advinda de questionário e entrevistas para acesso à perspectiva docente.

Como apontamos, a produção do material empírico ocorreu em três fases. Elas possibilitaram a produção de **quatro blocos de fontes**: 1. Fontes normativas oficiais; 2. Fontes de interpretação curricular pela comunidade escolar (Sacristán, 2013); 3. Fonte de caracterização e seleção objetiva de colaboradores/as para fase 3; 4. Perspectiva docente sobre currículos com gêneros e sexualidades.

Quadro 2 – Organização do material empírico produzido

Organização dos blocos	SÍNTESE DOS BLOCOS DE FONTES	
	Espécie	Tipo
Bloco I	Fontes normativas oficiais;	Decretos Diretrizes Leis Portarias
Bloco II	Fontes de interpretação curricular pela comunidade escolar;	Projeto Político Pedagógico
Bloco III	Fonte de caracterização e seleção objetiva de colaboradores/as para fase de entrevistas;	Questionário
Bloco IV	Perspectiva docente sobre currículos com gêneros e Sexualidades.	Entrevistas

Fonte: produção da pesquisa (2021)

O primeiro bloco de fonte documental[78] é constituído de forma central pela Base Nacional Comum Curricular (BNCC) e pela Proposta Curricular do Estado da Paraíba (PCPB), mas não restrito a estas, pois acessamos, também, as

---

[78] Compreendemos documento como todo registro de qualquer informação independente da natureza do suporte; desse modo, todo o material empírico produzido ao longo da pesquisa — quer por mim quer por colaboradores/as — assume esse caráter de fonte documental. Ver: Marilena Leite Paes (2004). Para esta pesquisa "fonte documental" e "material empírico" são assumidos de modo intercambiável.

Diretrizes Curriculares Nacionais para o Ensino Fundamental de nove anos, as Diretrizes Operacionais da Rede de Ensino do Estado da Paraíba, além de evocar a Constituição Federal, a Lei de Diretrizes e Bases da Educação Nacional e o Plano Nacional de Educação. Essas fontes emergem da Política Pública Curricular como ação oficial/normativa de Estado. Elas cumprem a função de plano geral do debate sobre a temática em cena, são do âmbito do "plano proposto", ou como aponta Sacristán (2013, p. 26), de "Projeto de Educação". De modo que são mapeadas sob a perspectiva da abordagem possibilitada às escolas e aos docentes quanto à temática da diversidade[79] — de gênero e sexual.

O segundo bloco de fontes é constituído pelos Projetos Político-Pedagógicos (PPP) das unidades de ensino que aceitaram participar/colaborar com a pesquisa. Essas fontes são produzidas a partir da interpretação da comunidade escolar — gestão docentes, pais/mães/responsáveis e discentes — sobre si mesma, sobre o processo de ensino-aprendizagem que deve dirigir o percurso escolar, tudo isso em diálogo com a política curricular, seus fundamentos e normativas. Esses documentos se conectam ao primeiro bloco em sua condição de "texto curricular" (Sacristán, 2013, p. 26).

Vamos rapidamente nos deter a refletir sobre a utilização dessas fontes e os procedimentos de análise. Como apontamos, parte da pesquisa possui caráter documental, sobretudo na busca por analisar se e como as questões de gênero e sexualidade são abordadas nos documentos das políticas curriculares e nos documentos de interpretação dessas políticas — atravessados pela construção coletiva da comunidade escolar, como deve ser o PPP. O corpus documental da pesquisa foi analisado na perspectiva da análise cultural. Segundo Silveira, Meyer e Félix (2019, p. 429), a análise cultural é um procedimento que permite "analisar textos e documentos de diversos tipos como artefatos culturais para descrever e discutir as condições de possibilidade que permitem que determinadas 'coisas' sejam enunciadas e entrem no domínio da significação".

Em nossa pesquisa, produzimos uma análise cultural buscando vislumbrar regularidades, mas também aquilo que escapa, observando como escapa e em quais circunstâncias isso acontece. As fontes (material empírico) foram caracterizadas nas diversas fases da pesquisa, como apontado anteriormente, a partir de sua proveniência[80]. Isso nos leva a perguntar: é uma fonte da política curricular? É uma fonte da rotina pedagógica escolar? Em

---

[79] Diversidade, como unidade analítica, emerge no horizonte da pesquisa em sua condição de termo sensocomunizado no âmbito educacional, mas é acionado de modo tensionado, rasurado com a pretensão universalista que possa conter.

[80] A tradição historiográfica e arquivista categoriza os vários documentos a partir de princípios fundamentais, que incluem proveniência, gênero, ordem original, natureza da informação, entre outras (Paes, 2004).

certa medida, tomando o conceito de documento, afirmado anteriormente, a pesquisa esteve atravessada por esta dimensão procedimental, mas não exclusivamente. É nesse distanciamento dos procedimentos próprios às fontes documentais escritas que os blocos três e quatro se situam.

O terceiro bloco de fontes é resultado de questionário on-line enviado às/aos docentes das escolas colaboradoras por meio da equipe gestora. Esse questionário cumpriu a função de selecionar de forma 'objetiva', porém interessada, as colaboradoras/es para a fase 3 da pesquisa. Isso porque o instrumento produzido nos permitiu identificar quais docentes atuavam nos anos finais do Ensino Fundamental e, entre esses/as, os/as que sinalizaram abordar questões de diversidade — de gênero e sexual — em suas aulas.

O quarto bloco de fontes é fruto das entrevistas episódicas (Flick, 2009). O material empírico produto desses encontros compõe a fase 3. Nesta fase, o trabalho deu-se apenas com docentes atuantes nos anos finais do Ensino Fundamental e que aceitaram um dos convites realizados. Para a realização e gravação das entrevistas on-line, utilizamos a ferramenta Google Meet. Foram realizadas cinco entrevistas, todas elas a partir da assinatura do Termo de Consentimento Livre e Esclarecido (TCLE) assinado, imprescindível para que as entrevistas acontecessem.

Ao longo do processo, fomos assumindo que a produção do material empírico na pesquisa social pode ocorrer, segundo Üwe Flick (2013), a partir de três prismas principais: inquirindo pessoas (questionários, entrevistas etc.), por meio da observação dos fenômenos e/ou analisando documentos. Na pesquisa desenvolvida, como já demonstrado, tanto provocamos/questionamos pessoas quanto analisamos fontes documentais e, que só não completamos a tríade em virtude do isolamento físico obrigatório (e necessário) imposto pela pandemia de Covid-19. Tendo em conta que as fontes produzidas nos blocos três e quatro acionaram técnicas e instrumentos consagrados na pesquisa qualitativa, passamos a refletir teórica e descritivamente sobre essas técnicas e apontar os principais achados (no caso do questionário) e o perfil das colaboradoras e colaboradores (no caso das entrevistas-episódicas) mas, também, os desafios e percalços enfrentados.

Achados, desafios e percalços: rotas e aprendizados metodológicos

Como temos argumentado, os caminhos metodológicos trilhados no desenvolvimento de nossa pesquisa foram sendo revistos e alterados a cada dificuldade que fomos encontrando. Entre as dificuldades, algumas já mencionadas, enfrentamos a necessidade de desenvolver o trabalho de campo de forma totalmente virtual, os obstáculos relativos à anuência para iniciarmos a pesquisa, a pouca devolutiva dos/as docentes se disponibilizando a participar das entrevistas. Essas dificuldades foram sendo contornadas, levando-nos a encontrar outros caminhos, transformando-as em potencialidades para o desenvolvimento da pesquisa, trazendo-nos algumas pistas, as quais passamos a explicitar a seguir, iniciando pelo Questionário.

Questionário. O questionário teve como finalidade "receber respostas comparáveis" de todas os/as docentes atuantes nas quatro escolas que aceitaram colaborar com esta pesquisa. Nesse sentido, esse instrumento emergiu no horizonte de nossa pesquisa como "uma possibilidade potente para identificação de possíveis participantes" (Dornelles, 2013, p. 65), mesmo que a utilização deste não se limitasse a essa seleção. Desse modo, como apontou Dornelles, os questionários emergiram como possibilidade de uma "seleção interessada", por meio dos quais foi possível identificar docentes que, atuando nos anos finais do Ensino Fundamental, reconheçam a importância da abordagem de temáticas da diversidade sexual e de gênero, particularmente.

O questionário foi construído a partir da plataforma do Google Forms e encaminhado pelo WhatsApp para as equipes gestoras de cada uma das escolas participantes da pesquisa. A utilização do questionário on-line trouxe a potencialidade de facilitar o acesso e a responsividade dos/as participantes. Se levarmos em conta o contexto educacional do período pandêmico, em que os/as docentes estiveram imersos/as em atividades remotas com auxílio da internet, o questionário on-line constituía um elemento comum ao cotidiano desses/as profissionais, mesmo que fragilidades instrumentais e de acesso fossem constatadas. Mas, por outro lado, também emergia como mais um elemento de estresse em meio à sobrecarga de trabalho e no alargamento das relações tempo-espaço de trabalho, um cuidado com o qual procuramos estar atento e atenta, tanto na formulação quanto no acompanhamento do tempo de chegada das respostas. A leitura das respostas obtidas via questionário nos permitiu identificar quais docentes atuavam nos anos finais do Ensino Fundamental, que afirmaram abordar questões de diversidade — de gênero e sexual, bem como em qual das escolas atuavam, além de contatá-los/las para a fase das entrevistas.

O instrumento foi enviado às escolas em 15 de agosto de 2020 e, ao final do período em que esteve aberto para receber respostas, obtivemos 98 respondentes. Destes, três não marcaram o "aceite" para a utilização das informações obtidas, dos 95 restantes, 22 não atuavam em turmas do Ensino Fundamental anos finais. Sendo assim, 73 docentes cumpriam os requisitos estabelecidos para a participação na pesquisa.

A partir dos e-mails 'coletados' dos/as respondentes ao questionário — e tendo em conta os elementos de inclusão e exclusão para a participação na terceira e última fase —, foi enviado um e-mail convite para os/as 73 professores/as elegíveis para realização de entrevistas episódicas.

Aqui vale uma pausa para refletir sobre os desafios em seguir para a última fase. Apesar de obter 98 respondentes, dos quais 73 elegíveis, só conseguimos entrevistar cinco docentes e com uma particularidade, a "Professora 3"[81] é alguém do círculo de convivência do pesquisador, o que tornou possível contatá-la para além do convite via e-mail. Ao realizar a entrevista com essa professora, foi possível iniciar o contato com a "Professora 4", que aceitou o convite por sugestão da colega de trabalho e, como ela afirmou na entrevista, fez isso também por já ter passado por um doutoramento e conhecer as dificuldades de realização de pesquisa. Por fim, a "professora 5" foi contactada via WhatsApp com a mediação do gestor da ECI Educação. O "Professor 1" e a "Professora 2" responderam ao e-mail convite.

Entre as razões para o baixo número de adesões de docentes para as entrevistas, não podemos desconsiderar o contexto pandêmico durante o qual a pesquisa foi realizada, foram mais de 20 meses de distanciamento físico, tempo no qual as escolas públicas na Paraíba seguiram em regime especial de ensino, ou seja, em atividades remotas ou híbridas até o início do ano letivo de 2022. Docentes e discentes estiveram diante das telas para realização de aulas, reuniões de planejamento e outras atividades por dois anos letivos. Ser convidado/a para mais uma atividade remota, diante da tela, talvez não fosse — naquele momento — algo atrativo, sem contar que receber mensagem via e-mail, WhatsApp ou qualquer outra rede social de um desconhecido não desperte tanta empatia de participação quanto um convite presencial pelos corredores das escolas.

Além disso, também não podemos desconsiderar que talvez haja, nesse gesto de ignorar mais um convite para 'arrancar' informações de docentes sobre o cotidiano escolar, um descontentamento com as práticas de pesquisas que em alguns momentos não dão retorno dos resultados às comunidades investigadas/colaboradoras. Tomando, assim, as instituições pesquisadas, bem como seus/suas participantes, como meros/as informantes,

---

[81] Decidi fazer menção a cada uma das entrevistadas e entrevistado a partir da ordem de realização das entrevistas, mantendo o anonimato de suas declarações e, ao mesmo passo, evitando a criação de nomes fictícios.

aproveitados como fonte para a produção de material empírico sem que os resultados sejam devolvidos e propiciem reflexões que colaborem, por exemplo, para repensar práticas e opiniões.

Por fim, não é de menos importância que a resistência tenha relação com a temática da pesquisa, pois apesar de buscar meios de abordar as equipes gestoras e os/as docentes anunciando "currículo e diversidade", os objetivos da pesquisa deixavam evidente a reflexão sobre "currículos com gêneros e sexualidades", o que em um contexto de acirramentos no campo dos significados e importância pedagógica da abordagem das temáticas (particularmente em um município que possui uma lei municipal que inviabiliza a abordagem pedagógica dos temas abordados pela pesquisa, como é o caso de Campina Grande[82]) era esperada alguma (mas não tanta) resistência para falar. Além disso, como as entrevistas nos permitiram afirmar, o "medo" e o "receio" de abordar essas temáticas já estão entranhados entre os/as docentes.

Entrevistas episódicas

Como já apontado, a terceira fase consistia na realização de entrevistas. Partindo da nossa experiência com a temática, a abordagem sobre gênero e sexualidade ocorre de forma episódica para alguns/algumas, ou são ações individuais de docentes que estudam e abordam as temáticas de forma constante em seus planos de ensino.

Por essas razões, decidimos lançar mão da entrevista episódica (Flick, 2013) como técnica na produção do material empírico desta fase. Como afirma Üwe Flick, "a entrevista episódica parte da suposição de que as experiências dos indivíduos sobre certa área ou questão estão armazenadas nas formas de conhecimento narrativo-episódico e semântico" (Flick, 2013, p. 117). Como os/as docentes participantes foram selecionados/as a partir de suas respostas ao questionário, as entrevistas episódicas emergiram como forma de "permitir que [...] o entrevistado [entrevistada] apresentesse experiências de forma geral ou comparativa, e ao mesmo tempo [relatasse] situações e episódios relevantes" (Flick, 2013, p. 118). Desse modo, planejamos a realização de entrevistas on-line síncronas pela plataforma Google Meet utilizando, para tanto, o formato semiestruturado a partir do roteiro pré-definido.

---

[82] O Pleno do Tribunal de Justiça da Paraíba julgou a lei como inconstitucional tornado sem efeito (legal) a proposição.

Tendo recebido o retorno do questionário on-line, procedemos, como dito anteriormente, na identificação dos/das docentes elegíveis a participarem da fase de entrevistas. As entrevistas ocorreram nos meses de abril (três entrevistas) e julho (três entrevistas). Uma das entrevistas de abril aconteceu por meio de um contato realizado pela própria professora, via WhatsApp, dispondo-se a participar. A entrevista foi realizada em 12 de abril, mas infelizmente constatamos, pelo questionário, que a professora não atuava, naquele momento, em/com turmas dos anos finais do Ensino Fundamental, o que tornou a utilização da entrevista inviável para os parâmetros da pesquisa, deixando-nos, ao final, com cinco entrevistas. Contudo, embora não tenha sido utilizada como material de análise, essa entrevista passou a fazer parte do material empírico a ser utilizado para fins de ampliação da reflexão para todo o contexto da Educação Básica.

Sendo assim, ao fim da terceira fase, passamos a dispor de cinco entrevistas realizadas com docentes atuantes nos anos finais do Ensino Fundamental em Escolas Cidadãs Integrais. Com o objetivo ético de manter o anonimato das colaboradoras e do colaborador, decidimos mencioná-las/lo como "Professor/a x", sendo o "x" a indicação numérica da ordem das entrevistas.

Considerações finais

Como vimos, a produção do material empírico de uma pesquisa pode se constituir como um importante processo de aprendizagem para os/as pesquisadores/as, que muitas vezes precisam rever e ajustar seus planos de pesquisa. No caso da nossa pesquisa, desenvolvida em tempos de isolamento físico, a necessidade de ajustes no planejamento do trabalho de campo deu-se de forma ainda mais intensa, na medida em que não era possível contar com momentos de encontro presencial. Contudo, como o autor e a autora deste texto já se utilizavam de estratégias digitais para realização de suas pesquisas, do ponto de vista teórico e das possibilidades metodológicas, os desafios foram enfrentados sem grandes percalços.

Nossos desafios para a realização da pesquisa deram-se por motivos outros, tais como a burocracia com a anuência por parte da Secretaria de Estado da Educação e a pouca adesão de professores/as para a etapa das entrevistas. Em nossa perspectiva teórica, o número de participantes não é um problema ou um limitador, porque levamos em conta os aspectos qualitativos do material empírico, mas não podemos deixar de destacar a divergência numérica entre aqueles/as que se dispuseram a responder ao questionário e os/as que aceitaram participar das entrevistas, como já mencionamos.

Pelos motivos apresentados neste capítulo (e abordados detalhadamente na tese), os resultados apontam que, em nossa pesquisa, a potencialidade dos usos das ferramentas digitais foi maior para o questionário do que para as entrevistas, o que atribuímos ao fato de que nossa pesquisa abordou questões de gênero e sexualidade na Educação. Nos questionários, as respostas sobre essas temáticas eram mais genéricas e as entrevistas implicavam em maior exposição dos/as colaboradores/as em relação a esses temas. Apesar dos desafios enfrentados por nós na produção do material empírico da pesquisa, vislumbramos o rigor e a potencialidade do uso dessas estratégias metodológicas, de modo digital, nas pesquisas em educação.

Referências

BRASIL. [Constituição (1988)]. **Constituição da República Federativa do Brasil.** Brasília, DF: Presidência da República, 1988. Disponível em: http://www.planalto.gov.br/ccivil_03/constituicao/constituicao.htm. Acesso em: 12 ago. 2021.

BRASIL. **Lei de Diretrizes e Bases da Educação Nacional** – Lei 9.94 de 1996. Brasília, DF: Presidência da República, 1996. Disponível em: http://www.planalto.gov.br/ccivil_03/leis/l9394.htm. Acesso em: 29 ago. 2021.

BRASIL. Ministério da Educação. Secretaria da Educação Fundamental. **Parâmetros Curriculares Nacionais**: Pluralidade Cultural, Orientação Sexual. 3. ed. Brasília: A Secretaria, 2001.

BRASIL. Ministério da Educação. Conselho Nacional de Educação. Parecer CNE/CEB n. 11/2010, de 7 de julho de 2010. **Sobre as Diretrizes Curriculares Nacionais para o Ensino Fundamental de 9 anos.** Brasília, DF: CNE/CEB, 2010.

BRASIL. Ministério da Educação. Conselho Nacional de Educação. **Diretrizes Nacionais para a Educação em Direitos Humanos.** Parecer CP/CNE nº 08/2012. Brasília: MEC/CNE, 2012. Disponível em: http://portal.mec.gov.br/dmdocuments/rcp001_12.pdf. Acesso em: 3 ago. 2021.

BRASIL. Lei nº 13.005, de 25 de junho de 2014. **Aprova o Plano Nacional de Educação e dá outras providências.** 2014. Disponível em: http://pne.mec.

gov.br/18-planos-subnacionais-de-educacao/543-plano-nacional-de-educacao--lei-n-13-005-2014. Acesso em: 24 ago. 2021.

BRASIL. Ministério da Educação. **Base Nacional Comum Curricular**. Brasília, 2018. Disponível em: http://basenacionalcomum.mec.gov.br/a-base. Acesso em: 25 ago. 2021.

BUNGE, Mario Augusto. **Ciência e desenvolvimento**. Belo Horizonte: Itatiaia, 1980.

CAMPINA GRANDE. **Lei 6.950, de julho de 2018**. Dispõe sobre a adequação da rede municipal de ensino aos direitos fundamentais declarados no Pacto De San José da Costa Rica, internalizado pelo Decreto nº 678/1992, bem como sobre a distribuição de material didático com conteúdo impróprio para crianças e adolescentes em âmbito, e dá outras providências Semanário Oficial nº 2.578 – Campina Grande, 2 a 6 de julho de 2018.

DORNELLES, Priscila Gomes. **A (hetero) normalização dos corpos em práticas pedagógicas da educação física escolar**. Tese (Doutorado) – Faculdade de Educação, Universidade Federal do Rio Grande do Sul, 2013.

FELIX, Jeane. Estudos Culturais e Estudos de Gênero: diálogos, aproximações e distanciamentos. *In*: GONÇALVES, Catarina Carneiro; ANDRADE, Fernando Cézar Bezerra (org.). **Pelas Frestas**: pesquisas em Estudos Culturais da Educação. 1. ed. Curitiba: CRV, 2019. v. 1. p. 19-29.

FISCHER, Rosa Maria Bueno. Escrita acadêmica: a arte de assinar o que se lê. *In*: Marisa Vorraber Costa (org.). **Caminhos investigativos III**. Rio de Janeiro: DP&A, 2005.

FLICK, Uwe. **Qualidade na pesquisa qualitativa**: coleção pesquisa qualitativa. São Paulo: Bookman, 2009.

FLICK, Uwe. **Introdução à metodologia de pesquisa**: um guia para iniciantes. São Paulo: Penso Editora, 2013.

GESTALDO, Denise. Pesquisador/a desconstruído/a e influente? Desafios da articulação teoria-metodologia nos estudos pós-críticos. *In*: MEYER, Dagmar Estermann; PARAÍSO, Marlucy Alves (org). **Metodologias de pesquisas pós-críticas em educação**. 2. ed. Belo Horizonte: Mazza Edições, 2014. p. 9-13.

HARAWAY, Donna. Saberes localizados: a questão da ciência para o feminismo e o privilégio da perspectiva parcial. **Cadernos pagu**, n. 5, p. 7-41, 1995.

HARDING, Sandra; PEREIRA, Vera. A instabilidade das categorias analíticas na teoria feminista. **Estudos feministas**, p. 7-32, 1993.

LARROSA, Jorge Bondia. Tecnologias do eu e educação. *In*: SILVA, Tomaz Tadeu da (org.). **O sujeito da educação**: estudos foucaultianos. Petrópolis: Vozes, 1994. v. 1. p. 35-86.

PAES, Marilena Leite. **Arquivo**: teoria e prática. 3. ed. Rio de Janeiro: Editora FGV, 2004.

PARAÍBA. **Lei nº 11.230, de 10 de dezembro de 2018**. Dispõe sobre a liberdade de expressar pensamentos e opiniões no ambiente escolar das redes pública e privada de ensino da Paraíba. Diário Oficial do Estado, João Pessoa, Nº 16.763, 11 de dezembro de 2018.

PARAÍBA. **Portaria 419, de 18 de abril de 2020**. Institui a "comissão multidisciplinar" de avaliação de protocolos de pesquisa e extensão, no âmbito da SEECT. Diário Oficial do Estado, nº 17.099 - Suplemento, 2020.

PARAÍBA. **Diretrizes Operacionais para o Funcionamento das Unidades de Educação da Rede Pública Estadual**. Paraíba, 2021. Disponível em: https://paraiba.pb.gov.br/diretas/secretaria-da-educacao-e-da-ciencia-e-tecnologia/arquivos/diretrizes-operacionais/diretrizes-operacionais-das-escolas-da-rede--estadual-de-educacao-da-paraiba_1.pdf. Acesso em: 14 jun. 2021.

PARAÍSO, Marlucy Alves. Metodologias de pesquisas pós-críticas ou Sobre como fazemos nossas pesquisas. *In*: MEYER, Dagmar Estermann; PARAÍSO, Marlucy Alves (org.). **Metodologias de pesquisas pós-críticas em educação**. 2. ed. Belo Horizonte: Mazza Edições, 2014. p. 17-47.

SACRISTÁN, José Gimeno. Los contenidos como "campo de batalla" del sistema escolar. **Cuadernos de Pedagogía**, Madrid, n. 447, jul. 2014.

SILVA, Adjefferson Vieira Alves da. **Subjetividades em rede**: escrita de si homo--afetiva e a construção de novos territórios historiográficos. 110 f. Dissertação (Mestrado) – Programa de Pós-graduação em Educação, Universidade Federal de Campina Grande, PB, Campina Grande, 2014.

SILVA, Jeane Félix da. **"Quer teclar?"**: aprendizagens sobre juventudes e soropositividades através de bate-papos virtuais. 222 f. Tese (Doutorado em Educação) – Programa de Pós-graduação em Educação, Universidade Federal do Rio Grande do Sul, Porto Alegre, 2012.

SILVEIRA, Catharina da Cunha; MEYER, Dagmar Elisabeth Estermann; FÉLIX, Jeane. A generificação da intersetorialidade no Programa Saúde na Escola. **Revista Brasileira de Estudos Pedagógicos**, v. 100, n. 255, p. 423-442, 2019.

SILVEIRA, Rosa Maria Hessel. A entrevista na pesquisa em educação – uma arena de significados. *In*: COSTA, Marisa Vorraber (org.). **Caminhos Investigativos II** – outros modos de pensar e fazer pesquisa em educação. Rio de Janeiro: DP&A Editora, 2002.

VASCONCELOS, Michele de Freitas Faria de; FELIX, Jeane. Gênero, sexualidade e direitos humanos na educação escolar: entre igualdades e diversidades, a diferença. **Reflexão e Ação**, v. 24, n. 1, p. 255-272, 2016.

CAPÍTULO 11

ANÁLISE CULTURAL NO INSTAGRAM: UMA ESTRATÉGIA METODOLÓGICA POTENTE PARA PESQUISAS NO CIBERESPAÇO

Joanalira Corpes Magalhães
Juliana Ribeiro de Vargas
Paula Regina Costa Ribeiro

Introdução

O objetivo do texto é discutir a potencialidade da Análise Cultural (AC) como estratégia metodológica para problematização de um perfil na rede social de compartilhamento de fotos e vídeos on-line Instagram. A fim de tecermos esse movimento, escolhemos o perfil "Minha criança trans", pois, em nossas ações e estudos no Grupo de Pesquisa Sexualidade e Escola (Gese), as questões dos gêneros e das sexualidades têm mobilizado nosso pensamento, em especial as questões trans.

Para pensarmos a AC, uma das estratégias realizadas foi situar como, culturalmente, a temática em debate vem sendo produzida e narrada em diferentes espaços e tempos. Para tanto, iniciamos esse texto apresentando, de forma breve, algumas pesquisas desenvolvidas no Gese, as quais tratam das temáticas trans em diferentes contextos sociais, na pesquisa e na extensão.

Com respeito às temáticas trans, está em andamento a pesquisa[83] "Corpos que transitam no espaço escolar". No âmbito da pós-graduação foram tecidas algumas pesquisas. As dissertações produzidas são: "Trans (formar) o nome: a constituição dos sujeitos transgêneros a partir do nome", que teve como objetivo compreender a produção da subjetividade de quatro sujeitos transgêneros da cidade do Rio Grande (RS), os quais solicitaram a mudança em seu nome civil, no judiciário; "Literatura Juvenil contemporânea LGBTI: significados sobre identidades de gênero e sexuais", que teve como principal objetivo analisar significados produzidos e reproduzidos na e pela literatura juvenil contemporânea acerca das identidades sexuais e de gênero; "Existências, resistências e reconhecimento: tecendo interlocuções com narrativas de pesquisadoras/es trans brasileiras/os", que teve como objetivos tecer interlocuções com narrativas produzidas por quatro pesquisadoras/es trans, a fim de problematizar as questões relacionadas à trajetória, à visibilidade, à inserção e ao reconhecimento dessas pessoas, enquanto pesquisadoras/es, no campo científico. A tese produzida se intitula "A (Re)Invenção de si: investigando a constituição de sujeitos *gays*, travestis e transsexuais" e teve como objetivo investigar os enunciados e as práticas de si que constituem os/as sujeitos/as *gays*, travestis e transsexuais nos espaços educativos. Em desenvolvimento, temos o projeto de dissertação "O ingresso e a permanência de estudantes trans na Universidade Federal do Rio Grande – FURG" e os projetos de

---

[83] Pesquisa vinculada à Bolsa Produtividade e aprovada no Comitê de Ética CAAE: 70045423.6.0000.5324.

tese: "TRANS-bordando o que é dito e silenciado no espaço escolar" e "TRANSitando no espaço escolar: produções discursivas de profissionais da educação com estudantes trans".

Outra articulação importante para realizarmos o processo de AC foi olhar para ações extensionistas do Gese com a comunidade, a fim de pensar as práticas culturais de extensão vinculadas à temática trans. Assim, apresentamos o grupo "Transformando Vidas", formado em 2016, constituído por alunos/as/es trans do ensino superior — Universidade Federal do Rio Grande do Sul (Furg) —, da Educação Básica, pessoas trans da comunidade, pesquisadores/as, médicos/as/es[84], enfermeiros/as/es entre outros/as/es sujeitos/as/es. O grupo constitui-se a partir de uma rede de apoio a pessoas transsexuais, com vistas a estabelecer relações entre diferentes profissionais que podem contribuir com aspectos relacionados: à saúde, à educação, aos direitos, ao acesso à cidadania e a demais questões da vida de sujeitos que possuem algumas demandas específicas em razão de suas expressões de gênero.

Além disso, consideramos o grupo "Transjuventudes", formado em 2022, a partir da necessidade de auxiliar adolescentes trans, travestis e não binários a vivenciar a transição de forma mais tranquila e segura, pensando em questões educacionais, familiares, jurídicas, físicas e psicológicas. Ademais, contemplamos o projeto "Vamos RefleQueer", também criado em 2022, que trata da produção de vinhetas divulgadas em redes sociais, escolas e universidade, com o propósito de realizar reflexões sobre as temáticas acerca de alunos/as/es trans no espaço escolar e acadêmico, como nome social, banheiros, caderno de chamada, famílias, entre outros.

Por fim, evidenciamos o projeto "Família e diferenças", originado em 2018, das inquietações do Gese, que, na parceria com as escolas, possibilitou a percepção de que as discussões sobre os gêneros e sexualidades não deveriam ficar restritas à escola, mas alcançar as famílias, que também têm necessidade de conversar sobre essas questões, tirar suas dúvidas, sanar seus medos, inseguranças e expectativas, ao vivenciarem, enquanto pais, mães, responsáveis e/ou cuidadores/as o convívio com entes familiares LGBTI+.

A escolha por esta metodologia de análise cultural vai ao encontro da base teórica à qual nos filiamos: os Estudos Culturais e de Gênero, nas suas vertentes pós-estruturalistas. Fazemos essa aproximação para definir

---

[84] Utilizaremos linguagem neutra ao longo do texto, pois consideramos a partir da perspectiva teórica que nos filiamos à importância de contemplar todos os gêneros e validá-los no discurso.

o Instagram como artefato cultural, ou seja, resultado de um processo de construção social, ao atuar por meio de vídeos curtos (*reels*), publicações dispostas em um carrossel de fotos (informações encadeadas) e vídeos mais longos. Dessa forma, o aplicativo permeia questões culturais, apresenta entendimentos, experiências e produz algumas "verdades" sobre o que é ser uma criança trans, como no caso do perfil em debate neste texto.

Isto posto, procuramos seguir os passos que propõe Marlucy Paraíso (2012) em "Metodologias de pesquisas pós-críticas em educação e currículo: trajetórias; pressupostos, procedimentos e estratégias analíticas", tendo em vista que *bricolamos*, ou seja, articulamos os campos dos Estudos Culturais e dos Estudos de Gênero com a AC do perfil do Instagram "Minha Criança Trans"; *lemos* diferentes estudos e pesquisas em artigos e livros sobre a transsexualidade, a fim de nos aproximarmos de nossas "filiações teóricas e a potência dos conceitos e ferramentas" (Paraíso, 2012, p. 35).

Sob essa ótica, *montamos, desmontamos* e *remontamos o já dito*, tendo em vista que buscamos outros pesquisadores e pesquisadoras, outras pesquisas, produções sobre o objeto de pesquisa a temática trans. Igualmente, *compomos, decompomos* e *recompomos*, pois "lemos também, demoradamente, a teorização que escolhemos para realizar a pesquisa", conforme orienta Paraíso (2012, p. 36). *Perguntamos* e *interrogamos*: por que, na atualidade, as questões da transsexualidade estão na ordem do discurso? Que urgência histórica a invenção da transsexualidade veio responder?

Além disso, *descrevemos* o perfil "Minha Criança Trans", pois, para Marlucy (2012, p. 38), "descrever é importante para que possamos mostrar as regras de aparecimento do discurso, de uma linguagem, de um artefato, de um objeto". Analisamos *as relações de poder* na produção de saberes sobre transsexualidade; *multiplicamos* os sentidos produzidos sobre a transsexualidade, bem como nossos olhos e olhares; procuramos *poetizar*, ou seja, produzir, inventar outros sentidos sobre os sujeitos trans. E, durante a escrita e análise do perfil do Instagram, ficamos *à espreita*, posto que sabemos ser "necessário estar alerta, permanentemente e abrir-se a encontros com toda a sorte de signos e linguagens, na luta para que algo nos toque amorosamente e nos ajude a encontrar um caminho de investigação" (Paraíso, 2012, p. 40).

A seguir, contextualizamos e definimos a AC enquanto estratégia potente, segundo Simone Rocha (2011), uma ferramenta para compreender as relações entre comunicação e cultura, que se compromete a olhar para as práticas sociais através de reflexões. Ao mesmo tempo, analisa padrões e práticas sociais, pois "de acordo com este enfoque, todas as práticas sociais, na medida em que sejam relevantes para o significado ou requeiram significado para funcionarem, têm uma dimensão 'cultural'" (Hall, 1997b, p. 13). Após, dedicamo-nos a apresentar, especificamente, os passos da AC no perfil "Minha Criança Trans".

Contextualizando a Análise Cultural

Com a proposta de discutir a potencialidade da AC como estratégia metodológica, escolhemos o perfil do Instagram intitulado "Minha criança trans", pois o entendemos enquanto um artefato cultural. Nesse viés, buscamos problematizar o quanto essa produção cultural tem promovido discussões de questões relacionadas à temática trans, percebendo o conteúdo pedagógico presente nesse espaço cultural, em um determinado contexto social e histórico.

As autoras Maria Lúcia Wortmann, Marisa Costa e Rosa Hessel Silveira (2015) provocam-nos a perceber o quanto os Estudos Culturais em Educação têm se apresentado como um potente espaço de análise com relação às pedagogias culturais e sua atuação nos processos de constituição dos sujeitos, na disseminação de práticas e de condutas.

Para essas autoras,

> [...] têm se indagado, prioritariamente, sobre questões implicadas com representação, identidade, diferença, alteridade, poder, política cultural, pedagogias culturais, entre outras, bem como sobre os efeitos de tais questionamentos nos processos educativos examinados (Wortmann; Costa; Silveira, 2015, p. 34).

Assim, podemos pensar as pedagogias culturais enquanto promotoras de aprendizagens contínuas e múltiplas, não apenas fixadas em um tempo e espaço escolar, mas ativa e em movimento. Dessa forma, ampliamos os modos de pensar os processos e os espaços educativos.

Conforme destaca Rosângela Soares e Dagmar Meyer,

> O conceito de pedagogias culturais remete, exatamente, para o reconhecimento e problematização da importância educacional e cultural da imagem, das novas tecnologias da informação, enfim, da relação entre educação e cultura da mídia nos processos de organização das relações sociais e na produção das identidades (2003, p. 139).

Na sociedade contemporânea, a maioria dos sujeitos está acoplada ou acessa dispositivos tecnológicos em rede: smartphones, tablets, entre outros, os quais possibilitam aos sujeitos acessar, romper e transitar por diferentes espaços, informar e ser informado, conhecer e ser conhecido, transgredindo, assim, o que vem sendo determinado como espaço educativo.

Dessa forma, entendemos a rede social Instagram e seu conteúdo — *Feed* de Notícias; *Stories*; IGTV (transmissão ao vivo); *Reels*; Mensagens Diretas; *Instagram Live*; Anúncios no Instagram[85] — enquanto um desses espaços que educam. Ademais, possibilita-nos problematizar o quanto se torna relevante estarmos atentos/as à (re)produção de ideias, significados, conhecimentos, valores e representações, no sentido de discuti-los em tempos e espaços do ensino, da pesquisa e da extensão.

Nessa perspectiva, realizamos o movimento, neste texto, de problematizar o perfil "Minha criança trans" como artefato cultural. Ou seja, o entendemos como uma produção cultural permeada de intencionalidades, sentidos, modos de produzir, ver e perceber a transsexualidade nas infâncias em um dado tempo e em um determinado contexto social. Para tal problematização, propomo-nos a discutir a potencialidade da AC consoante estratégia metodológica.

No âmbito dos Estudos Culturais, a AC constitui-se proposta metodológica e possibilita perceber e investigar as práticas sociais e culturais de um determinado tempo e espaço, articuladas a relações de poder-saber. Conforme Caroline Amaral Amaral (2017, p. 76), a AC

> [...] permite olhar para os padrões e regularidades sociais, uma ferramenta metodológica que busca entender a natureza da organização social. Para Moraes (2016), a AC tem a intenção de pensar a respeito da natureza da organização que constitui o complexo das relações entre os sujeitos, além de lançar um olhar sobre as produções culturais.

---

[85] Apresentamos uma breve explicação de cada um desses conteúdos: *Feed* de Notícias: é a página inicial de algum perfil do Instagram, em que os/as usuários/as visualizam o conteúdo compartilhado pelos perfis que o seguem; *Stories*: nesse espaço, os/as usuários/as compartilham fotos e vídeos, os quais irão desaparecer após 24 horas; IGTV: trata-se de uma plataforma de vídeo integrada ao Instagram, a qual possibilita o compartilhamento de vídeos de 10 até 60 minutos de duração; *Reels*: são ferramentas do Instagram que permitem que usuários/as criem vídeos de até 30 segundos; Mensagens Diretas: uma ferramenta de comunicação privada, em que usuários/as enviam mensagens diretas, fotos e vídeos; *Instagram Live*: recurso do Instagram em que os/as usuários/as transmitem vídeos ao vivo para seus/suas seguidores/as, disponíveis no IGTV; Anúncios no Instagram: trata-se de uma plataforma de publicidade para criar anúncios patrocinados.

Assim, a observação do contexto em que o artefato cultural foi produzido constitui um dos movimentos da AC. No caso da análise do perfil "Minha Criança Trans", temos que levar em consideração as circunstâncias de sua produção: quem organiza e gerencia esse perfil na rede social? O que mobiliza o debate das infâncias trans em um perfil de uma rede social nos dias atuais? Que sentidos e entendimentos sociais e culturais esse espaço (re)produz? Que rupturas são feitas? Por que hoje esse debate emerge em uma rede social como o Instagram? Dessa forma, não são as causas que nos interessam, mas sim o contexto de sua produção.

Operar com a AC também nos instiga a examinar as "relações entre linguagens, representações, produção de significados, discursos" (Wortmann, 2007, p. 80). Assim, as ACs, inspiradas na perspectiva pós-estruturalista, atentam aos modos de como, por meio da linguagem, os discursos que circulam nos produtos culturais constroem sentidos e versões sobre o mundo, os objetos e os sujeitos, posicionando-os socialmente, regulando suas condutas e construindo subjetividades.

Ao voltar nosso olhar sobre o perfil "Minha Criança Trans", podemos pensar o quanto seu conteúdo (re)produz discursos, sentidos e entendimentos com relação às temáticas trans e as infâncias. É nesse sentido que a AC nos movimenta em processos de investigação, ou seja, olhar para as produções culturais entendendo-as atuantes na subjetivação dos/as/es sujeitos/as/es, um espaço capaz de legitimar existências, modos de ser e de estar em nossa sociedade, bem como marginalizar essas questões.

A partir desses entendimentos, propomo-nos a operar com as ferramentas da AC nas pesquisas com artefatos e produtos culturais que circulam no ciberespaço, a exemplo de um perfil da rede social Instagram. Para tanto, compreendemos necessária a organização de determinados passos metodológicos, os quais podem encaminhar pesquisadores/as "nos Labirintos da Pesquisa" (Corazza, 2002) de perfis do Instagram[86].

Assim como fizeram Meyer e Paraíso (2012), apresentamos, em tópicos, as ações necessárias para realização de nossa pesquisa. Vale destacar que tais passos metodológicos se colocam como inspiradores (e não delimitadores) para as investigações em ambientes virtuais, à semelhança da rede social anteriormente referida.

---

[86] A analogia dos passos metodológicos é apresentada por Maria Cláudia Dal'Igna em sua tese "Família S/A: um estudo sobre a parceria família-escola" (2011).

METODOLOGIAS DE PESQUISAS CIENTÍFICAS NO CIBERESPAÇO/CIBERCULTURA:
#NETNOGRAFIA #ETNOGRAFIADIGITAL #PESQUISAEMTELA #ENTREVISTAONLINE #ANÁLISECULTURAL
#ANÁLISEDODISCURSO_INSPIRADAEMFOUCAULT

Passos da Análise Cultural sobre "Minha Criança Trans"

A página do Instagram "Minha Criança Trans" foi criada por Thamirys Nunes, mãe de uma criança trans de 8 anos, presidenta da Organização Não Governamental (ONG) "Criança trans", autora do livro *Minha Criança Trans*. Conforme apontamos anteriormente, apresentamos alguns movimentos metodológicos para análise de perfis em redes sociais, de modo especial, na Rede Instagram.

Ampla Exploração – posterior à definição do perfil "Minha Criança Trans" como foco de análise, buscamos conhecer, com profundidade, a organização, as sistemáticas de veiculação e os próprios conteúdos veiculados no perfil. Importante destacar que cada perfil público da rede Instagram pode organizar-se de modo específico, o que implica aos/às/es investigadores/as ampla exploração[87]. Dessa forma, pesquisadores/as podem reconhecer conteúdos e estratégias de veiculação dos perfis, dos vídeos de curta duração (*reels*), das postagens fixas ou das transmissões ao vivo. Cabe, ainda, salientar a necessidade de registro da "ampla exploração", preferencialmente em arquivos virtuais, datando os momentos registrados. Como exemplo, destacamos que, até o mês de maio de 2023, o perfil possuía 97,2 mil seguidores/as, ou seja, pessoas que optaram por acompanhar as postagens realizadas, sendo avisadas em seus perfis sobre os movimentos ocorridos no *Minha Criança Trans*. Cabe destacar que o perfil "seguia" 885 pessoas, apresentava 735 *reels* (vídeos curtos), publicações dispostas num carrossel de fotos (informações encadeadas) entre outros vídeos.

Até a mesma data, tem como destaques (conteúdos postados nos *stories* e que são escolhidos pelo proprietário parar ficarem disponíveis no topo da conta, para visualização a qualquer momento): "Brasília", "Perguntas", "Fortaleza", "Meu livro", "Reflexões", "Perguntas 2", "Apoio", "Gramado", "Aniversário", "Papo de mãe", "Filmes", "Eduque-se", "Gratidão".

Ainda até o mesmo período, na aba *reels*, destacamos as seguintes postagens: "Meu filho disse que é trans, e agora?" (20,2 mil acessos); "Por que falas de trans se meu filho é cis?" (38,1 mil); "Bulling e transfobia: qual

---

[87] O/A/E usuário/a/e da rede Instagram pode optar por deixar seu perfil pessoal como "público", com a visualização e interação permitidas para qualquer outro usuário, ou "privado", para o qual faz-se necessária a solicitação para visualizações e interações. Há também a possibilidade de organização de um perfil "profissional", o qual disponibiliza ao usuário ferramentas para oferta de seus produto e/ou serviço.

a diferença?" (17 mil); "Banheiros nas escolas" (19,2 mil); "Mentiras sobe crianças trans" (26,3 mil); "Quando saber que não é só uma fase?" (43,5 mil); "Deixem as nossas crianças em paz" (57 mil); "Bloqueio puberal: vamos entender" (19,7 mil); "O que é disforia de gênero?" (36,4 mil); "A verdade sobre ambulatórios trans" (42 mil); "Travesti não é fantasia!" (28,1 mil); "Por que um dia da visibilidade trans?" (64,1 mil); "Como descobri que minha filha é trans" (26,2 mil); "Alunos trans e banheiros nas escolas" (27,7 mil); "O que não torna uma criança trans?" (21,8 mil); "Pessoas trans não nascem com 18 anos" (238 mil); "Como professores podem ajudar" (42,5 mil); "Como professores podem ajudar – parte II" (21,5 mil); "Meu filho precisa estar em ambulatório?" (16,4 mil), entre outros.

Marco Temporal – sem a delimitação de "um começo e um fim", a etapa anterior, de ampla exploração, torna-se um trabalho hercúleo, uma vez que as postagens dos/as/es autores/as dos perfis seguem cotidianamente, diariamente! A partir dessa premissa, indicamos a delimitação de um espaço temporal para acompanhamento das atividades associadas a cada perfil na rede social, tempo no qual serão observados, registrados e armazenados imagens, postagens, vídeos, interações ocorridas no próprio perfil. Logo, compreendemos que o acompanhamento, pelos/as/es seguidores/as, dos perfis analisados, deve ser constante — ou diário, ao longo do determinado tempo.

E o marco temporal consiste em um mês, três meses ou meio ano? Cabe destacar que o tempo do/a/e pesquisador/a/e dedicado às produções veiculadas em cada perfil, é variável. O fluxo dessas ações pode ser "intensamente diário", o que demanda do/a/e pesquisador/a/e um acompanhamento *full time*, ou ainda, mais espaçado, com postagens realizadas em determinados dias da semana. É importante destacar que, de modo geral, os perfis do Instagram dedicados à uma produção de um conteúdo determinado, seja ele político, ideológico, social, comercial ou de entretenimento, têm uma vasta produção de material, uma vez que os perfis se tornam mais populares (e assim rentáveis aos seus produtores) pelos acessos, curtidas e compartilhamentos recebidos. Assim, aqueles perfis que não apresentam "novidades" em um determinado período, deixam de ser comentados, seguidos, curtidos, compartilhados. Hall (2016) já destacava, anteriormente ao advento das redes sociais, como o consumo regula a cultura, a produção cultural, as identidades e as representações. Isso posto, entendemos que os/as/es usuários/as/es de pesquisa no Instagram devem, no mínimo, apreciar a circularidade pela rede e seu acompanhamento, uma vez que as produções de cada perfil são numerosas e, muitas vezes, diárias.

Entendemos a escolha do "marco temporal" relacionada a dois pontos: a) ao movimento anterior de ampla exploração — no qual o/a/e pesquisador/a/e ainda está conhecendo melhor seu campo de pesquisa, ou seja, o perfil escolhido para análise na rede social. Dessa forma, destacamos que a ampla exploração também deva ocorrer dentre uma temporalidade delimitada, para a organização de uma pesquisa, com prazo para seu fim. b) Ao foco da pesquisa — o que será analisado no perfil escolhido? Os *reels*, os comentários, as postagens fixas? Ou toda a produção veiculada no perfil? Compreendemos a escolha do foco da pesquisa em perfis do Instagram, assim como a investigação sobre outros artefatos culturais, decorrente da aproximação e domínio do/a pesquisador/a das bases teóricas norteadoras de seu trabalho e, ainda, do próprio conhecimento sobre o perfil analisado.

Produzindo Registros – dada a organização do ciberespaço, podemos afirmar que a fragilidade acompanha a circularidade dos conteúdos: postagens que poderiam permanecer registradas "para sempre", também podem ser retiradas dos espaços de visibilidade a qualquer momento. E, ainda, de modo mais específico sobre a rede social Instagram, determinadas ferramentas, como os *reels* e *stories*, promovem a visibilidade temporária, ou seja, a veiculação de determinados conteúdos pelo prazo de 24 horas. Dessa forma, o/a/e pesquisador/a/e que opta pelos caminhos dessa rede social como espaço de pesquisa, deve valer-se da produção intensa de registros, ou seja, *prints* de tela, cópia de vídeos e anotações sobre temas/situações apresentadas, debatidas. Vale destacar, junto a isso, comentários das postagens e números de curtidas sobre cada conteúdo como categorias válidas para registro. A seguir, apresentamos alguns exemplos dos *prints* de tela:

Figura 1 – Colagem de diversas postagens do perfil "Minha Criança Trans"

Fonte: produção das autoras (2023)

Ética – consideramos importante abordar as questões éticas sobre as pesquisas na internet, neste texto, a plataforma Instagram, por ser de acesso público e irrestrito. Conforme a Resolução nº 510, de 7 de abril de 2016, do Conselho Nacional de Saúde, no seu parágrafo único, não serão registradas, nem avaliadas pelos sistemas do Conselho de Ética e Pesquisa e da Comissão Nacional de Ética e Pesquisa (CEP/Conep) as investigações que: "II – utilize informações de acesso público, nos termos da Lei nº 12.527, de 18 de novembro de 2011; III – utilize informações de domínio público". Nesse sentido, estudos com foco no Instagram como fonte de produção de dados não precisam passar pelo sistema CEP/Conep. Conforme o Comitê de Ética em Pesquisa e a Escola Nacional de Saúde Pública Sergio Arouca, da Fiocruz (2020, p. 11):

> [...] pesquisas em páginas públicas na *Internet* que não requerem inscrição ou autorização do administrador para se ter acesso ao conteúdo dispensam avaliação ética e o registro de consentimento. São exemplos aquelas pesquisas realizadas em *websites*, *blogs*, *Youtube* etc.

Salientamos que, apesar de a pesquisa não ser avaliada pelo Comitê de Ética de sua instituição, o/a/e pesquisador/a/e deve estar atento/a/e às questões de cuidado ético com relação à veiculação de nomes, imagens de crianças, mesmo que, no perfil analisado, a criança seja exposta pelos seus pais e/ou responsáveis. De modo semelhante, ao analisar comentários sobre as postagens realizadas, o/a/e pesquisador/a/e deve pautar-se pela ética, evitando a exposição de situações constrangedoras e/ou vexatórias.

Contexto Cultural – qual fator permite que uma conta como "Minha Criança Trans" seja veiculada nos dias atuais? Quais discursividades sobre as "infâncias trans" circulam em nossa sociedade? Como as distintas legislações balizam o tema? Ancoradas em Michel Foucault (2009), afirmamos necessária a análise das condições de possibilidade sobre cada tema de investigação e, ainda, o olhar atento sobre as verdades do nosso tempo, buscando compreender como essas operam na sociedade e, mais, como a produção dos objetos que analisamos permite entender sites, redes, perfis como artefatos culturais — os quais educam os sujeitos de um tempo presente. Nessa fase, cabe ao/a/e pesquisador/a/e buscar outros materiais, organizando "o contexto cultural" e sua relação com o foco de análise. Este é um movimento complexo: leituras múltiplas e escolhas necessárias para delimitação do foco da investigação. No início do texto apresentamos o contexto cultural da escolha desse perfil do Instagram em função das atividades de pesquisa do Gese.

Movimento analítico – importante destacar que nossa investigação sobre o perfil "Minha Criança Trans" não iniciou buscando analisar uma ou outra determinada condição nas postagens do perfil. Apenas após a organização dos movimentos anteriores e paralelo ao alinhamento teórico, sob os referenciais pós-estruturalistas de Educação, Gênero e Sexualidade, conseguimos produzir eixos analíticos do perfil "Minha Criança Trans". Cabe mencionar as recorrências, as ausências, os destaques sobre os conteúdos visibilizados no perfil fatores para compreender potência enquanto artefato cultural da referida conta. Como exemplo, podemos destacar, na condição de um possível eixo analítico, o "tom prescritivo" que Thamirys Nunes utiliza na série de vídeos curtos intitulados "S.A.C. Minha Criança Trans". Em postagens relacionadas à série, Thamirys propõe-se a responder dúvidas de seguidores/as sobre diferentes dimensões da temática trans, apresentando respostas objetivas para cada situação, semelhante aos serviços de atendimento ao cliente de diferentes empresas, como vê-se na imagem a seguir. Assim, ela, como criadora do perfil, acaba por ensinar e fazer circular pedagogias sobre banheiros, nome social, brinquedos e brincadeiras para meninos e meninas, bem como modos de ser uma criança trans.

Figura 2 – Colagem de diversas postagens do perfil "Minha Criança Trans" da série de vídeo "S.A.C. Minha Criança Trans"

Fonte: Instagram (2023)[88]

Sugerimos, outrossim, pensar nas seguintes questões como norteadoras para organização da análise propriamente dita: quais foram as escolhas teóricas? O que o artefato produz? Quais conteúdos circulam nas postagens realizadas? Quem interage, curte, comenta as postagens realizadas? Dessa e de tantas outras perguntas decorre a organização da análise do perfil escolhido e, por conseguinte, a produção da pesquisa.

---

[88] Disponível em: https://www.instagram.com/minhacriancatrans/reels/. Acesso em: 5 maio 2023.

Encerrando brevemente

Pesquisar no ciberespaço, em especial no Instagram, é um movimento potente e desafiador, como apresentamos ao longo do texto, visto que é um ambiente virtual que tem possibilitado ampla comunicação e múltiplas aprendizagens para bilhões de pessoas. No Brasil, o Instagram é a terceira rede social mais utilizada em 2023, em torno de 2 bilhões de contas. Mais alguns dados: 7º site mais visitado do mundo; suas as imagens têm 23% mais engajamento do que o Facebook; 52,8% dos/as/es usuários/as/es são homens e 47,2% são mulheres; pessoas de 25 anos gastam, em média, 32 minutos por dia na plataforma; 70% dos/as/es têm menos de 35 anos (Ahlgren, 2023).

Nesse contexto, o Instagram é uma das redes sociais mais acessadas pela população, assim como o Facebook e YouTube. Desde 2015, os/as/es brasileiros/as/es ocupam lugar de destaque nas estatísticas do aplicativo e a participação é maior do que a média global. A partir de tais dados, que aumentam todos os dias, entendemos a rede social como um artefato cultural que produz pedagogias: movimenta subjetividades, modos de ser e de viver. Assim, produz formas de ser uma criança trans através de uma rede discursiva que envolve diversos campos de saberes e instituições sociais evidenciando relações poder-saber, entendendo o que está apresentado nos *stories* e *reels* como construções de um determinado tempo e espaço. Dessa forma, tecer análises tendo como objeto de estudo um ciberespaço como Instagram nos desafia, como pesquisadoras e pesquisadores, a buscar e (re) pensar as estratégias e os modos de caminhar na pesquisa a todo momento, visto que se trata de um espaço em permanente expansão, atualização de seu conteúdo e interação de diferentes sujeitos em seus distintos contextos.

Vale ressaltar que as estratégias de escolha, produção e delimitação de material empírico, ao pesquisarmos páginas e perfis em redes sociais como o Instragram, serão articuladas e operacionalizadas a partir dos objetivos da pesquisa e da disponibilidade do/a/e pesquisador/a/e para realização de sua investigação, uma vez as postagens, muitas vezes, ocorrem em mais de um momento do dia, e em algumas situações, em espaços com temporalidade restrita — a exemplo do *stories*. Dessa forma, o/a/e pesquisador/a/e precisa organizar-se para o armazenamento e análise do material empírico.

Nosso intuito ao trazer como exemplo de análise cultural o perfil no Instagram "Minha Criança Trans" não foi ver o que estava "por trás da cortina, nem sob o chão que pisamos", o que há são "enunciados e relações, que o próprio discurso põe em funcionamento" (Fischer, 2001, p. 198) sobre as crianças trans. Nesse sentido, ao analisar o Instagram, levou-nos a considerar que não existia nada oculto e que precisaria ser revelado nas análises. Investigar esses artefatos é explorar o que foi dito, o que estava posto, buscando ver as relações de poder-saber existentes.

Pela sua potencialidade, já analisada em diferentes pesquisas, a exemplo da realizada recentemente por Dilan Magnus e Carin Klein (2023), constituímos este breve capítulo. Esperamos colaborar com suas futuras análises!

Referências

AHLGREN, Matt. Mais de 40 estatísticas, fatos e tendências do Instagram para 2023. **Website Rate**, Austrália. Disponível em: https://www.websiterating.com/pt/research/instagram-statistics/. Acesso em: 10 jun. 2023.

AMARAL, Caroline Amaral. **Literatura Juvenil Contemporânea LGBTI**: significados sobre Identidades de gênero e sexuais. 2017. 164 f. Dissertação (Mestrado em Educação) – Universidade Federal do Rio Grande, Rio Grande, 2017.

COMITÊ DE ÉTICA EM PESQUISA. Escola Nacional de Saúde Pública Sergio Arouca (ENSP/ Fiocruz). **Orientações sobre ética em pesquisa em ambientes virtuais**. Versão 1.0. Rio de Janeiro: ENSP/Fiocruz, 2020. 12 p.

CORAZZA, Sandra Mara. Labirintos da pesquisa, diante dos ferrolhos. *In*: COSTA, Marisa Vorraber (org.). **Caminhos Investigativos**: novos olhares na pesquisa em educação. 2. ed. Rio de Janeiro: DP&A, 2002. p. 103-127.

FISCHER, Rosa Maria Bueno. Foucault e a análise do discurso em educação. **Caderno Pesquisa**, n. 114, p. 197-223, nov. 2001.

FOUCAULT, Michel. **História da sexualidade II**. O uso dos prazeres. 13. ed. São Paulo: Graal, 2009.

HALL, Stuart. **Cultura e representação**. Rio de Janeiro: Ed. PUC-Rio: Apicuri, 2016.

MAGNUS, Dilan; KLEIN, Carin. "Deu Reagente! Vou Morrer?": Influenciadores Digitais e seus Ensinamentos sobre como Viver com Hiv/Aids. **Diversidade e Educação**, [S. l.], v. 11, n. 1, p. 579-608, 2023. Disponível em: https://periodicos.furg.br/divedu/article/view/15428. Acesso em: 28 ago. 2023.

MEYER, Dagmar; PARAÍSO, Marlucy. Metodologias de pesquisa pós-críticas ou *Sobre como fazemos* nossas investigações. *In*: MEYER, Dagmar Estermann; PARAÍSO,

Marlucy Alves (org.). **Metodologias de pesquisa pós-críticas em educação**. Belo Horizonte: Mazza Edições, 2012. p. 15-22.

PARAÍSO, Marlucy Alves. Metodologias de pesquisas pós-críticas e educação e currículo: trajetórias, pressupostos, procedimentos e estratégias analíticas. *In*: MEYER, Dagmar Estermann; PARAÍSO, Marlucy Alves (org.). **Metodologias de pesquisas pós-críticas em educação**. Belo Horizonte: Mazza Edições, 2012. p. 23-45.

ROCHA, Simone Maria. Os estudos culturais e a análise cultural da televisão: considerações teórico-metodológicas. **Revista Interamerica de Comunicação Midiática**, Santa Maria, v. 10, n. 19, 2011. Semestral.

SOARES, Rosângela F. R.; MEYER, Dagmar E. E. O que se pode aprender com a "MTV de papel" sobre juventude e sexualidade contemporâneas?. **Revista Brasileira de Educação**, Porto Alegre, n. 23, p. 136-148, maio-ago. 2003.

WORTMANN, Maria Lucia Castagna. Análises culturais: um modo de lidar com as histórias que interessam à educação. *In*: COSTA, Marisa Vorraber (org.). **Caminhos investigativos II**: outros modos de pensar e fazer pesquisa em educação. 2. ed. Rio de Janeiro: Lamparina editora, 2007. p. 71-90.

WORTMANN, Maria Lucia Castagna; COSTA, Marisa Vorraber; SILVEIRA, Rosa Maria Hessel. Sobre a emergência e a expansão dos Estudos Culturais em educação no Brasil. **Educação**, Porto Alegre, v. 38, n. 1, p. 32-48, 2015. Disponível em: https://doi.org/10.15448/1981-2582.2015.1.18441. Acesso em: 5 jan. 2022.

CAPÍTULO 12

POR ENTRE REDES: POLÍTICAS CURRICULARES, VIRTUALIDADES E RASTROS DE PESQUISAS

Ana Paula Pereira Marques de Carvalho
Lhays Marinho Ferreira
Rita de Cássia Prazeres Frangella

[...] só é verdadeiro aquilo que não se diz... só o silêncio é verdadeiro... é preciso ouvir o silêncio não como surdo, mas com um cego [...]
(Fernando Sabino)

A arte tem nos inspirados em nossas trajetórias de pesquisa, inclusive nas reflexões sobre o nosso papel como pesquisadoras diante das políticas curriculares em nosso país e que vêm mobilizando sentidos para a articulação entre currículo e tecnologia. Por isso, iniciamos este texto com Fernando Sabino para ressaltar nossas tentativas de mergulho no silêncio por entre verdades que nunca estão ao nosso alcance. Num processo que vai sendo tecido em rastros, tal qual propõe Derrida (2011), estamos abertas às problematizações que nos provocam escapes e movimentam espaços de contestação para aquilo que se apresenta no jogo da "não verdade", também sobre as metodologias de pesquisa.

Temos trabalhado, já há alguns anos, com a perspectiva do professor curriculista, destacando que o professor não é um implementador de políticas, mas um produtor de currículo e mobilizador das políticas curriculares, fazendo parte intrinsecamente desse movimento. Frangella (2021) argumenta acerca da

> [...] condição dos professores como curriculistas, o que implica reconhecer que aos professores não cabe apenas pôr em ação um currículo a eles proposto, mas que nas suas invenções cotidianas, nas disputas e negociações de saberes, trazem a marca de uma feitura curricular como produção contingente, contextual e inacabada. Por certo, tal acepção pode sugerir a contraposição absoluta aos textos das políticas curriculares, o que tampouco é a intenção ao asseverar a condição do professor como curriculista; não se trata de um jogo excludente de um polo ou outro, mas o entendimento da complexidade do fazer curricular que, afastando-se de uma leitura instrumental marcada pela previsibilidade, comporta a impossibilidade de estancamento da significação (p. 49).

Apropriamo-nos desse termo para pensar no pesquisador curriculista, a fim de problematizar a própria noção de metodologia, que é constantemente traduzida no nosso movimento de pesquisa, num processo em que vamos significando nossa atuação e, ao mesmo tempo, circulando por vertentes metodológicas que nos oportunizam abrir espaços de significação para o campo das pesquisas das políticas curriculares.

Em diálogo com Bhabha (2001), propomos a articulação do sentido de pesquisador curriculista com a ideia da tarefa do tradutor, que o autor vai tecendo na sua leitura sobre a obra de Walter Benjamin, para pensarmos nas produções de significação em que estamos imersas na relação com o outro, bem como no impensado sobre a língua do outro que requer uma responsabilidade, na medida em que sempre haverá algo intraduzível. E a intradutibilidade é provocada pelas diferenças num processo em que estamos enredadas, num movimento de "estranho-estrangeiro", tal qual observa Siscar (2000), em que de maneira ética e responsiva precisamos nos deixar estranhar porque é esse estranhamento que nos permite estar abertos ao estrangeiro, ao outro desconhecido que nunca será traduzido na sua totalidade.

Assim, sob a lógica da tradução, trabalhamos com nossos objetos num processo que envolve modos de significação contínuos, mobilizados pelo diferimento. E nossas pesquisas se performam por atos tradutórios num movimento de rastros em que a fidelidade a um sentido original — a um outro original — é impossível. Nossas performances caminham sob a perspectiva de sentidos contaminados, a rastros que não se apagam e demarcam sentidos mobilizados também em outros sentidos, negociados continuamente. Desse modo, estamos o tempo todo traindo e criando, produzindo sentidos sobre currículo e tecnologia num processo instável que se demarca pela indecibilidade e pela contingência, sem a busca por um sentido original, apriorístico, tampouco por caminhos que chegarão a alguma verdade. Optamos por ouvir o silêncio e perceber a cegueira como fissuras que fazem parte do processo e nos permitem trair continuamente.

Nesse deslocamento, temos transitado entre as problematizações sobre os incentivos ao uso da tecnologia em sala de aula como ferramenta, sendo apontada como salvífica para o aumento dos índices de avaliação, conforme destacam Ferreira (2018, 2023), Rosário (2018), Ferreira e Rosário (2020) e Carvalho (2020), e o jogo político entre real e virtual que tem nos provocado reflexões sobre discursos que incitam a propagação das "boas" práticas, através do virtual, como garantia do "sucesso" no processo de ensino-aprendizagem. Essas problematizações também nos mobilizam para pensar na própria difusão e popularização da internet que fizeram com que milhões de pessoas ao redor do mundo ampliassem as formas de comunicação interpessoal (Costa; Dias; Luccio, 2009), intensificando as relações intermediadas, inclusive, pelas redes sociais — Facebook, Twitter, Google+, LinkedIn, Instagram, Pinterest.

Isso tem nos instigado reflexões sobre a cultura digital em que estamos imersos e, consequentemente, sobre a produção de sentidos que o tempo todo vai sendo mobilizada nessa mediação com o virtual e com as tecnologias de modo mais amplo. Nesse sentido, buscamos abrir espaços e possibilidades, em nossas pesquisas, para outras formas de significação, enfatizando que as questões político-curriculares também vêm sendo dinamizadas pelas aceleradas formas de comunicação.

Desse modo, a articulação entre política, tecnologia e currículo tem sido o mote de investigações desenvolvidas no/com o grupo de pesquisa e nas quais temos discutido esse movimento de articulação como "tecno-curricular", entendendo que a tecnologia promove fissuras nas concepções do currículo, irrompendo o "novo" que não se caracteriza por um ineditismo de sentidos, ideias, concepções, mas sentidos híbridos num contexto político marcado pela articulação entre currículo e tecnologia como indicativo de qualidade (Carvalho, 2015; Carvalho; Frangella, 2016). O termo "tecno-curricular" caracteriza-se pela ambivalência e pelos conflitos inerentes às políticas curriculares e tecnológicas que "promovem múltiplos sentidos à interpretação dos sujeitos que nelas estão envolvidos" (Carvalho, 2013, p. 1).

Em outro texto, dialogando com Homi Bhabha, Carvalho (2014) reflete sobre a arte do teclar "entre" como um sublime movimento entre negociação e gozo, referindo-se à produção dos sujeitos, na relação com a tecnologia, como algo que envolve uma relação consigo mesmo, com o outro e com diversas produções virtuais que entrelaçam o que há de mais íntimo em cada indivíduo e as necessárias negociações da vida cotidiana.

As tessituras dos sentidos do virtual nos movimentos das políticas curriculares

Assim, nosso mergulho nas redes virtuais se dá como movimento de pesquisa, ao observarmos como essas redes vinham figurando em políticas curriculares como estratégia para a disseminação das propostas apresentadas. Isso se evidenciou nos movimentos de pesquisa institucional (Frangella, 2015) sobre o Pacto Nacional para a Alfabetização da Idade Certa (PNAIC), estudo que objetivou discutir a política de formação de professores alfabetizadores, argumentando que se trata também de política curricular uma vez que, numa articulação muito própria, criou demandas para produção curricular cotidiana nos anos iniciais do ensino fundamental.

O PNAIC (Brasil, 2012) era organizado em quatro eixos:

> As Ações do Pacto apoiam-se em quatro eixos de atuação:
> 1. Formação continuada presencial para os professores alfabetizadores e seus orientadores de estudo;

2. Materiais didáticos, obras literárias, obras de apoio pedagógico, jogos e tecnologias educacionais;
3. Avaliações sistemáticas;
4. Gestão, mobilização e controle social. (IN: http://pacto.mec.gov.br/o-pacto)

A pesquisa em tela (Frangella, 2015) objetivava observar deslizamentos de sentidos que são significativos para compreender o que ganha centralidade nas propostas curriculares. É nesse deslocamento/deslizamento que significantes se articulam na produção de um discurso pedagógico e significam o investimento na formação de professores como instituintes de políticas curriculares. Nessa linha de investigação, uma das questões que se destacaram, e para a qual voltamos nossa atenção, foi a organização de materiais da política que ensejam outros espaços e tempos que transcendem o espaço físico da escola e/ou documentos oficiais, instigando uma discussão acerca das relações entre tecnologia e alfabetização e a incitação da criação de blogs como forma de publicizar/compartilhar boas práticas a partir do PNAIC.

Rosário (2018), em seu estudo, tomou como foco de investigação os blogs de professores alfabetizadores de redes de ensino criados a partir da mobilização criada no PNAIC, investigando estes como espaços híbridos de produção da docência, do currículo. Ou seja, um contexto de articulação que borra relações tomadas como polarizadas, afirmando observar as relações *dentrofora* da escola, entendendo-os como "*espaçostempos* de fronteira em que são possíveis aos professores alfabetizadores, enquanto produtores de cultura, uma articulação em torno de uma cadeia discursiva de produção curricular" (p. 19). Nesse contexto de pesquisa, a autora argumenta que

> As redes de produção e interlocução, atualmente, estão para além dos usos da tecnologia no campo das políticas educacionais, pois as redes conectam os atores, em diferentes *espaçotempos* de produção, constituindo cadeias de produção de conhecimento e currículo. Muito mais do que um currículo constituído pelos atravessamentos da tecnologia, o que observamos no cenário atual é um currículo que se constitui nas/pelas redes de subjetividades, as mesmas que compõem a produção do conhecimento – um conhecimento tecido em/na rede (Rosário, 2018, p. 19).

Daí que esse investimento se dá concomitante à discussão acerca da própria feitura das políticas curriculares na contemporaneidade, recorrendo à análise discursiva da política no entendimento desta como uma rede de política como desenvolvido por Ball (2014). Tomamos a noção de rede de política em articulação com as perspectivas pós-estruturais, pós-fundacionais com que dialogamos, possibilitando a articulação com proposições de Ball (2014) que, em seus trabalhos mais recentes, traz, como teoria e método, a noção de redes de política, contribuindo para adensar uma leitura pós-estrutural da noção de rede como rede de poder capilarizado que se espraia. A noção de redes de políticas traz para a análise da política uma concepção que remete à reconceitualização do entendimento de contexto, muitas vezes lido de forma especializada, sugerindo uma outra temporalidade, principalmente pelos atravessamentos não lineares que põe sob observação, pelos paradoxos em negociação, pelo entendimento de política numa perspectiva discursiva. Segundo Ball (2014), políticas educacionais estão sendo "feitas" em novas localidades, em diferentes parâmetros, para novos autores e organizações, num "novo" social, envolvendo "tipos específicos de relações sociais, de fluxos e de movimentos" e por meio de tais redes políticas "é dado espaço a novas vozes dentro do discurso de política" (p. 29).

O diálogo teórico-metodológico com os aportes teóricos da pesquisa, entre eles, Ernesto Laclau (2011), permite-nos problematizar as redes de política como redes de poder, demarcadas por articulações e trajetórias políticas não lineares, constituídas por rastros. Relacionamos a concepção de redes de políticas com a Teoria do Discurso, no que chamamos de redes de equivalência:

> Sendo assim, a interpretação das produções políticas como redes de equivalência nos possibilita observar os fluxos que constituem toda política, sem precisão de origem, em meio à equivalência que introduz a não fixidez necessária para que haja hegemonia nos discursos políticos — ou, pelo menos, tentativas. Acreditamos que, ao se estruturarem em torno de uma semelhança que os equivale, os sentidos envolvidos nesse espaço criam uma totalidade que é assumida como universalidade dentro de uma cadeia equivalencial que não se encerra (Axer; Carvalho; Frangella, 2019, p. 80).

Ball (2014), no estudo da rede como método e conceito, propõe o que chama de etnografia de redes, mapeando o fluxo de filantropias corporativas, filantropos e programas que mobilizam negócios em educação nas páginas na internet, vídeos, páginas do Facebook, blogs, *tweets*. Esses movimentos permitem observar uma governamentabilidade que vai sendo tecida na articulação entre múltiplos e diferentes atores sociais. Araújo (2022) compreende que a proposta da etnografia de redes contribui para o entendimento de que as influências políticas não são localizáveis, tal qual pareceram ser, e que, em algum momento, tais influências políticas podem ter produzido efeitos que as pesquisas tentam interpretar. Assim, o envolvimento de um pensamento lógico não é garantia de repetição e muito menos de que seja possível, por meio da escrita, descrever o assunto sem um envolvimento político-teórico-estratégico.

Percebe-se que o meio virtual tem se expandido como um potente canal de articulação para os negócios em educação, as relações nesse espaço podem ser percebidas a partir de um crescente fluxo e mobilidade de capital, de pessoas e de ideias que têm se alastrado naquilo que se entende por política em movimento que não pode se restringir apenas a dados terrestres (Ball, 2014 *apud* Carvalho, 2020). Assim, o mapeamento que Ball (2014) propõe nos demonstra, segundo Carvalho (2020), um cenário midiático no Brasil que, através de notícias, propagandas, depoimentos, dados estatísticos, tenta fixar o terceiro setor como preponderante para a qualidade da educação pública, por meio de "divulgação" de evidências científicas e critérios.

Mergulhando no virtual como potência política curricular

Ao lidarmos com nossos objetos de estudo e, ao mesmo tempo, deixando-nos levar pelas diversas possibilidades de problematização desses objetos, temos nos permitido mergulhar numa série multidimensional de realidades descontínuas em que os meios de comunicação colaboram para cisões e deslocamentos de culturas. Esse também é um compromisso ético com a alteridade em que vamos nos deixando fluir nesse processo, atentos às significações que se deslocam no movimento político tecno-curricular e sempre abertas aos fluxos discursivos que são produzidos na relação com o outro.

Nessas produções de significação das redes de poder, temos sentido a necessidade de problematizar o movimento discursivo que tem se propagado nos ambientes virtuais, pois temos percebido sentidos de currículo que vão tentando se fixar através das políticas curriculares, atrelados à tecnologia como "Prescrição Digital", como possibilidade de "guiar" o currículo.

Retomamos a pesquisa de Rosário (2018) para mencionar que a autora problematiza a utilização de plataformas on-line também como partícipes na produção da política do Pacto Nacional pela Alfabetização na Idade Certa (PNAIC). Na pesquisa sobre blogs e grupos do Facebook, dos quais participavam professores alfabetizadores, Rosário (2018), em diálogo com Ball (2014), destaca as novas formas de governamentabilidade que estão sendo articuladas em diferentes parâmetros, com a participação do terceiro setor e organizações multifacetadas, atuando também em redes virtuais, junto com os setores públicos.

Ferreira (2023), ao problematizar programas e plataformas digitais, destaca o que chama de redes políticas digitais a fim de problematizar a intensa produção político-curricular que vem se deslocando no meio virtual, propagando discursos que tentam justificar a importância do uso de materiais, de tecnologias consideradas educacionais, e de normas, que, ao mesmo tempo, estão contribuindo para a regulação da prática docente nas escolas. Contudo a autora defende a Tecnologia como Prática Discursiva, e não como apenas aparato midiático, recurso ou meio, buscando tecer relações com os sentidos que estão sendo dados para a tecnologia nas políticas Curriculares atuais e nas Redes Políticas analisadas.

As redes políticas digitais, investigadas pela autora, são representadas por meio de uma interpretação topológica para compreensão das múltiplas conexões e atores sociais envolvidos nas relações, compreendendo que a representação imagética possibilita analisar as interligações e articulações que envolvem a produção de sentidos de elementos das redes. A interpretação topológica, de acordo com Macedo (2016), possibilita compreender as articulações de forças políticas que se constituíram para defender a centralização curricular e que têm produzido uma sensação de continuidade; a abordagem sobre a constituição das redes políticas deixa de ser pautadas em propriedades fixas ao espaço e em contextos que se tornam um cenário no qual as políticas são vivenciadas; mas se restabelece por meio de conectividades complexas de um número infinito de dimensões, sendo produto das relações de força, das articulações entre sujeitos que também se constituem na articulação. Isso ocorre, pois compreender a política de maneira topológica é sair da ideia de planificação, tratando o contexto como um dos aspectos da relação entre as coisas. A ênfase então está no entendimento das recombinações entre sentidos fixados (acontecimentos) que são apenas a representação a posteriori da dinâmica de poder (Macedo, 2016).

Assim, Ferreira (2023) analisa então o que chama de um emaranhado de redes, no qual as composições são relacionais, não são fixas e nem possuem uma origem, um centro ou um ponto de partida, observando Políticas Curriculares e Plataformas Digitais que se articulam como redes e são pertencentes a outras redes. Essa relação é infinita e não pode ser localizada e estancada. Enfatiza-se a impossibilidade de contenção de fluxo de sentidos e um afastamento de um olhar para uma política curricular "fundadora" de uma rede.

Temos buscado nas pesquisas desenvolvidas seguir a trilha das conexões e articulações das redes, embora sejam complexas, intermináveis, pois, conforme encontra-se um elemento da rede, surgem outros elementos que se conectam e se articulam, criando novos emaranhados intermináveis, aproximando-nos do que Carvalho (2013, 2014) chamou de Políticas Tecno-Curriculares. Para a autora, "tecno-curricular" caracteriza-se pela ambivalência e pelos conflitos inerentes às políticas curriculares e tecnológicas que promovem múltiplos sentidos à interpretação dos sujeitos que nelas estão envolvidos" (Carvalho, 2013, p. 1). Tais acepções tem nos orientado na construção de caminhos investigativos que nos permitam acompanhar os movimentos das redes, estabelecendo relação entre os elementos que nela se movem, observando as articulações estabelecidas. Isso demanda de nós uma postura de mergulho nas redes para além do que diretamente é o foco de nossa pesquisa, mas seguindo os rastros da temática — assim o que nos move é o problema de pesquisa. Oliveira, Oliveira e Mesquita (2013) na proposição de indicativos teórico-metodológicos de pesquisas que se referenciam na teoria do discurso, apresentam principalmente a proposição da pesquisa orientada ao problema, afirmando o seguinte:

> A eleição de um modelo de pesquisa orientada ao problema implica que o elemento central a ser considerado nas decisões sobre as alternativas teóricas e metodológicas escolhidas deve ser, no maior grau possível, o problema, definido a partir das demandas e crises concretas vivenciadas pelos sujeitos atuantes no campo investigado. Tal perspectiva, entretanto, não deve implicar em relativismo ou ecletismo superficial na escolha das vias teóricas ou da metodologia. As concepções ontológicas – e consequentemente epistemológicas – que substanciam a própria definição do problema precisam ser seriamente discutidas e, desse modo, explicitadas e articuladas coerentemente às alternativas teóricas e metodológicas. Essa articulação só pode ser coerente e defensável, todavia, na medida em que partir de e voltar-se para o enfrentamento dos problemas acusados e vivenciados pelos sujeitos sociais no contexto trabalhado (p. 1332-1333).

O que implica em atentar para a natureza performativa do movimento político posto sob análise. Trata-se de um tempo de tradução entre a autoridade e suas práticas performativas, fazendo pesquisa na liminaridade do problema. Assim, nosso mergulho no acompanhamento dos movimentos na/da rede segue o fluxo de ideias e recorre a diferentes estratégias de forma a compor análises que cruzam produções em sites oficiais, institucionais, blogs, YouTube, plataformas digitais, e-books etc.

E para tanto mobilizamos diferentes estratégias: Ferreira (2023), tal como Ball (2014), utiliza o Software NodeXL, programa para organizar e representar visualmente as relações e articulações entre os elementos das redes. Esse movimento de construção imagética possibilitou a análise das interligações e articulações quanto à produção de sentidos de elementos das redes que mobilizam sentidos sobre o uso da tecnologia, sobre a necessidade de formar o professor para esse uso e prescrever os conteúdos utilizados nessa formação.

Rosário (2018), em sua pesquisa sobre os blogs dos professores no âmbito do PNAIC, a partir do que a política em foco trazia como exemplos de blogs, ampliou sua busca por blogs e webfólios produzidos no contexto das formações do PNAIC e, nesse contexto, movimentou-se através do Twitter acompanhando grupos de professores participantes do PNAIC que compunham grupos nessa plataforma.

Carvalho (2015), em sua pesquisa sobre a plataforma on-line Educopédia, que estava sendo veiculada nas escolas do Município do Rio de Janeiro como a principal ferramenta para que as escolas pudessem trabalhar as orientações curriculares vigentes à época, percebeu a potência do Facebook e do blog dos professores nas tentativas de capilarização da proposta político-curricular, através do grupo "Embaixadores da Educopédia" e o blog dos Embaixadores 3.0. Os professores "Embaixadores da Educopédia" tinham a "missão" de propagandear a Educopédia nas escolas e a proposta do blog e da página dos Embaixadores no Facebook era compartilhar experiências bem-sucedidas de professores Embaixadores, através da publicação de depoimentos, fotos e filmes produzidos pelos próprios Embaixadores no YouTube. Como se tratava de um grupo aberto, Carvalho (2015) utilizou o próprio recurso do Facebook para contactar os professores Embaixadores, fazendo chamadas individuais, em mensagem privada, para que pudessem ser entrevistados.

Carvalho (2020), também em diálogo com o trabalho no qual Ball (2014) dedicou-se a etnografia de redes, destacando o movimento político-curricular no site do Instituto Natura onde vêm sendo articuladas informações sobre o Projeto Trilhas, que é voltado para a formação de professores alfabetizadores com ênfase nos preceitos da Base Nacional Comum

Curricular. Além do próprio site, a autora também pesquisou a plataforma on-line do Portal Trilhas, cujo endereço é http://www.portaltrilhas.org.br, o canal do YouTube e a página do Projeto Trilhas no Facebook, ressaltando que o canal do YouTube tem sido utilizado pelos próprios professores alfabetizadores, que participam do Curso Trilhas, para propagandear suas práticas, através de vídeos que eles mesmos produzem — e postam —, utilizando o material Trilhas em sala de aula.

Desse modo, no decorrer de nossas pesquisas, temos percebido a potência político-curricular do ciberespaço que abre outros caminhos para a pesquisa. Concordamos com Santos (2011) que as redes sociais e as mídias digitais têm um grande potencial em termos de autoria e a cocriação. A autora observa que, com as mídias digitais, a mensagem pode ser criada, manipulada, modificada, cocriada e, nessa perspectiva, imagens, sons, textos e vídeos são criados materializando a autoria e a expressão dos praticantes. O ciberespaço constitui, portanto, *espaçostempos* de práticas sociais cujo objetivo não é o de inibir ou acabar com práticas anteriores.

Não se trata de uma lógica excludente, conforme nos alerta Lemos (2003 *apud* Santos, 2011), mas de uma "dialógica da complementaridade". Ele seria então composto por diferentes elementos que o constituem por meio de suas interfaces permitindo diferentes possibilidades de comunicação, "no tempo e no espaço do ciberespaço, pessoas podem colaborar e criar laços de afinidades, constituindo-se em comunidades, trocando informações, recriando significados, participando, colaborando e compartilhando informação em rede" (Santos, 2011, p. 59).

Assim, o jogo de significação que temos percebido no ciberespaço tem suscitado questões que nos parecem caras sobre real e virtual, que se deslocam, por exemplo, através das múltiplas propagandas e vídeos que intuem práticas inspiradoras no campo da alfabetização. Essa é uma discussão que se subsidia em um dos poucos trabalhos de Jacques Derrida sobre as tecnologias de informação e comunicação. O livro, intitulado *Ecographies of Television*, reúne uma série de entrevistas concedidas por Derrida, em sua casa, a Bernard Stiegler, utilizando uma filmadora. Na fluidez de seu pensamento desconstrucionista, Derrida discute as implicações e consequências do tempo transformado pela tecnologia, produzido artificialmente como *actifactuality* e *actuvirtuality* (Derrida; Stiegler, 2002).

Ao se referir à *actifactuality*, o filósofo problematiza a realidade como artefato, produzida num tempo artificial. A realidade deve, então, ser percebida como esquemas ficcionais produzidos e deslocados continuamente.

Nesse sentido, sob o aspecto da *actuvirtuality*, ele agrega a discussão sobre fronteiras borradas entre real e virtual, contribuindo para a percepção da realidade como atualidade que se movimenta através de imagens virtuais, espaços virtuais e eventos virtuais, num suposto tempo presente. Mais ainda, o filósofo instiga um sentido de redes como algo sem unidade, sem homogeneidade e sem coerência que se desloca continuamente no imbricamento entre real e virtual (Derrida; Stiegler, 2002).

A perspectiva de Derrida (Derrida; Stiegler, 2002) se entrecruza à discussão que encaminhamos sobre o deslocamento de práticas docentes (em especial de alfabetizadoras, foco da pesquisa) nos ambientes virtuais, com a ressalva de que o próprio sentido de real/virtual também vai se deslocando nesse processo. Contudo destacamos a crença de Derrida no porvir quando menciona que "a realidade como artefato, por mais artificial e manipuladora que seja, irá se render ou ceder ao que está por vir, ao evento que a carrega e ao qual ela é suportada" (Derrida; Stiegler, 2002, p. 6, tradução nossa).

Assim, temos recorrido às noções de artefactualidade e artevirtualidade para discutir as diferentes inferências feitas à tecnologia na relação com a educação, destacando que as políticas atuais visam atrelar a tecnologia ao sentido de currículo único e prescritivo. Ao referir-se à primeira, o autor irá problematizar a realidade como artefato, no qual por meio de um tempo artificial é produzida. A realidade é percebida como esquemas ficcionais deslocados constantemente. A artevirtualidade tem consonância com a relação entre real e virtual a partir de fronteiras borradas, ou seja, que não são localizadas ou totalmente controladas. Frangella (2019) comenta que a artefactualidade, como condição de produção da atualidade, diz respeito à realidade como algo que não é dado, mas produzido, mobilizado de forma performática: "o que acessamos são esquemas ficcionais". Quanto à artevirtualidade, Frangella (2019) observa que Derrida (Derrida; Stiegler, 2002) trata da impossibilidade de uma demarcação precisa e binária entre virtual e realidade.

Com isso, há a percepção da realidade como atualidade que se movimenta por meio de imagens virtuais, espaços virtuais e eventos virtuais, num suposto tempo presente (Carvalho, 2020). Esses imbricamentos entre real e virtual podem ser considerados para entendermos o atual cenário, no qual percebemos uma tentativa de igualar ou de trazer uma possibilidade de "boas novas" por meio do uso das tecnologias digitais, estas sendo vistas como solução para conter a experiência, entendida aqui como intercurso social, não plena, como acontecimento, que é da ordem do imprevisível e incalculável.

A virtualidade afeta o espaço-tempo do próprio evento, rompendo com uma lógica sequencial e marcando a fluidez e ambivalência que estão em jogo. Frangella (2019) acrescenta ainda:

> O autor problematiza a questão do tempo, da tensão de um presente/presença reclamado e contínuo, mas o que busco destacar em diálogo com seu pensamento é a questão da alteridade – do outro. Nesse caso, um outro maquinal que precisa ser considerado enquanto tal, o que nos impele a refutar características como objetividade, neutralidade, transparência, imediatização, verdade. Um outro-máquina que performa e espetaculariza o evento, por vezes eclipsando sua singularidade. É a singularidade do evento como alteridade que precisamos discutir e retomar para pensar possibilidades críticas outras em relação à tecnologia. Tensionar a tecnologia como e na diferença, numa problematização que a ressignifique para além de uma ideia de horizontalidade, de um espaço público co-habitado por todos, para todos e de forma igualitária, subsumindo relações de poder que perpassam essa *actifactuality*, ideia corrente que se manifesta no que estamos assistindo nos usos e abusos das redes sociais (Frangella, 2019, informação oral).

O próprio movimento da Base Nacional Comum Curricular tem nos instigado a problematizar questões sobre a virtualidade à que Frangella (2019) se refere. A BNCC tem contribuído para nossas reflexões acerca do jogo político em torno dos sentidos de "comunidade" e "rede" que pressupõem uma unidade de línguas, uma homogeneidade, sob um mesmo horizonte em que o estrangeiro é visto como único, transparente e previsível. Os discursos que enaltecem o nacional, o comum, o conhecimento para todos e garantia dos mesmos direitos trazem implicações para propostas de Cursos EaD com a promessa de que auxiliarão o professor "a integrar, em seu planejamento de aula, as habilidades previstas na BNCC", de tal forma que possa garantir o cumprimento da Base, contribuindo, assim, para a transformação social. Dessa forma, há uma ação nacional de revisão da formação continuada em prol da BNCC com forte apelo à fixação de disposições universais, também através de ambientes virtuais. E as tentativas de universalidade se desdobram em indicativos em ações, propagadas nos ambientes virtuais, que enaltecem a importância da comunidade virtual, inclusive com projetos de formação que estimulam a disseminação de práticas comuns através, por exemplo, do canal do YouTube (Carvalho, 2020).

Estamos diante de um cenário em que esse outro maquinal tem se deslocado como uma simples unidade de sentidos para a prática docente na tentativa de fixar um sentido de comunidade como um esquema identitário que vai sendo construído como uma simples unidade (Derrida; Stiegler, 2002). Segundo Derrida (Derrida; Stiegler, 2002), esse esquema precisa ser rompido e desconectado o tempo todo, tanto quanto a necessidade de conexão. Por conseguinte, para o autor, a palavra "rede" deve ser pensada como um elenco que se forma em lugares diferentes, com estratégias diferentes, com linguagens diferentes e não como presença— mas a chegada do que "corresponde sempre, por definição, ao nome e a figura do incalculável" (Derrida, 2004, p. 66). Implica, então, em negociação e tradução, o que se afasta de uma objetificação do outro maquinal, viabilizando que os espaços virtuais sejam também possibilidades de criações curriculares fora do que é previsto, para além da simples adaptação.

A questão que Derrida (Derrida; Stiegler, 2002) destaca é a infinitude de sentidos que vão transitando nessas redes no limite entre significados e significantes. Todavia, o virtual também nos expõe a eventos que não podem ser previstos, reduzidos ao fato de que algo vai acontecer. Derrida (Derrida; Stiegler, 2002) exemplifica que se soubermos que vai chover, isso não pode ser considerado um evento. Por isso, quando menciona o virtual, propõe um futuro aberto como axioma da desconstrução e associa esse futuro imprevisível à concepção do fantasmagórico. O espectral diz respeito ao duplo como o resto ou rastro que incentiva uma tendência para a confusão. Um fantasma lembra outro e o retorno do fantasma é um retorno diferente. Bhabha (2001) aproxima-se da concepção do fantasmagórico de Derrida ao complexificar o movimento ambivalente como a duplificação do significante — nem um nem outro sentido e, ao mesmo tempo, um e outro (Frangella, 2016). Nesse sentido, o fantasmagórico relaciona-se ao sentido que é e nunca será o mesmo, o híbrido que nos constitui e nos mobiliza.

Freire (2014) segue explicando que, de acordo com Derrida (Derrida; Stiegler, 2002), toda tecnologia moderna da imagem, "ao invés de restringir o espaço dos fantasmas, como o pensamento técnico e científico acredita fazer, realça o poder dos fantasmas e o seu retorno" (Freire, 2014, p. 150). Ou seja, "a técnica realça o poder da assombração e o futuro pertence aos fantasmas" (Freire, 2014, p. 150). A autora cita como exemplo a sala escura do cinema em que o espectador tem a sensação de estar sozinho, como um "*voyeur* invisível", embora esteja cercado por outros espectadores e pelas aparições da tela (Freire, 2014). Isso parece ampliar e magnificar a experiência espectral que, para Derrida (Derrida; Stiegler, 2002), "já é a experiência da vida, ou melhor, da sobrevida: a experiência da vida em sua indecidibilidade com a morte, ou seja, a vida como sobrevivência" (Freire, 2014, p. 151).

Assim, os registros nesse virtual também são escritas fantasmagóricas que continuarão sendo produzidas, na iterabilidade, mesmo quando não estivermos conectados. Essa é a espectrografia ou ecografia de que fala Derrida, ao adentrar no contexto — não contexto — tecnológico que "nos transforma em fantasmas antecipadamente em relação à nossa morte" (Freire, 2014, p. 151). A horizontalidade das relações, informada/formada no virtual, é uma ilusão que, inevitavelmente, sendo vivida, já produz outros rastros nesse processo.

A arte no movimento do outro maquinal: contribuições para a ética da outridade

A arte também tem possibilitado pensar nesse outro maquinal fantasmagórico nas suas infinitas possibilidades que se performam através de rastros. Transitamos pelo *ballet* da coreógrafa e bailarina alemã, Pina Bausch (Carvalho; Frangella, 2020), para refletir sobre o virtual como transgressões dos corpos que culturalmente estão o tempo todo se abrindo a novas manifestações maquinais, a outras possibilidades dialógicas nas nossas relações em que somos afetados pelas imagens do outro também significado no ciberespaço. A obra bauschiana tem sido uma inspiração para destacar a importância da ética para com o outro, através da vigilância permanente em relação às formas prontas e à reprodução de ações que buscam conformar corpos.

Em outro texto, Carvalho e Frangella (2022) problematizam a outridade através das visitas on-line que muitos museus de várias partes do mundo viabilizaram em meio ao auge da pandemia provocada pela Covid-19. E, em meio a esse movimento, o projeto holandês Tussen Kunst & Quarantaine, que significa "Entre Arte e Quarentena", lançou um desafio para estimular a criatividade, bom humor e, por meio da diversão, provocar também o processo de experimentação e invenção entre os internautas. Os interessados deveriam escolher uma obra de arte de sua preferência e, inspirados nessa obra, utilizaram três itens de casa para imitá-la e partilhar uma conta pública do Instagram. O projeto holandês foi um sucesso e se espraiou por redes de outros museus que aderiram ao movimento, instando o público a "imitar" as obras que compõem seus acervos.

METODOLOGIAS DE PESQUISAS CIENTÍFICAS NO CIBERESPAÇO/CIBERCULTURA:
#NETNOGRAFIA #ETNOGRAFIADIGITAL #PESQUISAEMTELA #ENTREVISTAONLINE #ANÁLISECULTURAL
#ANÁLISEDODISCURSO_INSPIRADAEMFOUCAULT

Na nossa leitura, essas "imitações" postadas nas redes sociais podem ser lidas como atos de tradução que borram a literalidade; performances criadas que explodem o processo de significação das obras de arte e reafirmam a irredutibilidade do outro ao mesmo, o que contribui para pensarmos na produção que se dá de forma contingente e indeterminada. Apesar de haver um "modelo" das obras, as tentativas de imitação exacerbam o traço da diferença que está ali e não se apaga. Bhabha (2011), ao argumentar sobre os processos de enunciação cultural e subjetivação, investe na discussão acerca do entrelugar mediatório que diz respeito à "posição humana" como negociação. Assim, as tentativas de imitação à arte são atos de tradução que contribuem para problematizar a pseudopassividade da audiência. Esses atos de tradução nos constituem como um entrelugar mediatório que ressignifica a interpretação como intervenção.

Então, a nossa interação com o virtual perpassa a interpretação como intervenção que não são meras leituras de segunda ordem elaborando alguma pura essência. A interpretação, quase literalmente, desloca o processo de significação de dentro para fora: ela enuncia, até mesmo exacerba, os múltiplos campos da visualidade e as superfícies de significação. Puxando esses elementos, como quem puxa o fio de um pedaço de seda, todo o tecido é transformado, afrouxando as estruturas supostamente visíveis e as suas conexões se mostram contingentes. A interpretação como intervenção desloca e desvela a ambivalência do acontecimento da virtualidade que abala fronteiras as quais delimitam real/virtual.

Nessas passagens pela arte, as mensagens de Banksy pelo mundo têm nos chamado atenção através de suas obras que propõem transgredir limites de espaços públicos. É interessante a provocação do artista de se performar como um artista sem rosto que provoca a repulsa e o desejo do desvelamento, rompendo a pretensa objetificação do outro. O sem rosto é a presença espectral através da qual ele também se abre nas suas relações da sua arte fantasmagórica. Uma das suas obras está em uma rua do centro de Toronto, na parede externa de um restaurante. São traços em uma das tantas paredes no mundo pelos lugares onde passou que refletem o aqui e ali ao mesmo tempo, tal qual o virtual nos enreda, e vamos nos constituindo na leitura do outro e nessas relações de interpretações que envolvem dialogicidade e negociação.

Na arte pintada na parede desse restaurante, há dois homens de terno e um menino. Um dos homens parece ser mais velho, com uma das mãos segurando o queixo. O outro, mais novo, está abraçado ao menino, mas todos estão de costas como se estivessem olhando para algum lugar. É uma arte sem cor, sem referência, apenas com tons de preto, cinza e branco. Não há mais nada. E sem cor, abre-nos tantas possibilidades de interpretação... enreda-nos para a sala escura do cinema, para o fantasmagórico que mobiliza nossas pesquisas e nos faz refletir sobre as forças de culturas marginalizadas que expõem as fendas, os espaços enunciatórios decorrentes das negociações, um não senso que produz estratégias de autoridade e resistência poderosas.

A arte de Banksy também está dentro de um prédio de luxo um pouco mais afastado do centro de Toronto. Para chegarmos até ela, é preciso utilizar o localizador do Google, decifrando os enigmas que o próprio artista propõe. Eis que quando nos deparamos com a arte, parece emoldurada numa parede de pedras. Parece um policial, negro, segurando a coleira de um cachorro que é feito de balões, dessa vez, colorido de rosa. O cachorro está com uma focinheira e ambos estão olhando na mesma direção. O homem segura a coleira do cachorro com as duas mãos, acima do chão. E parece que o cachorro está fazendo força para se locomover. O interessante é pensar nesse cachorro de balões com focinheira. Talvez pudéssemos pensar que um cachorro feito com balões é inofensivo. Mas a autoridade ali representada parece tentar estabelecer as formas de controle até para aquilo que, aparentemente, pensamos ser inofensivo. Porém é uma relação de fissuras em que a própria cor rosa contribui para a quebra dessa autoridade.

Assim, da arte do Banksy, depreendemos que as redes de relações e significações que vão sendo tecidas no virtual são partilhadas em muitas nuances de atuação que disputam controle pelos sentidos que envolvem a educação. Porém essas forças de controle são signos descontínuos, duplicados, que mobilizam sentidos num processo em que a autoridade se constitui como algo fronteiriço, intersticial, deslocada entre a moldura de referência e o estado de espírito que se movimenta em função do rompimento contínuo dos significados sobre os sentidos de currículo que transitam nas políticas curriculares. Defendemos que as relações envolvem resistência, não sob o prisma da negação, mas como duplo, transitando por entre ambivalências produzidas na tentativa de fixação de sentidos entre real e virtual.

Referências

ARAUJO, H. G. **A nova filantropia e a Base Nacional Comum Curricular**: a política investigada por redes. Orientadora: Alice Ribeiro Casimiro Lopes. 2022.

192 f. Tese (Doutorado em Educação) – Faculdade de Educação, Universidade do Estado do Rio de Janeiro, Rio de Janeiro, 2022.

AXER, Bonnie; CARVALHO, Ana Paula Pereira Marques de; FRANGELLA, Rita de Cássia Prazeres. As redes de políticas e a teoria do discurso: potências epistemológicas para leitura do movimento político-educacional na contemporaneidade. **Revista Educação e Cultura Contemporânea**, v. 16, n. 46, p. 69-84, 2019. Disponível em: http://periodicos.estacio.br/index.php/reeduc/article/view/6926/47966321. Acesso em: 19 nov. 2021.

BALL, Stephen. Educação Global S. A. **Novas redes políticas e o imaginário neoliberal**. Ponta Grossa: Editora UEPG, 2014.

BHABHA, Homi. **O local de cultura**. Belo Horizonte: UFMG, 2001.

BHABHA, Homi K. **O bazar global e o clube dos cavaleiros ingleses**. Rio de Janeiro: Rocco, 2011.

BRASIL. Ministério da Educação. Portaria nº 867, de 4 de julho de 2012. Institui o Pacto Nacional pela Alfabetização na Idade Certa e as ações do Pacto e define suas diretrizes gerais. 5 jul. 2012. Inep. Disponível em: http://download.inep.gov.br/educacao_basica/provinha_brasil/legislacao/2013/portaria_n867_4julho2012_provinha_brasil.pdf. Acesso em: 3 fev. 2020.

CARVALHO, Ana Paula Pereira Marques de. O entrelugar das paisagens na Educopédia: reflexões sobre a atual política tecno-curricular do município do Rio de Janeiro. *In*: ANAIS DA 36ª REUNIÃO NACIONAL DA ANPED, 36., 2013, Goiânia. **Anais** [...]. Goiânia: Anped, 2013. Disponível em: https://www.anped.org.br/sites/default/files/gt12_2978_texto.pdf. Acesso em: 22 mar. 2023.

CARVALHO, Ana Paula Pereira Marques de. A tecnologia como suplemento curricular: novas possibilidades para além da ferramenta em si. **e-Mosaicos**, v. 3, n. 5, p. 83-91, 2014. Disponível em: http://www.e- publicacoes.uerj.br/index.php/e-mosaicos/article/view/12831. Acesso em: 2 fev. 2020.

CARVALHO, Ana Paula Pereira Marques de. **A plataforma educopédia e seus embaixadores**: estrangeiros em cena nas escolas públicas do município do Rio de Janeiro. Dissertação (Mestrado em Educação) – Faculdade de Educação, Universidade do Estado do Rio de Janeiro, Rio de Janeiro, 2015.

CARVALHO, Ana Paula Pereira Marques de. **"Trilhas" nas políticas curriculares no contexto brasileiro**: "signo tido como milagre". Tese (Doutorado em Educação)

– Faculdade de Educação, Universidade do Estado do Rio de Janeiro, Rio de Janeiro, 2020. Disponível em: https://www.bdtd.uerj.br:8443/bitstream/1/17354/5/Tese%20-%20Ana%20Paula%20Pereira%20Marques%20de%20Carvalho%20-%20 2020%20-%20Completa.pdf. Acesso em:15 maio 2024.

CARVALHO, Ana Paula Pereira Marques de; FRANGELLA, Rita de Cassia Prazeres. Estrangeiros em rede: embaixadores nas tessituras político-curriculares do município do Rio de Janeiro. **Revista Espaço do Currículo**, v. 9, n. 2, 2016. Disponível em: https://periodicos.ufpb.br/index.php/rec/article/view/29825. Acesso em: 10 nov. 2017.

CARVALHO, Ana Paula Pereira Marques de; FRANGELLA, Rita de Cassia Prazeres. Encenações curriculares: inspirações nas obras de Puna Bausch. *In*: CARVALHO, Janete; KRETLI, Sandra; DELBONI, Tânia Mara. **Currículo e estética da arte de educar**. Curitiba: CRV, 2020. p. 193-210.

CARVALHO, Ana Paula Pereira Marques de; FRANGELLA, Rita de Cassia Prazeres. O currículo "imita" a arte: relações fronteiriças potencializadas na dança-teatro de Pina Bausch. **Série-Estudos - Periódico do Programa de Pós-Graduação em Educação da UCDB**, v. 27, n. 61, p. 13-29, 2022. Disponível em: https://www.serie-estudos.ucdb.br/serie-estudos/article/view/1734/1217. Acesso em: 20 nov. 2022.

COSTA, Ana Maria Nicolaci da; DIAS, Daniela Romão; LUCCIO, Flávia Di. Uso de entrevitstas on-line no método de explicitação do discurso subjacente (MEDS). **Psicologia: Reflexão e Crítica**, Porto Alegre, v. 22, n. 1, 2009. Disponível em: https://www.scielo.br/j/prc/a/NjCfvgvv7Qy9DFJWkCQYr9G/abstract/?lang=pt. Acesso em: 21 nov. 2014.

DERRIDA, Jacques. **Posições**. Belo Horizonte: Autêntica, 2001.

DERRIDA, Jacques. **Torres de Babel**. Belo Horizonte: Editora UFMG, 2002.

DERRIDA, Jacques. **Papel-máquina**. São Paulo: Estação Liberdade, 2004.

DERRIDA, Jacques. **Gramatologia**. São Paulo: Perspectiva, 2011.

DERRIDA, Jacques; STIEGLER, Bernard. **Echographies of television**: filmed interviews. Cambridge; Malden: Polity: Blackwell, 2002.

FERREIRA, Lhays. **As tecnologias na formação das(os) futuras(os) Professoras(es) em um instituto de educação no estado do Rio de Janeiro/BR**. Dissertação

(Mestrado em Educação, Comunicação e Cultura) – Faculdade de Educação da Baixada Fluminense, Universidade do Estado do Rio de Janeiro, Rio de Janeiro, 2018.

FERREIRA, Lhays. **Prescrições Curriculares**: problematizando o sentido de tecnologia em redes políticas digitais. Orientadora: Rita de Cássia Prazeres Frangella. 2023. 154 f. Tese (Doutorado em Educação) – Faculdade de Educação, Universidade do Estado do Rio de Janeiro, Rio de Janeiro, 2023.

FERREIRA, Lhays; ROSÁRIO, Roberta. As tecnologias no movimento de produção curricular: discutindo política de currículo. **Revista e-Curriculum**, São Paulo, v. 18, n. 3, p. 1.466-1.486, jul./set. 2020.

FRANGELLA, Rita de Cássia Prazeres. **Políticas de currículo e alfabetização**: negociações para além de um Pacto. Projeto de Pesquisa. Rio de Janeiro: Universidade do Estado do Rio de Janeiro, 2015.

FRANGELLA, Rita de Cássia Prazeres. Políticas de formação do alfabetizador e produção de políticas curriculares: pactuando sentidos para formação, alfabetização e currículo. **Práxis Educativa**, v. 11, n. 1, p. 107-128, 2016. Disponível em: http://www.revistas2.uepg.br/index.php/praxiseducativa/article/view/7110/4759. Acesso em: 2 fev. 2020.

FRANGELLA, Rita de Cássia Prazeres. Palestra proferida na mesa Ciclo Dialógico 2: Conhecimento, cultura e tecnologias. *In*: SEMINÁRIO WEB CURRÍCULO EDUCAÇÃO E HUMANISMO, 6., 2019. Disponível em: https://www.pucsp.br/webcurriculo/rogramação. Acesso em: 15 maio 2024.

FRANGELLA, Rita de Cássia Prazeres. Currículo, Infância e Alfabetização para além de determinismos. *In*: FRANGELLA, Rita de Cássia (org.). **Políticas Curriculares, Alfabetização e infância** – por outras passagens. 1. ed. Curitiba: CRV, 2021. v. 1. p. 47-60.

FREIRE, Maria Continentino. **Pensar ver**: Derrida e a desconstrução do 'modelo ótico' a partir das artes do visível. 2014. 194 f. Tese (Doutorado em Filosofia) – Pontifícia Universidade Católica do Rio de Janeiro, Rio de Janeiro, 2014. Disponível em: https://www.maxwell.vrac.puc-rio.br/24546/24546.PDF. Acesso em: 15 maio 2024.

LACLAU, Ernesto. **Emancipação e Diferença**. Rio de Janeiro: EdUERJ, 2011.

LOPES, Alice Casimiro; MACEDO, Elizabeth. **Teorias de currículo**. São Paulo: Cortez, 2011.

MACEDO, Elizabeth Fernandes de. Por uma leitura topológica das políticas de currículo. **Archivos Analíticos de Políticas Educativas**, v. 24, n. 26, 2016. Disponível em: https://www.redalyc.org/pdf/2750/275043450051.pdf. Acesso em: 9 jun. 2017.

MAINARDES, Jefferson; FERREIRA, Márcia dos S.; TELLO, César. Análise de políticas: fundamentos e principais debates teórico-metodológicos. *In*: BALL, Stephen J.; MAINARDES, Jefferson (org.). **Políticas Educacionais**: questões e dilemas. São Paulo: Cortez, 2011. p. 143-172.

OLIVEIRA, Gustavo Gilson; OLIVEIRA, Anna Luiza; MESQUITA, Rui Gomes de. A teoria do discurso de Laclau e Mouffe e a pesquisa em educação. **Educação e Realidade** [online], v. 38, n. 4, p. 1327-1349, 2013.

ROSÁRIO, Roberta Lacê Sales. **Blogs de professores e suas redes de articulação** – desafiando os limites de espaçotempo da produção política do PNAIC. Tese (Doutorado em Educação) – Faculdade de Educação, Universidade do Estado do Rio de Janeiro, Rio de Janeiro, 2018.

SANTOS, Rosemary dos. **A tessitura do conhecimento via mídias digitais e redes sociais**: itincrâncias de uma pesquisa-formação multirreferencial. 2011. 229 f. Dissertação (Mestrado em Educação) – Universidade do Estado do Rio de Janeiro, Rio de Janeiro, 2011. Disponível em: https://www.bdtd.uerj.br:8443/handle/1/10564. Acesso em: 15 maio 2024.

SISCAR, Marcos. Jaques Derrida, o intraduzível. **ALFA**: Revista de Linguística, São Paulo, v. 44, n. 1, 2000. Disponível em: https://periodicos.fclar.unesp.br/alfa/article/view/4279. Acesso em: 5 jun. 2023.

SOBRE OS AUTORES

Adjefferson Silva

Doutor em Educação pelo PPGE–UFPB, com pesquisa sobre "Currículo com Gênero e Sexualidade na Educação Básica". Possui graduação em História pela Universidade Federal de Campina Grande (UFCG) (2010). Mestre em História pela UFCG (2016). Professor Efetivo da Rede Pública de Ensino do Estado da Paraíba e da Prefeitura Municipal de João Pessoa. Membro do Grupo de Pesquisa Gênero, Diversidade e Educação (Gedi) liderado pelas professoras Maria Eulina Pessoa de Carvalho e Jeane Félix.
Orcid: 0000-0001-6321-5015

Ana Gabriela da Silva Vieira

Doutora em Educação pela Universidade Federal de Pelotas. Mestre em Educação. Licenciada em História. Professora na rede municipal de ensino de Pelotas (RS). Integrante do grupo de pesquisa Políticas dos Corpos, Cotidianos e Currículos (POC's).
Orcid: 0000-0002-8962-5108

Ana Paula Pereira Marques de Carvalho

Doutora em Educação pelo Programa de Pós-Graduação em Educação da Faculdade de Educação da Uerj na linha de pesquisa Currículo, Sujeitos, Conhecimento e Cultura. Ênfase: Política Públicas Curriculares. Possui Mestrado em Educação, com ênfase em Políticas Públicas Curriculares e Tecnologia pela Faculdade de Educação da Uerj e graduação em Pedagogia com habilitação em Orientação Educacional, também pela Universidade do Estado do Rio de Janeiro (1992). Foi bolsista Capes, cursando o Doutorado-sanduíche na Universidade de Columbia (Teachers College) no período de 2018 a 2019. Membro da Associação Brasileira de Currículo (AbdC). Possui experiência na área de Tecnologia Educacional e ensino de língua inglesa.
Orcid: 0000-0003-0398-3893

Carin Klein

Doutora em Educação pela Universidade Federal do Rio Grande do Sul (UFRGS). É pesquisadora no Lola (Grupo Interstitucional de Estudos sobre trabalho docente, gênero e sexualidade) (Unisinos) e membro do GEERGE (Grupo de Estudos em Educação e Relações de Gênero) (UFRGS). Realiza pós-doutoramento na UFRGS na linha de pesquisa educação, sexualidade e relações de gênero. Seus interesses de pesquisa direcionam-se para as temáticas de gênero, maternidade, infância, juventude, educação e políticas públicas de inclusão social.

Orcid: 0000-0002-1455-4413

Danilo Araujo de Oliveira

Professor adjunto da Universidade Federal do Maranhão. Doutor em Educação pelo Programa de Pós-Graduação em Educação: Conhecimento e Inclusão Social da Faculdade de Educação da Universidade Federal de Minas Gerais. Possui graduação em Pedagogia (Uninter, 2020) e Letras Português/Inglês pela Unirb Faculdade Atlântico (2013). Líder do grupo de Pesquisa Sobre Questões e Políticas de Currículo. Membro do Grupo de Estudos e Pesquisas em Currículos e Culturas (GECC) e do Observatório da Juventude. Pesquisa na área de Currículo e Estudos Culturais. Sua tese de doutorado e principais publicações são sobre investigações no ciberespaço.

Orcid: 0000-0003-3222-3172

E-mail: oliveira.danilo@ufma.br

Dilan Magnus

Mestre em Educação e licenciado em História pela Universidade Luterana do Brasil (Ulbra). Foi bolsista de mestrado (2021-2022) Capes/Prosup com dedicação exclusiva pelo Programa de Pós-Graduação em Educação (PPGEDU/Ulbra) na linha de infâncias, juventudes e espaços educativos desenvolvendo pesquisa no âmbito da prevenção do HIV/Aids e outras ISTs. Integra o Geps (Grupo de Estudos em Promoção a Saúde da Universidade Federal do Rio Grande do Sul) (UFRGS), cadastrado no Diretório de Grupos de Pesquisa do CNPq (www.ufrgs.br/geps). É professor na Educação Básica atuando no Ensino Médio da rede privada na cidade de Alvorada (RS).

Orcid: 0000-0002-8311-1093

Gabriela Silveira Meireles

Pedagoga formada pela Universidade Federal de Juiz de Fora (UFJF) e psicóloga formada pelo Centro de Ensino Superior de Juiz de Fora (CES/JF). Mestre em Educação pela Universidade Federal de Juiz de Fora (UFJF). Doutora em Educação pela Universidade Federal de Minas Gerais (UFMG).

Orcid: 0000-0002-9712-5488

Jeane Felix

Possui graduação em Pedagogia pela Universidade Federal da Paraíba (2002), mestrado em Educação pela Universidade Federal da Paraíba (2005), doutorado em Educação pela Universidade Federal do Rio Grande do Sul (2012) e pós-doutorado em Educação pela Universidade Federal do Rio Grande do Sul (2013-2015). Atualmente é professora vinculada ao Centro de Educação da Universidade Federal de Alagoas (Cedu/Ufal) e ao Programa de Pós-Graduação em Educação do Centro de Educação da Universidade Federal da Paraíba (PPGE/CE/UFPB). Tem experiência nas áreas de Educação e Educação em Saúde, atuando principalmente nos seguintes temas: juventudes e HIV/Aids; gênero e sexualidade; didática e currículo, políticas públicas intersetoriais e formação de profissionais de educação e de saúde; educação antiespecista, animalidades e veganismo.

Orcid: 0000-0003-4754-0074

Joanalira Corpes Magalhães

Professora associada do Instituto de Educação e do Programa de Pós-Graduação Educação em Ciências da Furg. Doutora em Educação em Ciências pela Universidade Federal do Rio Grande (Furg). Pós-doutorado em Educação na Universidade Federal do Rio Grande do Sul (UFRGS). Editora da *Revista Diversidade e Educação*. Integrante do GT Pedagógico da Secretaria de Educação a Distância (SEaD), da Furg. Pesquisadora do Grupo de Investigación en Educación y Sociedad (Gies). Vice-líder do Grupo de Pesquisa Sexualidade e Escola (Gese), atuando principalmente nos seguintes temas: gêneros, gênero e ciência, sexualidades, artefatos culturais.

Orcid: 0000-0002-9785-6854

Juliana Ribeiro de Vargas

Graduada em Pedagogia pela Universidade Federal do Rio Grande do Sul (UFRGS) e em Educação Física pela Universidade do Vale do Rio dos Sinos (Unisinos). Especialista em Tecnologias Digitais Aplicadas à Educação (Ulbra). Mestre e doutora em Educação pela Linha de Pesquisa Estudos Culturais em Educação (PPGEDU/UFRGS). Realizou pós-doutorado no Programa de Pós-Graduação em Educação e Ciências, da Universidade Federal de Rio Grande (Furg). Atualmente, atua como docente da área de Educação de Jovens e Adultos, na Faculdade de Educação (Faced) da Universidade Federal do Rio Grande do Sul (UFRGS) e no Programa de Pós-Graduação em Educação (PPGEDU/UFRGS) da mesma universidade na Linha de Pesquisa Educação, Gênero e Sexualidade. É pesquisadora do Grupo de Pesquisa Sexualidade e Escola (Gese/Furg), do Grupo de Estudos de Educação e Relações de Gênero (GEERGE/UFRGS), do Grupo de Estudos e Pesquisa em Juventudes e Educação (Gepeje/IFSul) e ainda, do Grupo de Pesquisa Cultura e Educação (GPCE/Ulbra).

Orcid: 0000-0002-2959-7889

Lhays Marinho Ferreira

Graduada em Pedagogia pela Universidade do Estado do Rio de Janeiro (Uerj), pós-graduada em Tecnologias e Educação a Distância e mestre em Educação, Cultura e Comunicação pela FEBF/Uerj. Atualmente é doutoranda em Educação no ProPEd (Uerj) (bolsista Capes), e tutora a distância - Consórcio Cecierj/Cederj, com atuação nas disciplinas: "Currículo" e "Cultura e Cotidiano Escolar".

Orcid: 0000-0003-3619-2545

Luiza Cristina Silva-Silva

Professora adjunta na Universidade Federal de Alagoas (Cedu/Ufal). Doutora pelo Programa de Pós-Graduação em Educação da Universidade Federal da Bahia (Faced/UFBA). Mestre em Educação pelo Programa de Pós-Graduação em Educação da Universidade Federal de Minas Gerais (FaE-UFMG), na linha de pesquisa em Currículos, Culturas e Diferença. Graduada em Geografia pela Universidade Federal de Viçosa (licenciatura e bacharelado). Graduada em Pedagogia pelo Centro Universitário Jorge Amado (2023). Especialista em Ensino de Geografia. Pesquisadora interessada nos estudos de Currículo, Ensino de Geografia, Relações de Gênero e Sexualidade, relações Étnico-raciais.

Orcid: 0000-0002-2486-3375

Marcio Caetano

Doutor em Educação (UFF, 2011), docente na Universidade Federal de Pelotas e líder do Grupo de Pesquisa Políticas dos Corpos, Cotidianos e Educação (POC's).

Orcid: 0000-0002-4128-8229

Michele Priscila Gonçalves dos Santos

Pedagoga, mestra e doutoranda em Educação pela Universidade Federal de Juiz de Fora (UFJF). Professora da rede estadual de educação de Minas Gerais. Membro do Grupo de Estudos e Pesquisas em Gênero, Sexualidade, Educação e Diversidade (Gesed).

Orcid: 0000-0001-9699-9100

Paula Myrrha Ferreira Lança

Mestre pelo Programa de Pós-Graduação em Educação: conhecimento e inclusão social da Faculdade de Educação da Universidade Federal de Minas Gerais (FaE/UFMG) e pedagoga graduada pela mesma universidade. Possui pós-graduação em Psicologia do Desenvolvimento e da Aprendizagem pela PUCRS. Professora na Educação Infantil na rede privada.

Orcid: 0000-0002-6953-222X

Paula Regina Costa Ribeiro

Professora titular do Instituto de Educação e do Programa de Pós-Graduação: Educação em Ciências da Universidade Federal do Rio Grande (Furg). Possui pós-doutorado pela Escola Superior de Educação de Coimbra/Instituto Politécnico de Coimbra. Pesquisadora do Grupo de Investigación en Educación y Sociedad (Gies). Editora da *Revista Diversidade e Educação*. Bolsista produtividade 1C do CNPq. Líder do Grupo de Pesquisa Sexualidade e Escola (Gese), atuando principalmente nos seguintes temas: corpos, gêneros e sexualidades.

Orcid: 0000-0001-7798-996X

Rita de Cássia Prazeres Frangella

Mestrado (2002) e doutorado em Educação (2006) pela Universidade do Estado do Rio de Janeiro. Professora titular da Faculdade de Educação da Uerj. Coordenadora do Programa de Pós-graduação em Educação (Proped) (a partir de outubro de 2022). Orientou 16 dissertações de mestrado, dez teses de doutorados e três estágios de pós-doutoramento. Cientista do Nosso Estado da Faperj, Procientista/Uerj. Bolsista de Produtividade do CNPq. Vice-coordenadora do Dinter Proped/Uerj - Universidade do Estado do Amazonas (UEA) (2018-2022). Coordenadora do Curso de Pós-Graduação/Especialização em Alfabetização, Leitura e Escrita. Coordena o GRPesq Currículo, formação e educação em direitos humanos - GECDH/Proped/

Uerj. Desenvolve pesquisas na área de currículo, cultura e diferença, formação de professores, políticas curriculares para anos iniciais e educação infantil. Conta com financiamento do CNPq, Faperj, Uerj/Faperj. Participa de projetos/parcerias internacionais com Austrália, Portugal, México, Argentina, Chile e Estados Unidos. Para mais informações, acessar www.curriculo-uerj.pro.br.

Orcid: 0000-0001-6392-4591

Roney Polato de Castro

Doutor em Educação pela Universidade Federal de Juiz de Fora (UFJF). Professor associado da Faculdade de Educação e do Programa de Pós-Graduação em Educação da UFJF. Coordenador do Grupo de Estudos e Pesquisas em Gênero, Sexualidade, Educação e Diversidade (Gesed).

Orcid: 0000-0002-6385-9096

Shirlei Sales

Professora do Programa de Pós-Graduação da Faculdade de Educação da UFMG. Professora associada do Departamento de Administração Escolar. Pós-doutora pela University of Illinois at Urbana-Champaign, USA. Doutora em educação pela UFMG e membro dos seguintes grupos de pesquisa: Observatório da Juventude da UFMG; Ensino Médio em Pesquisa (EMPesquisa); Educação, Redes Sociotécnicas e Culturas e Digitais e do GECC (Grupo de Estudos e Pesquisas em Currículos e Culturas da FaE/UFMG).

Orcid: 0000-0003-4446-9508

E-mail: shirlei.sales@gmail.com

Tiago Duque

Doutor em Ciências Sociais pela Universidade Estadual de Campinas (UNICAMP). Professor na Universidade Federal de Mato Grosso do Sul (UFMS). Líder do Impróprias – Grupo de Pesquisa em Gênero, Sexualidade e Diferenças (UFMS/CNPq). Bolsista Produtividade em Pesquisa do CNPq.

Orcid: 0000-0003-1831-0915